블루스로 익히는 프로급 코드 워크

BLUES CHORD WORK

야마구치 카즈야
저·연주

시작하며

여러분, 안녕하세요! 기타리스트 야마구치 카즈야입니다. 수많은 교재 중에서 이 책을 선택해 주셔서 감사합니다.

이 책을 선택하신 분들은 이미 기타를 치신 지 오래되었거나 앞으로 기타를 시작하려는 분들일 것입니다. 기타라는 악기는 매우 매력적인 악기이고 앙상블 시에 그야말로 다양한 역할을 감당합니다. 그중에서도 여러분이 기타라고 하면 가장 먼저 떠올리는 것 중에 매우 중요한 역할인 "코드 연주(코드 워크)"가 있습니다. 이것은 코드(=화음)를 연주하는 것인데 많은 아마추어 기타리스트들이 의외로 이 코드에 대해 제대로 정리되어 있지 않습니다.

이런 경험은 없으신가요?

● 코드 폼(운지)을 외우지 못해서 코드 책을 자주 보게 된다.

● 솔로는 어려운 코드상에서도 그럭저럭할 수 있지만 백킹을 할 때는 멋진 연주를 하기 힘들다.

● 오디션에서 꽤 만족스러운 솔로를 연주했지만 결국 뽑히는 것은 내가 아닌 옆에서 밋밋한 코드 워크를 치던 기타리스트였다.

누구나 이와 비슷한 경험을 해 보셨을 텐데, 이와 같은 경험을 다시는 반복하지 않도록 이 책을 통해 한 차원 더 높은 "프로급 코드 워크"를 반드시 마스터 하시기 바랍니다.

본서에서는 프로급 코드 워크를 익히기 위한 기본 재료로 연주 시에 자주 접하게 되는 "블루스"를 사용했습니다. 소위 블루스 진행이라고 불리는 12마디의 코드 진행 패턴을 통해 다양한 코드를 사용해서 연주하는 예를 설명합니다. 블루스 연주를 통해 다양한 폼과 리듬 패턴 등을 동시에 익힐 수 있게 되어 자연스럽게 프로급 코드 워크를 마스터할 수 있게 될 것입니다.

또 이 책에는 다양한 코드 폼을 만드는 방법도 수록되어 있습니다. 무수히 많은 코드 운지법을 무턱대고 외우는 것이 아닌, 최종적으로는 스스로 코드를 만들 수 있는 능력을 키울 수 있게 되고, 코드를 스스로 만들 수 있게 되면 여러분의 기타 연주는 더욱 폭넓어질 것입니다.

즉 이 책은,

"블루스 진행으로 되어 있는 연주 예를 통해 실전 연주를 준비하고, 여기서 사용된 코드의 구조와 만드는 법을 학습하는 2가지 목표를 동시에 이룰 수 있도록 한 책"

입니다.

이 책의 제목을 보면 "By Power Chord !"라고 되어 있는데 초심자 중에는 "파워 코드가 뭐지?" 하시는 분도 있을 것입니다.

파워 코드란, 주로 락, 헤비메탈 등에서 자주 사용되는 코드인데 잡는 법이 쉬워서 대표적인 일렉 기타

초급 테크닉 중 하나로 알려져 있습니다. 구성음을 살펴보면 "루트(근음)"와 "5도"음으로 되어 있는데, 이런 설명만으로 잘 이해가 안 되는 분도 아래의 다이어그램(운지표)을 보면 "아~이렇게 잡는 코드구나!" 하실 것입니다.

■ 파워 코드의 다이어그램(운지법)

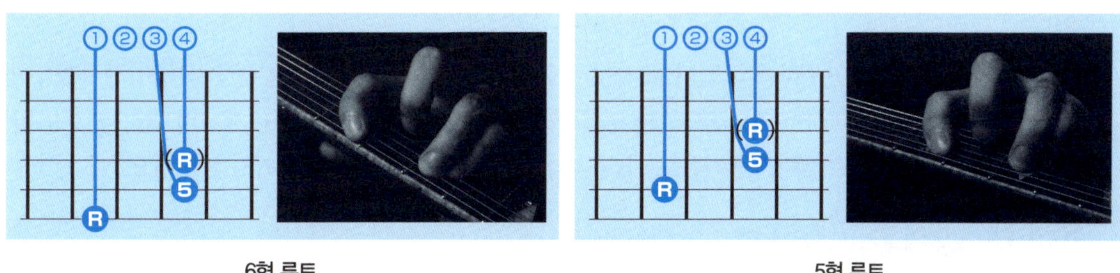

6현 루트   5현 루트

가장 간단한 타입은 ®(=루트)와 ⑤(=5도) 2개의 현만을 잡는 것입니다. 또 다이어그램에 ®로 표시한 1옥타브 위의 루트를 새끼손가락으로 잡고(또는 5도와 함께 약지로 잡는다), 한 음을 더 추가한 3음의 파워 코드도 있는데 이것이 더 친숙한 분들도 계실 것입니다.

그럼 위의 다이어그램과 함께 아래의 기타 지판표를 살펴봅시다. 치고 싶은 코드가 A라면 파워 코드의 다이어그램의 검지 위치를 지판표의 A음의 위치라고 생각하고 잡으면 파워 코드가 완성됩니다. 6현 f(프렛)의 A음에 검지, 약지는 5현 7f의 E음, (새끼손가락을 더하는 경우에는 4현 7f의 A음)과 같은 방법으로 파워 코드가 완성되는 식입니다. 다른 것도 마찬가지로 F♯ 코드가 치고 싶다면 검지를 지판표의 F♯음의 위치(F♯/G♭)에 맞춰 생각하면 됩니다. 4현과 3현을 루트로 잡는 파워 코드도 있지만 앞서 설명한 다이어그램과 같이 6현 또는 5현에 루트를 두고 6~3현을 사용해서 잡는 것이 일반적입니다(따라서 여기서는 1현이나 2현의 계이름은 지판표에서 생략했습니다).

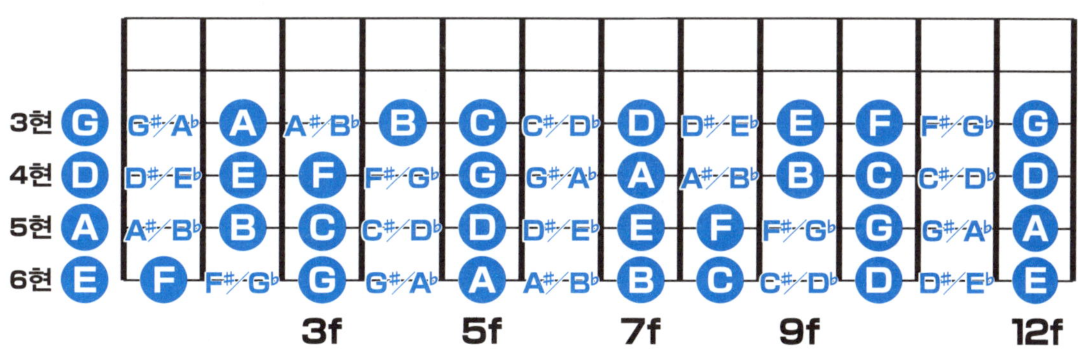

그럼 우선 아래의 코드 악보를 살펴 봅시다.

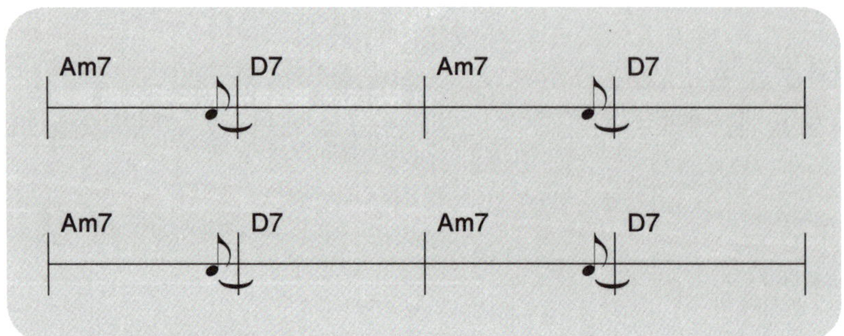

이 코드 악보를 보며 연주하게 되었다고 가정해 봅시다. 여러분이라면 어떤 연주를 준비하시겠습니까? 예를 들어 앞서 설명한 "파워 코드" 정도의 코드 지식밖에 없으므로 "루트가 A나 D라는 것은 알겠지만 m나 7을 잘 모르겠다."는 이유로 아래의 악보와 같은 연주가 되어 버리지는 않나요?

QR Track49 QR time 0:00~0:16

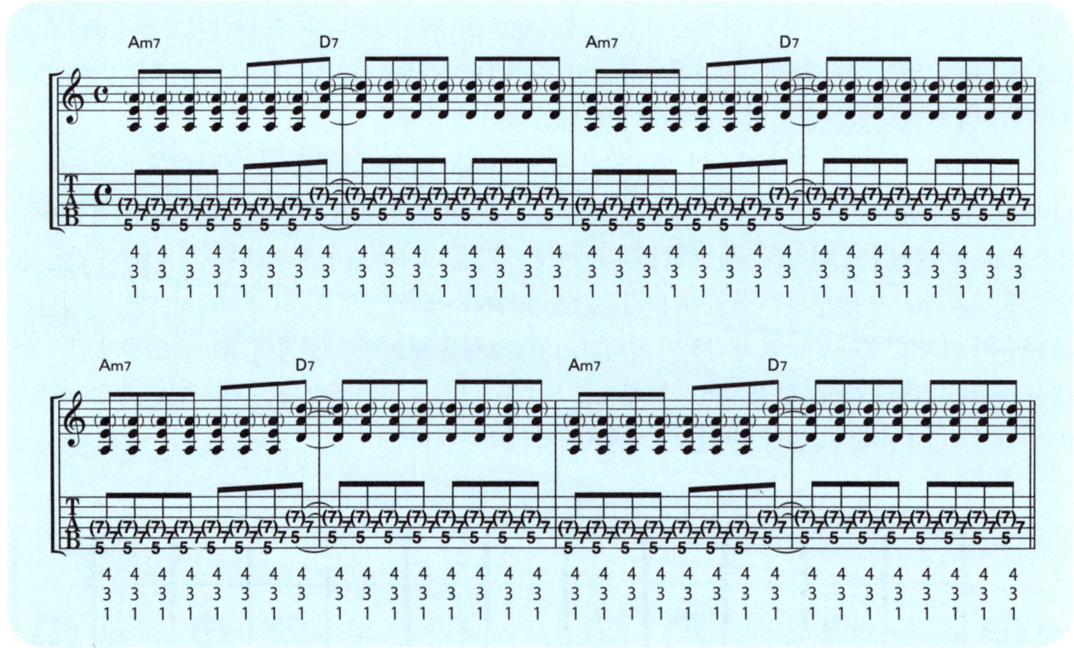

파워 코드는 간단하고 사용하기 편한 코드지만 이것만으로는 연주에 다양한 색채를 더하기도 힘들고 두꺼운 현(6~4현)을 중심으로 한 투박한 연주밖에 할 수 없으므로 "곡의 분위기에 맞지 않는 연주"가 되어 버리는 경우가 자주 생깁니다.

하지만 이 책을 다 읽고 나면 같은 코드 악보를 보고 다음 악보와 같은 연주도 가능해질 것입니다.

위의 악보를 보고 "어떻게 이 음을 사용할 수 있지?", "이런 운지법 처음 봐!", "뭘 치고 있는 건지 모르겠네, 나는 무리…" 등과 같이 생각할 수도 있습니다. 하지만 괜찮습니다. 이 책을 통해 코드 워크의 실전 예와 코드 폼의 구성 방법을 배우면 여러분도 이 악보와 같은 연주가 가능해질 것입니다.

"통째로 암기해도 되니까 일단 최대한 빨리 프로급 코드 워크를 마스터 하고 싶다"는 분은 16p 이후부터 등장하는 "블루스 진행 12마디로 익히는 코드 폼과 백킹" 부분만 먼저 읽어도 됩니다. 그러나 코드의 구조를 분명하게 이해하는 것이 "프로급 코드 워크"로의 지름길이라는 것을 기억해야 하고, 최종 목표를 위해서는 운지법을 무조건 외우는 것보다 직접 코드를 만들어서 잡아 보는 것이 좋습니다. "블루스 진행 12마디로 익히는 코드 폼과 백킹" 부분을 다 읽었다면 반드시 서론과 다른 장의, 코드의 구성 방법 등에 관한 해설 부분도 읽기 바랍니다.

그럼 여러분. 반드시 이 책을 마스터 해서

"프로급 코드 워크를 구사할 수 있는 사람＝백킹의 달인"이 됩시다!

CONTENTS

제4장 코드 워크의 달인에게 기본인 탑 노트 보이싱을 잡을 수 있습니까?

제5장 프로급 코드 워크의 비결인 "텐션"을 자유롭게 사용할 수 있습니까?

제6장 프로급 코드 워크의 실천을 위해 익혀 두어야 할 13개 아이디어

우선 코드의 구조를 이해하는데 있어서 중요한 기본적인 키워드를 살펴보도록 하겠습니다.

스케일도 코드와 마찬가지로 "아름다운 울림(협화)"이 중요합니다

스케일이란 음계(도레미파솔라시도 등)를 말합니다.

코드가 주제인데 왜 스케일 이야기를 꺼내는지 의아해하는 분도 계실 것입니다. 그러나 팝 음악에서 매우 중요한 역할을 차지하는 코드는 바로 이 스케일을 기반으로 만들어진 것입니다.

아래의 악보는 여러분에게 가장 친숙한 스케일인 메이저 스케일입니다.

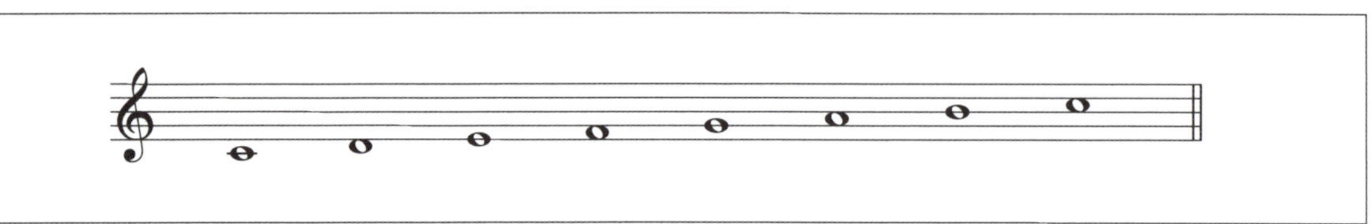

인간의 귀는 2개의 음이 있을 때, 각각의 음의 파동 수의 비율이 단순할수록 아름답게(협화) 느끼고 반대로 파동 수의 비율이 복잡할수록 탁하게(불협화) 느낍니다.

기준이 되는 음(C메이저 스케일의 경우 C음) 위에 2:3의 비율로 진동하는 음(C메이저 스케일의 경우 G음)을 시작으로 파동 수의 비율이 단순해서 아름답게 느껴지는(협화) 음들을 배열하면 이 메이저 스케일이라는 음계가 만들어집니다.

이 "아름다운 울림(협화)"이라는 단어만으로도 스케일과 코드가 밀접하게 연관되어 있다는 사실을 어느 정도 깨닫게 되었을 것입니다.

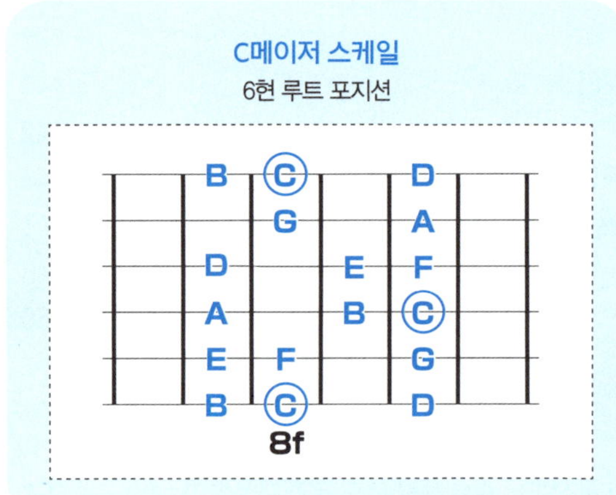

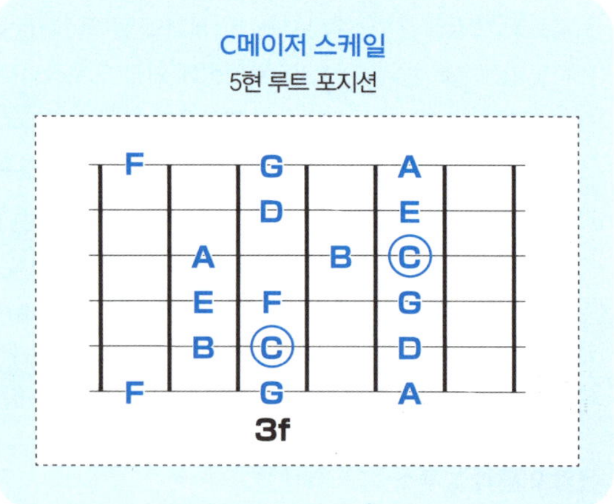

인터벌(Interval)은 "음정", 즉 음과 음 사이의 간격을 말합니다. 이 음정을 이해하고 기타 지판 상에서 파악할 수 있게 되면 "이제 진짜 기타를 치는 것 같다!"는 실감이 들 것입니다. 코드 워크는 물론 애드립, 리드 기타 연주에서도 실력 향상을 원한다면 이 음정에 대한 이해가 반드시 필요합니다.

앞서 설명한 C메이저 스케일에서 C음을 기준으로 각각의 음정을 살펴봅시다. 음정은

C와 C ⋯ 완전1도	C와 D ⋯ 장2도	C와 E ⋯ 장3도
C와 F ⋯ 완전4도	C와 G ⋯ 완전5도	C와 A ⋯ 장6도
C와 B ⋯ 장7도	C와 옥타브 위의 C ⋯ 완전8도	

가 됩니다. 이 음정을 8p의 지판 위에 표시해 보도록 하겠습니다.

※ 여기서는 1옥타브 이상의 음정도 "자리바꿈 음정"으로 간주해서 8도 이내로 표시했습니다.

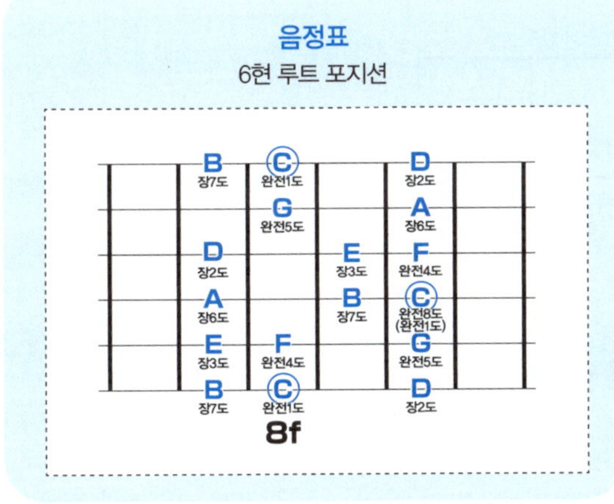

우선 음과 음 사이의 다양한 간격을 더욱 쉽게 파악하기 위해 메이저 스케일을 기준으로 각 구성 음의 간격을 위의 표를 통해 익혀 둡시다!

본서에는 위의 8개 이외의 음정도 등장하는데 주된 음정 간격을 정리한 것이 아래의 표입니다. 역시 C음을 기준으로 한 경우인데 오른쪽에 예도 함께 표시해 두었습니다.

완전1도 ⋯ C와 C의 간격	단2도 ⋯ C와 D♭의 간격	장2도 ⋯ C와 D의 간격
단3도 ⋯ C와 E♭의 간격	장3도 ⋯ C와 E의 간격	완전4도 ⋯ C와 F의 간격
증4도 ⋯ C와 F♯의 간격	감5도 ⋯ C와 G♭의 간격	완전5도 ⋯ C와 G의 간격
단6도 ⋯ C와 A♭의 간격	장6도 ⋯ C와 A의 간격	단7도 ⋯ C와 B♭의 간격
장7도 ⋯ C와 B의 간격	완전8도 ⋯ C와 옥타브 위 C의 간격	

음~, 너무 많아서 외우기 힘들 것 같죠? 하지만 안심하셔도 됩니다. 이것도 일단 구하는 방법만 터득하면 문제없습니다. 음정은 도수라고 하는 단위(1부터 8까지)에 장, 단, 완전, 증, 감이라는 단어를 붙여서 표시합니다. 이것은 "장과 단"을 사용해서 표기하는 도수와 "완전"을 사용해서 표기하는 2종류의 도수로 크게 나눌 수 있고, "증과 감"이라는 표기는 앞의 두 종류의 도수에 임시표가 붙는 경우 사용합니다.

- **2도, 3도, 6도, 7도 간격**
  이 4개에는 "장"과 "단"이라는 표기를 사용한다.
- **1도, 4도, 5도, 8도 간격**
  이 4개에는 "완전"이라는 표기를 사용한다.

우선 위의 2개부터 살펴봅시다.

음정① "장" "단" 계열

예를 들어 C와 E의 음정은 장3도인데 음정 간격을 반음 내려서 C와 E♭으로 바꾸면 단3도가 됩니다. 또 C와 E♭의 음정 간격을 반음 더 내려서 C와 E♭♭으로 바꾸면 감3도가 됩니다. 반대로 장3도인 C와 E에서 음정을 반음 올려서 C와 E♯으로 바꾸면 증3도가 됩니다. 이 관계를 표로 정리하면 아래와 같습니다.

※ E♭♭과 D, E♯과 F, 각각의 음 자체는 같지만, 이론상의 의미가 다르므로 구분해서 표기 했습니다(감3도와 장2도, 증3도와 완전4도 등의 도수 표기도 마찬가지입니다).

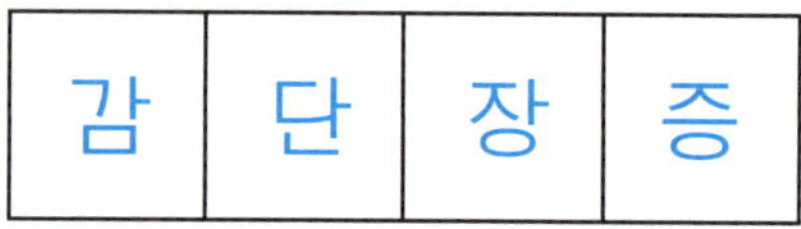

이 법칙은 "장"과 "단"을 사용하는 모든 음정에 적용되며 이것들을 "장단" 계열의 음정이라고 합니다.

음정② "완전" 계열

다음으로 C와 G를 살펴보겠습니다.
이 음정은 완전5도입니다. 이 C와 G의 음정 간격을 반음 내려서 C와 G♭으로 바꾸면 감5도가 됩니다. 반대로 완전5도인 C와 G에서 음정을 반음 올려서 C와 G♯으로 바꾸면 증5도가 됩니다.
이 법칙은 "완전"을 사용하는 모든 음정에 적용됩니다.
이 관계를 표로 정리하면 아래와 같습니다.

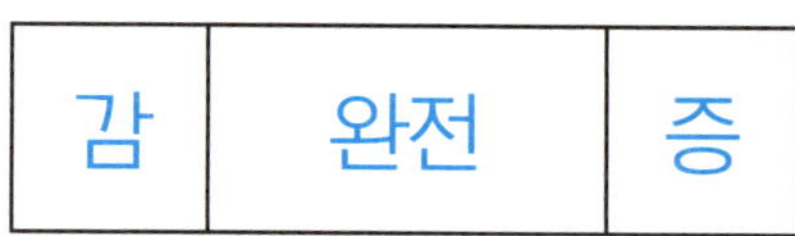

이것은 "완전"을 사용하는 모든 음정에 적용되며 이것들을 "완전" 계열의 음정이라고 합니다.

음정③ 영어와 ♭, ♯ 등을 이용한 표기

이 "음정"의 도수 표기에 관해서는 표기 방법을 영어로도 익혀두는 것이 혼란을 사전에 방지할 수 있습니다.
1도부터 8도를 영어로 도수 표기하면

| 1도 = Unison | 2도 = 2nd | 3도 = 3rd | 4도 = 4th | 5도 = 5th | 6도 = 6th | 7도 = 7th | 8도 = Octave |

그리고 장단 계열(감, 단, 장, 증)을 영어 표기로 바꾸면

| 감 = Diminished 디미니쉬드 | 단 =minor 마이너 | 장 = Major 메이저 | 증 = Augmented 어그먼티드 |

완전 계열(감, 완전, 증)을 영어 표기로 바꾸면

| 감 = Diminished 디미니쉬드 | 완전 = Perfect 퍼펙트 | 증 = Augmented 어그먼티드 |

가 됩니다. 즉 장3도는 Major +3rd이므로 메이저 3rd, 완전5도는 Perfect +5th이므로 퍼펙트 5th가 됩니다. 여기까지 설명한 표기 이외에 숫자에 #이 나 ♭을 붙여서 간격을 표시하는 경우가 있습니다. 이 책에서 다이어그램 표기는 편의상 다음과 같은 표기를 사용합니다.

1 ··· C와 C의 간격	♭2 ··· C와 D♭의 간격	2 ··· C와 D의 간격	♭3 ··· C와 E♭의 간격
3 ··· C와 E의 간격	4 ··· C와 F의 간격	#4 ··· C와 F#의 간격	♭5 ··· C와 G♭의 간격
5 ··· C와 G의 간격	♭6 ··· C와 A♭의 간격	6 ··· C와 A의 간격	♭7 ··· C와 B♭의 간격
7 ··· C와 B의 간격	8 ··· C와 옥타브 위 C의 간격		

음정은 "울림"이나 "지판 상의 위치"와 함께 기억하는 편이 쉽게 이해할 수 있고 실제 연주에 적용할 때 더욱 효과적입니다.

루트와 비교해서 소리를 들어 보거나 루트로부터의 거리와 위치를 지판 상에서 익혀두면 좋습니다.

아래와 같은 지판 상에서의 음정 간격 표를 보면서 거리와 위치를 파악해 둡시다. 잊어버리면 → 표에서 확인, 잊어버리면 → 표에서 확인을 몇 번 반복하는 사이에 점점 감각적으로 다룰 수 있게 될 것입니다.

6현 루트인 경우의 주변 음정 간격 표

♭7	7	R	♭2	2	♭3
4	#4/♭5	5	#5/♭6	6	♭7
♭2	2	♭3	3	4	#4/♭5
#5/♭6	6	♭7	7	R	♭2
♭3	3	4	#4/♭5	5	#5/♭6
♭7	7	R	♭2	2	♭3

5현 루트인 경우의 주변 음정 간격 표

4	#4/♭5	5	#5/♭6	6	♭7
R	♭2	2	♭3	3	4
#5/♭6	6	♭7	7	R	♭2
♭3	3	4	#4/♭5	5	#5/♭6
♭7	7	R	♭2	2	♭3
4	#4/♭5	5	#5/♭6	6	♭7

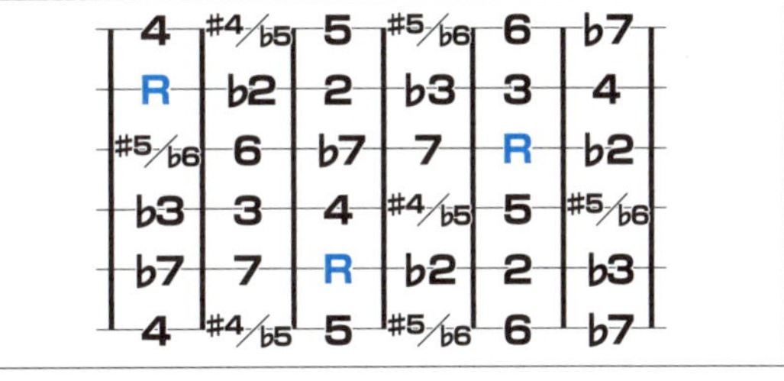

반복해서 말씀드리지만, 이 음정에 대한 이해는 확신을 가지고 기타를 연주하기 위해 반드시 필요한 부분입니다.

처음에는 3도나 5도의 거리나 위치를 익히는 것만으로 충분하므로 차근차근 익혀 나가도록 합시다.

외워야 할 것이 조금 많다고 느낄 수도 있겠지만, 힘내기 바랍니다!

이번 기회에 코드 구성음에 관한 기초 지식을 확실히 익혀서 코드에 관한 지식의 토대를 확실히 다져두면 앞으로의 연주가 훨씬 편해질 것입니다.

다이아토닉 코드에 대해 알아 두는 것도 실제 연주 시의 코드 워크나 텐션을 이해하는 데 필요합니다. 세상에는 다양한 스케일이 있는데 각각 스케일에서 코드를 만들 수 있습니다. 이때 기본이 되는 스케일을 다이아토닉 스케일이라고 하고, 그 스케일에서 만들 수 있는 코드를 다이아토닉 코드라고 합니다(단, 다이아토닉 스케일은 7음으로 구성되어 있는 것이 원칙입니다).

다이아토닉 코드에 관해 조금 더 구체적으로 설명하면 "다이아토닉 스케일의 각 음을 루트로 해서 그 위에 3도 간격으로 음을 쌓아서 만든 코드"라고 정리할 수 있습니다.

그럼 메이저 스케일에서 만들 수 있는 다이아토닉 코드를 익혀 보도록 합시다. 여기서는 C메이저 스케일에서 만들 수 있는 다이아토닉 코드를 살펴보도록 하겠습니다. C메이저 스케일의 각 음 위에 3도 간격으로 2개의 음을 쌓으면 아래의 악보와 같이 됩니다.

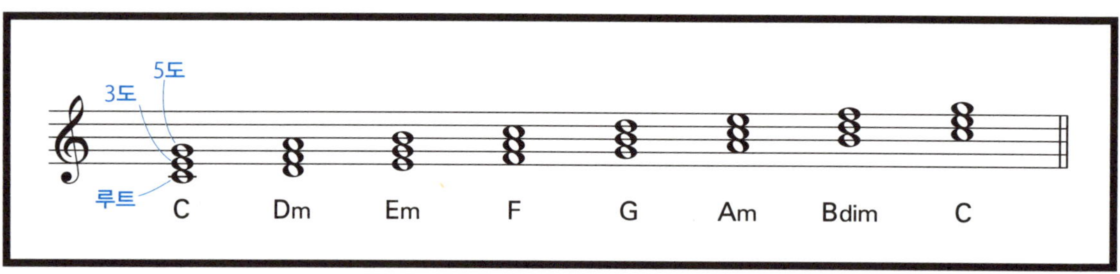

각각의 코드 구성음은 루트부터 3도 위, 5도 위 간격의 음을 쌓은 것입니다. 구성음을 기준으로 코드 네임을 살펴보면 C Dm Em F G Am Bdim 가 됩니다. 모두 3개의 음으로 구성된 화음으로 이것을 "트라이어드"라고 부릅니다. 이 트라이어드에 7도 음을 더해 루트, 3도, 5도, 7도 4개의 음을 쌓은 경우에는 "7th(세븐스) 계열의 코드"가 되고 아래의 악보와 같습니다.

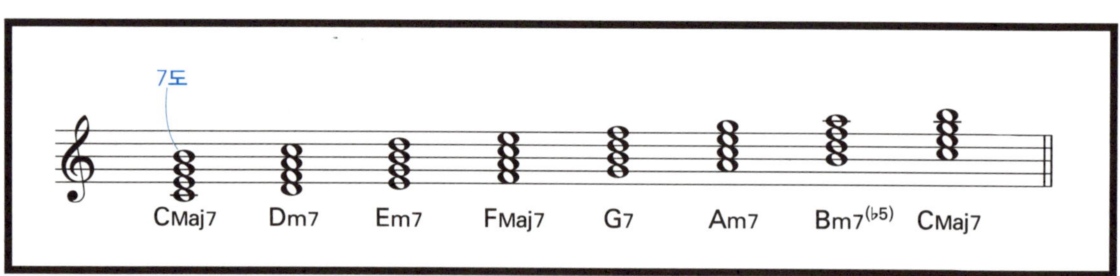

이것 역시 각각의 구성음의 간격을 기준으로 코드 네임을 살펴보면

CMaj7 Dm7 Em7 FMaj7 G7 Am7 Bm7(♭5) 가 됩니다.

이와 같은 음정 간격을 키(Key: 조성)가 바뀌어도 분석하기 쉽도록 더 알아보기 쉬운 방법으로 표시할 수 있습니다. 구체적으로 말하면 이것은 "각 코드가 키의 몇 번째 코드인지 쉽게 파악할 수 있게 하려고 로마 숫자를 사용해 표시한 것"입니다. 이 로마 숫자로 표시한 계이름을 "화성 기호"라고 합니다. 위의 다이아토닉 코드를 화성 기호로 표시하면 다음과 같습니다.

IMaj7　　　IIm7　　　IIIm7　　　IVMaj7　　　V7　　　VIm7　　　VIIm7$^{(\flat5)}$

로마 숫자 앞부분에 어떤 알파벳이 오는지는 키에 따라 달라지는데, 예를 들어

Key가 A일 때 V7은? "E7!" (AMaj7　Bm7　C♯m7　DMaj7　E7　F♯m7　G♯m7$^{(\flat5)}$)

Key가 G일 때 IIIm7은? "Bm7!" (GMaj7　Am7　Bm7　CMaj7　D7 Em7　F♯m7$^{(\flat5)}$)

등과 같이 바로 대답할 수 있게 되면 키가 어떻게 바뀌더라도 혼란에 빠지지 않고 항상 같은 조건상에서 취급할 수 있게 됩니다. 또 다이아토닉 코드를 이해하기 위해 화성 기호와 함께 익혀두면 좋은 것이 한 가지 더 있는데 "토닉", "서브 도미넌트", "도미넌트"와 같은 키워드입니다. 이것은 다이아토닉 코드가 가지고 있는 3가지 기능에 관한 명칭인데

각각의 기능은 다음과 같습니다.

"**토닉 코드**"는 그 자체로 안정성을 가지고 있는 것.

"**서브 도미넌트 코드**"는 토닉과 도미넌트의 중간적 성격을 가지며 차분하게 안정된 코드로 해결하려는 성질을 가진 것.

"**도미넌트 코드**"는 불안정한 성격을 갖고 있어서 안정된 코드로 해결하려는 성질을 가진 것입니다.

토닉의 기능을 가진 코드는 **IMaj7　IIIm7　VIm7**

서브 도미넌트의 기능을 가진 코드는 **IIm7　IVMaj7**

도미넌트의 기능을 가진 코드는 **V7**이고

위에 없는 VIIm7$^{(\flat5)}$은 이 3개 중 어느 것에도 해당하지 않는 것으로 간주합니다.

이것들을 파악해 두면 코드 진행을 보기만 해도 대충 흐름과 사운드를 떠올릴 수 있게 될 것입니다. 예를 들어 토닉 코드가 연속적으로 나오면 "평범한 코드 진행이군", 도미넌트 코드가 나오면 "긴장감이 고조되고 있는 상태니까 코드 진행의 클라이맥스 부분이구나" 등과 같이 해당 부분에서 어떤 연주를 하면 좋을지 대략적인 연주 컨셉을 잡을 수 있게 됩니다.

또 각각 같은 그룹 내의 코드가 서로를 "대신하는 것(대리)"도 가능하므로 이 부분도 기억해 두면 작, 편곡 시에 유용한 테크닉으로 활용할 수 있습니다.

예를 들어 IIm7 → V7 → IMaj7 과 같은 코드 진행을 IVMaj7 → V7 → VIm7 과 같은 진행으로 바꿀 수 있게 됩니다.

각각의 코드의 기능은 변하지 않기 때문에 각 코드의 흐름 자체는 그대로 유지됩니다. 지금까지 다이아토닉 코드에 대해 살펴보았습니다.

이번에는 메이저 스케일을 예로 들었지만, 이외의 스케일(마이너 스케일이나 하모닉 마이너 스케일 등)에서도 다이아토닉 코드를 만들 수 있습니다. 이와 같은 경우에도 코드를 만드는 기본적인 방법은 같습니다.

6현 & 5현 루트의 기본적인 코드 (트라이어드)를 잡을 수 있습니까?

그럼 서론에서 설명한 것을 토대로 코드 만드는 방법을 마스터해 봅시다.

우선 6현 또는 5현에 루트 음을 두고 이것을 기반으로 코드를 만드는 방법을 살펴보겠습니다. 6현과 5현의 계이름과 위치만 익혀두면 금방 다양한 종류의 코드를 다룰 수 있게 되므로 지금까지 거의 파워 코드 위주로 연주해온 기타리스트도 쉽게 익힐 수 있을 것입니다.

6현 루트를 잡는 법 메이저 코드

처음 살펴볼 것은 트라이어드입니다. 이것은 서론에서 설명한 것처럼 루트, 3도, 5도의 3개의 음으로 구성된 3화음인데 모든 코드의 기본이 됩니다.

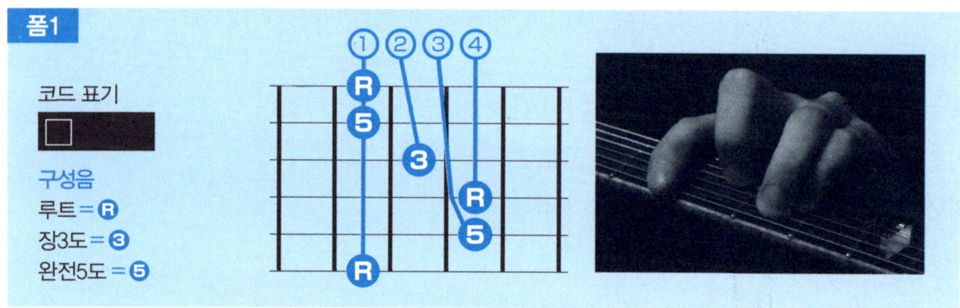

폼1은 6현 루트의 메이저 코드 폼입니다. 6현 루트를 C음으로 한 경우(그 외의 현의 간격과 계이름은) 5현이 완전5도인 G음, 4현이 루트인(1옥타브 위의) C음, 3현이 장3도인 E음, 2현이 완전5도인 G음, 1현이 루트인(2옥타브 위의) C음이 됩니다. 6개의 현 모두가 울리는 상태인데 루트와 완전5도 등 몇 개의 음은 중복되어 있으므로 옥타브 차이가 난다 하더라도 음의 종류는 결국 3개의 구성음밖에 없습니다. 보통 루트음의 알파벳만으로 코드를 표기하는데 C라는 코드 = C메이저 코드와 같습니다. 앞으로 이 폼1을 기본형으로 코드를 만들어가도록 하겠습니다.

파워 코드밖에 모르는 분은 우선 이 방법부터 익혀두도록 합시다.

6현 루트를 잡는 법 마이너 코드

그럼 폼1을 기본형으로 마이너 코드 폼을 만들어 봅시다. 메이저 코드와 마이너 코드, 각각의 코드를 구성하는 음의 차이는 3도음 뿐인데, 3도가 장3도가 아닌 단3도가 됩니다. 예를 들어 루트가 C음인 경우에는 6현이 루트인 메이저 코드의 폼1에서, 3현에서 잡고 있는 장3도의 음(E음)을 반음(1프렛) 내려서 E♭음으로 바꾸면 바로 마이너 코드로 바꿀 수 있습니다(폼2). 코드 표기는 루트음의 알파벳에 m이 붙습니다. Cm = C마이너 코드입니다.

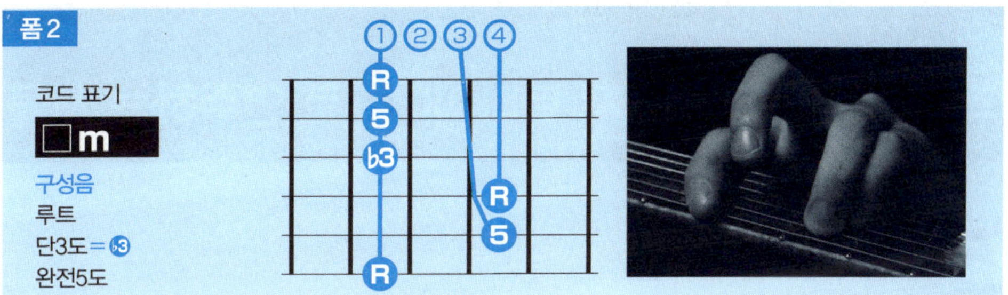

이처럼 각각의 코드 폼을 단순히 각각의 운지법으로서 그저 각각 암기하는 것이 아닌 "기본형의 코드를 기반으로 이것을 변화시키면서 다른 코드를 만들어가는 것"이 이 책의 부제입니다.

5현 루트를 잡는 법 메이저 코드

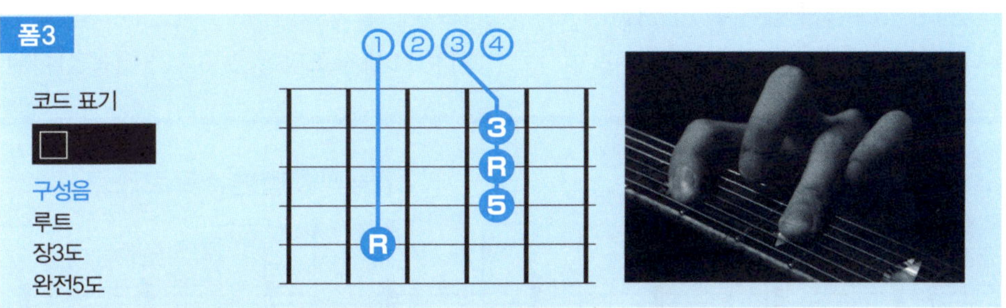

이번에는 5현을 루트로 한 경우의 메이저 코드 폼입니다. 5현 루트를 C음으로 한 경우 4현이 완전5도인 G음, 3현이 루트인 C음, 2현이 장3도인 E음이 됩니다. 5현 루트의 폼에 관해서는 이것이 기본형이 되므로 외워버리도록 합시다. ●가 없는 현은 울리지 않는 현입니다(뮤트합니다).

5현 루트를 잡는 법 마이너 코드

그럼 메이저 코드의 폼3을 이용해서 5현 루트의 마이너 코드폼을 만들어 봅시다. 6현 루트의 경우와 마찬가지로 장3도를 반음 내려서 단3도(=♭3th)로 바꾸기만 하면 됩니다(루트가 C음인 경우 2현의 E음이 E♭음이 된다).

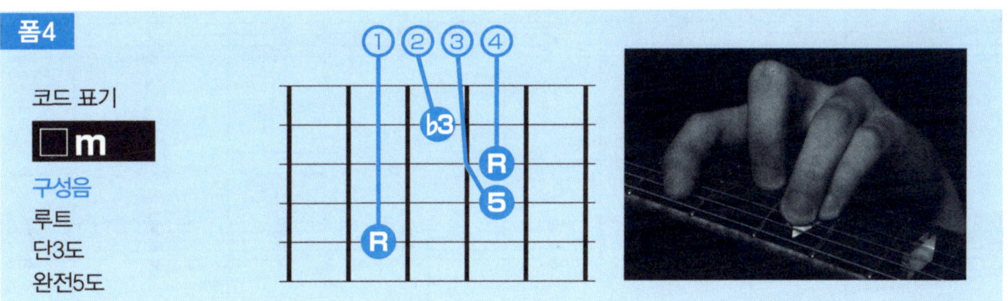

어떻습니까? 이 정도는 아직 초보적인 부분이라 "뭐야, 다 아는 코드잖아, 이 정도는 당근 다 외울 수 있지!"라고 생각할 수도 있겠지만, 방심은 금물! 코드의 무한한 가능성을 우습게 보면 큰코다칩니다. 방심하지 말고 이제 통 암기에서는 졸업하겠다는 마음으로 본서를 읽으시기 바랍니다. 그럼 다음 페이지부터 여기서 소개한 4개의 폼을 사용해서 실제 블루스 진행 패턴을 연주해 봅시다.

6현과 5현 루트의 메이저 트라이어드로 연주하는 셔플①

Key=**A** 사용 코드 폼: 1, 3

이 스케일의 완성 포인트

Key=A의 기본적인 블루스 진행입니다. 모든 코드를 6현 루트 또는 5현 루트의 메이저 트라이어드로 연주합니다. 리듬은 블루스 연주에 있어서 가장 많이 사용되는 셔플로 연주합니다. 이 셔플은 3연음의 가운데 음을 생략한 리듬으로 "따~따, 따~따♪"와 같은 리듬인데 깡충깡충 뛰는 것 같은 느낌 때문에 "바운스가 있다"라고 표현하기도 합니다. 악보에는 모두 4분음표로 표기되어 있는데 적당히 음을 끊어서 이 느낌을 표현하는 것이 포인트입니다. 또 2, 4박째를 빠른 스트로크로 연주하면 백 비트가 강조되어 그루브가 더욱 살아납니다.

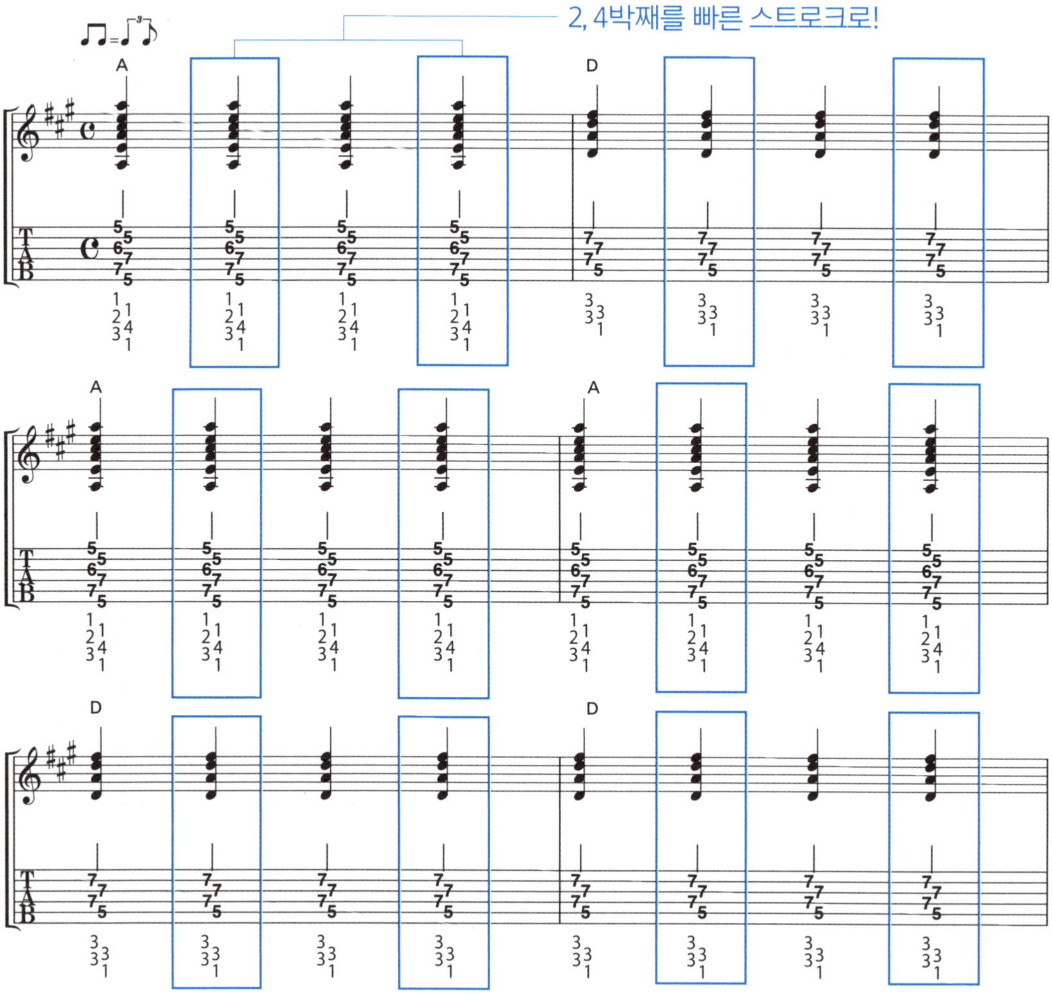

→ 블루스 진행 12마디로 익히는 코드 폼과 백킹 1

이 페이지에 등장하는 코드 진행의 패턴

Ⓐ

I	IV	I	I
IV	IV	I	I
V	IV	I	V

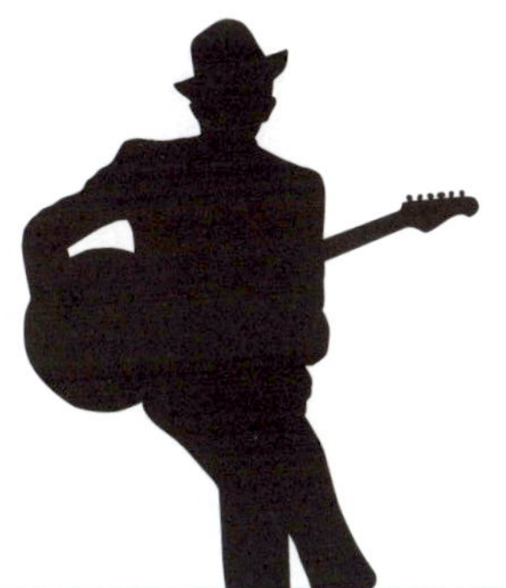

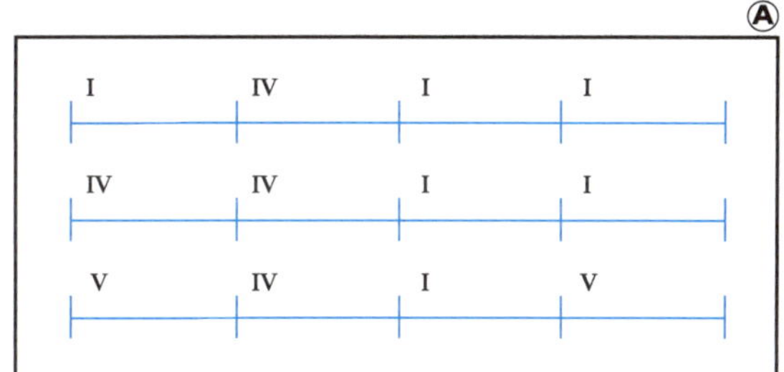

※ Ⓐ : 이 알파벳이 표기되어 있는 것은 같은 코드 진행입니다.

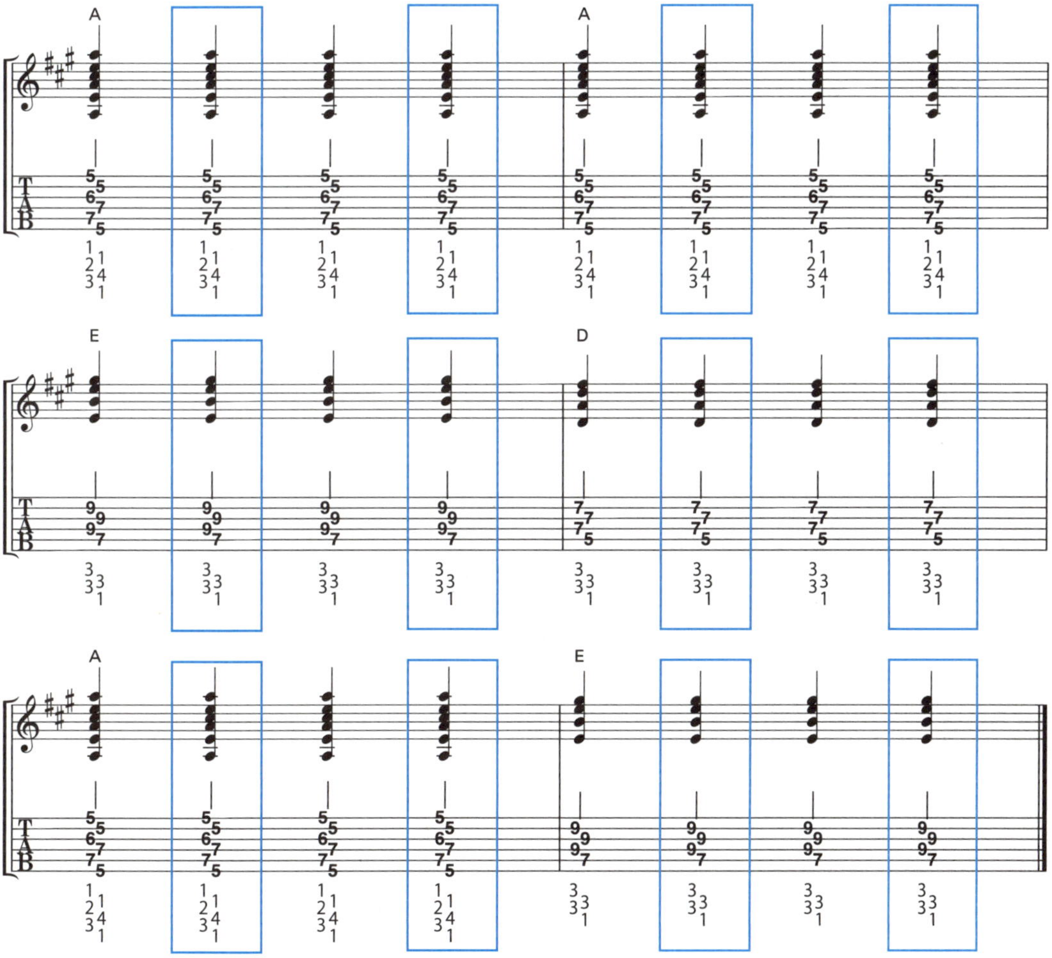

QR Track 02

메이저 코드②

6현과 5현 루트의 메이저 트라이어드로 연주하는 셔플②

Key=E

사용 코드 폼: 1, 3

이 스케일의 완성 포인트

이것도 Key=E의 기본적인 블루스 진행입니다. 앞 페이지의 패턴과 마찬가지로 모든 코드를 6현 & 5현 루트의 메이저 트라이어드로 연주하고, 셔플 리듬에 맞춰서 백킹 패턴을 연주합니다. 악보에 X 표시가 되어 있는 부분은 브러싱으로 연주합니다. 브러싱이란 왼손은 현에 대기만 한 상태에서 (=뮤트하면서) 스트로크 하는 주법인데, 음감이 없는 퍼커션적인 연주가 됩니다. 2, 4박째를 빠르고 강한 스트로크로 연주해 봅시다. 실제 음이 나지 않는 브러싱 부분을 강조하는 것이 조금 어려울 수도 있지만, 요령을 터득할 때까지 반복해서 연습합시다.

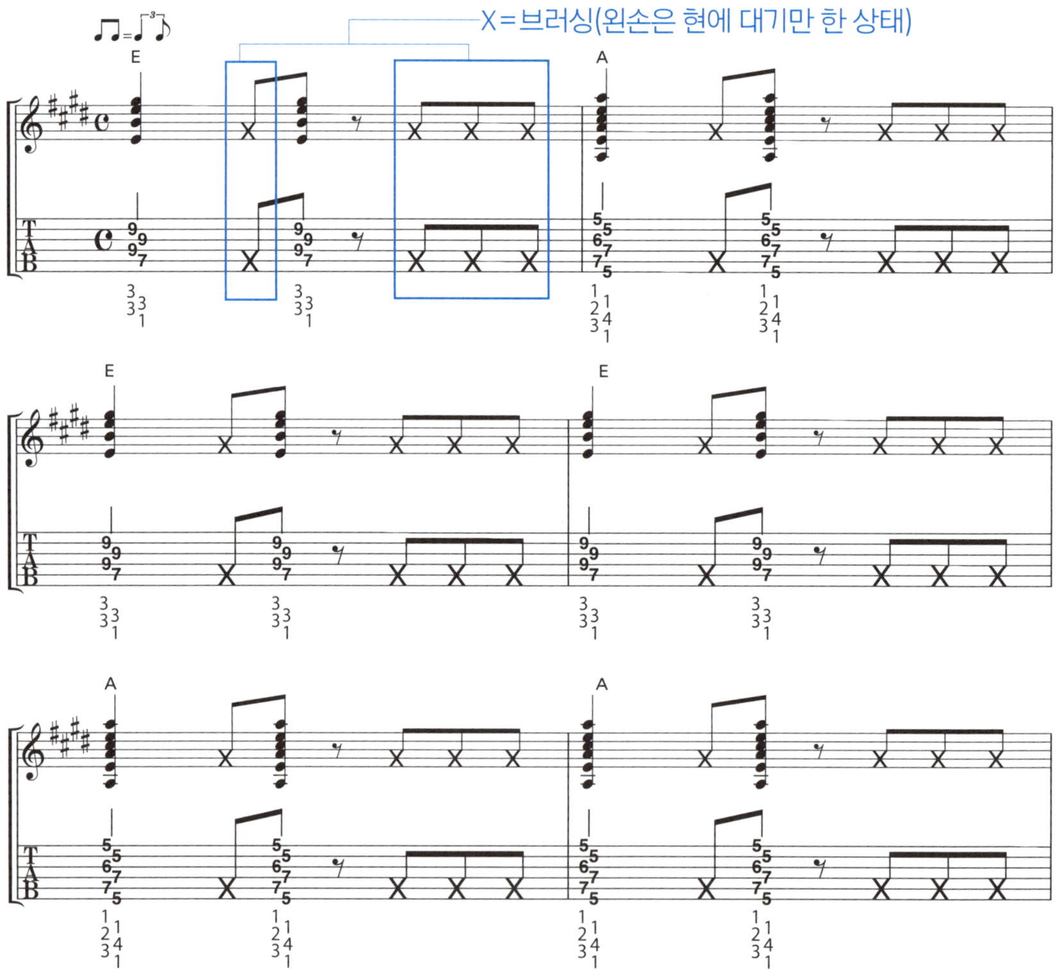

→ 블루스 진행 12마디로 익히는 코드 폼과 백킹 2

이 페이지에 등장하는 코드 진행의 패턴

Ⓐ

I	IV	I	I
IV	IV	I	I
V	IV	I	V

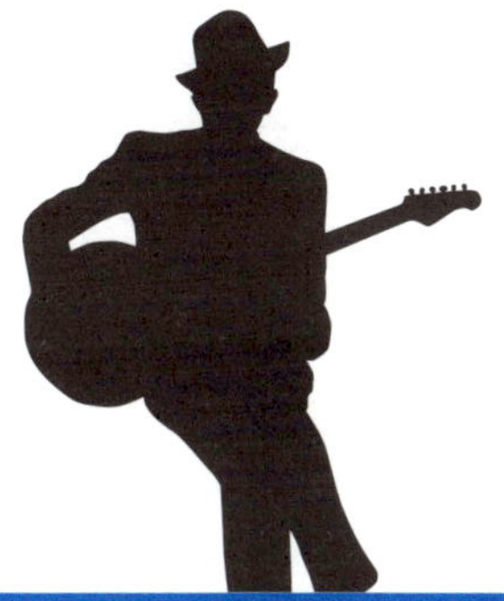

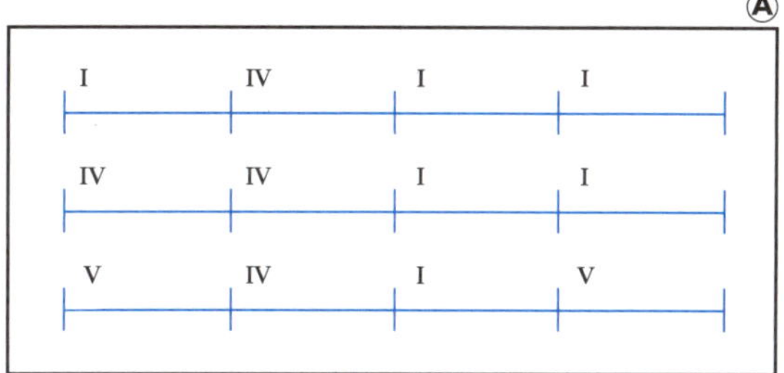

※ Ⓐ : 이 알파벳이 표기되어 있는 것은 같은 코드 진행입니다.

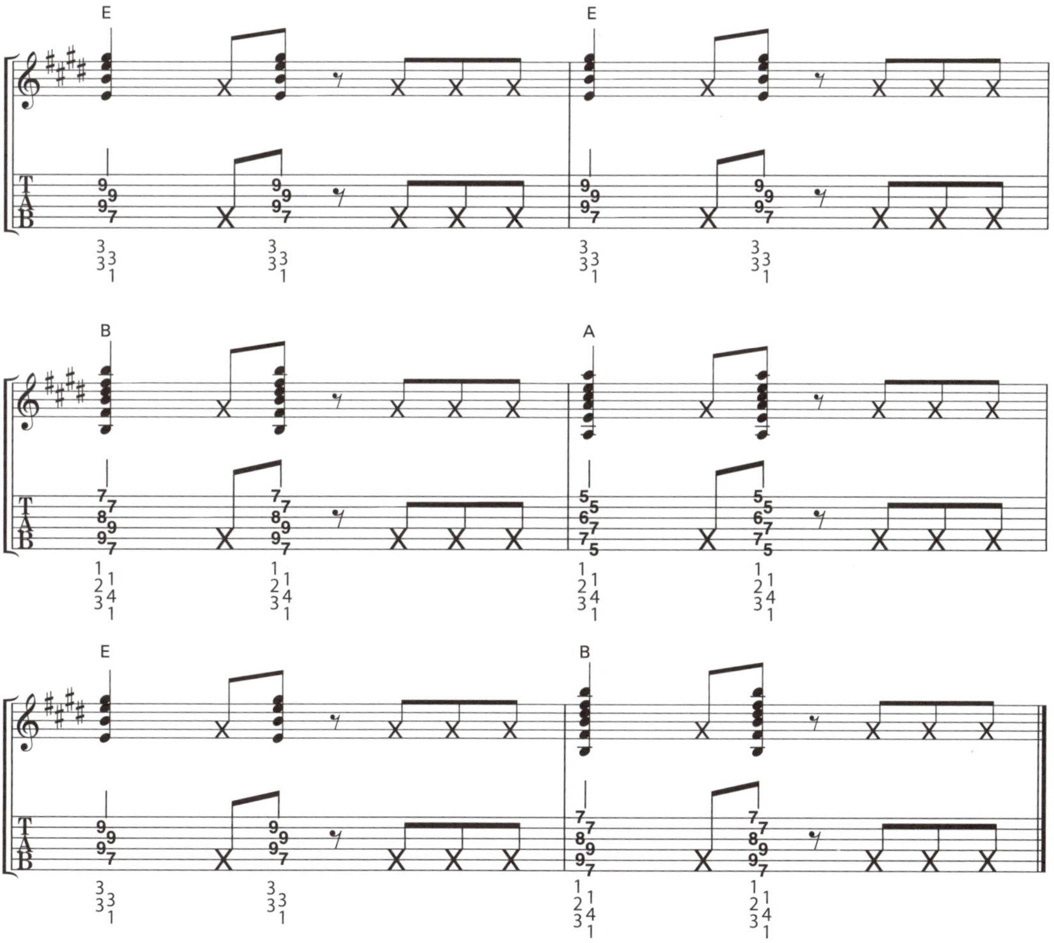

6현과 5현 루트의 마이너 트라이어드로 연주하는 8비트

Key=**Am** 〔사용 코드 폼: 2, 4, 3〕

이 스케일의 완성 포인트

Key＝Am의 마이너 블루스 진행입니다. 블루스에는 이처럼 마이너 코드를 사용한 진행도 자주 등장합니다.

B.B킹의 『The Thrill Is Gone』 등이 마이너 블루스의 대표적인 곡인데, 이 패턴에는 6현 & 5현 루트의 마이너 트라이어드가 등장합니다. 특히 6현 루트의 마이너 트라이어드 폼은 3현을 소리내기 힘들기 때문에 확실하게 새하로 현을 잡고 있는지 각 현을 따로 쳐보며 확인해 두도록 합니다. 리듬은 8비트로 연주합니다.

이번에는 스트레이트한 느낌의 그루브(바운스가

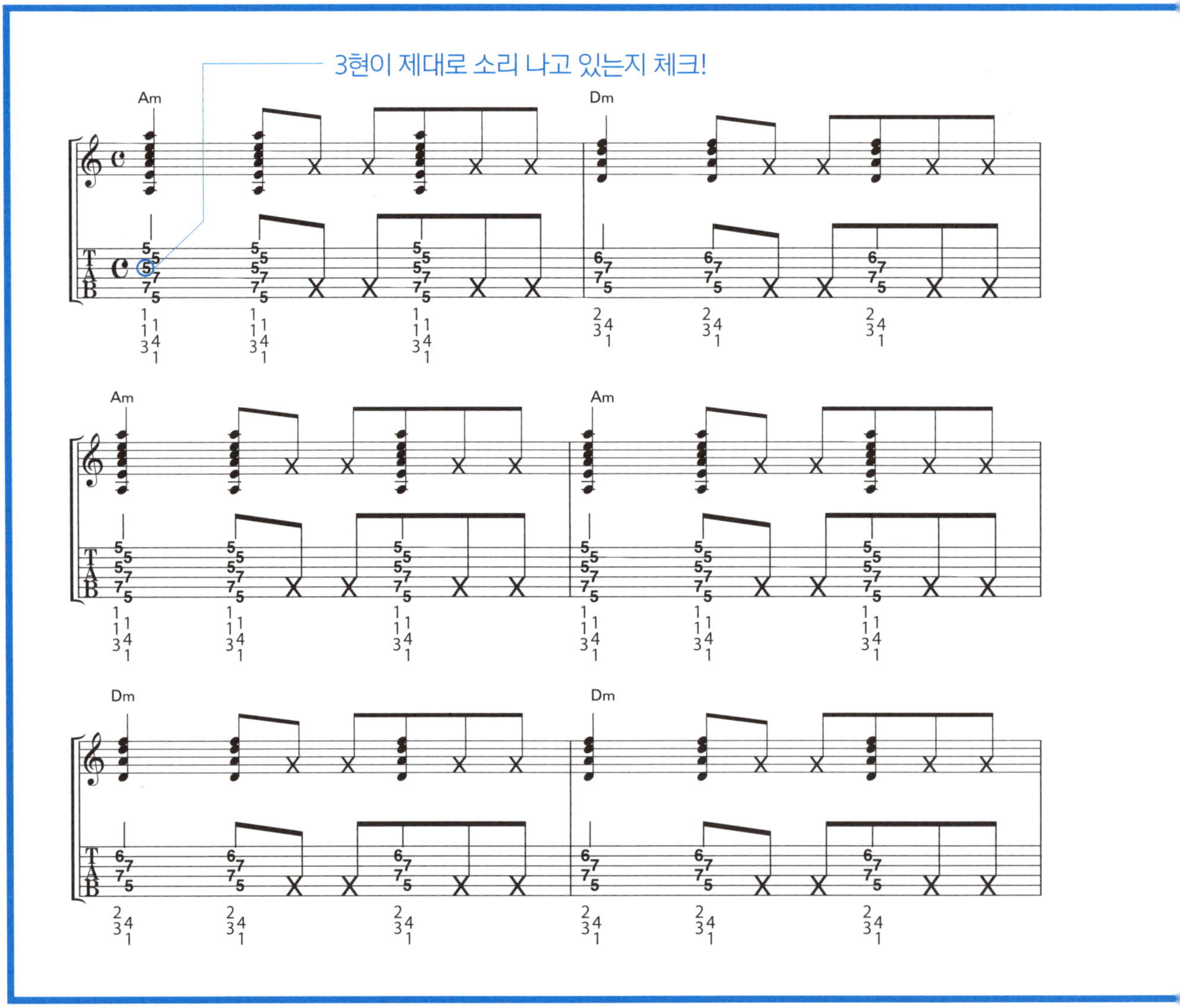

→ 블루스 진행 12마디로 익히는 코드 폼과 백킹 3

없는 리듬)이므로 앞의 연주들과는 반대로 깡충깡충 뛰는 느낌이 들지 않도록 주의가 필요합니다. 모두 다운 피킹으로 연주하면 쉽게 그루브를 표현할 수 있을 것입니다.

이 페이지에 등장하는 코드 진행의 패턴

Ⓑ

Im	IVm	Im	Im
IVm	IVm	Im	Im
♭VI	V	Im	V

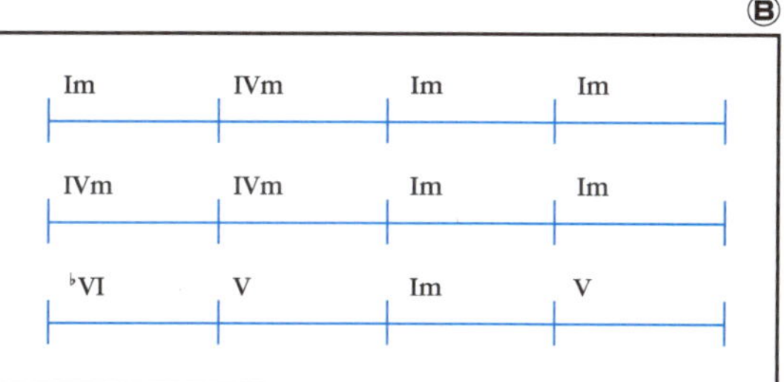

※ Ⓑ : 이 알파벳이 표기되어 있는 것은 같은 코드 진행입니다.

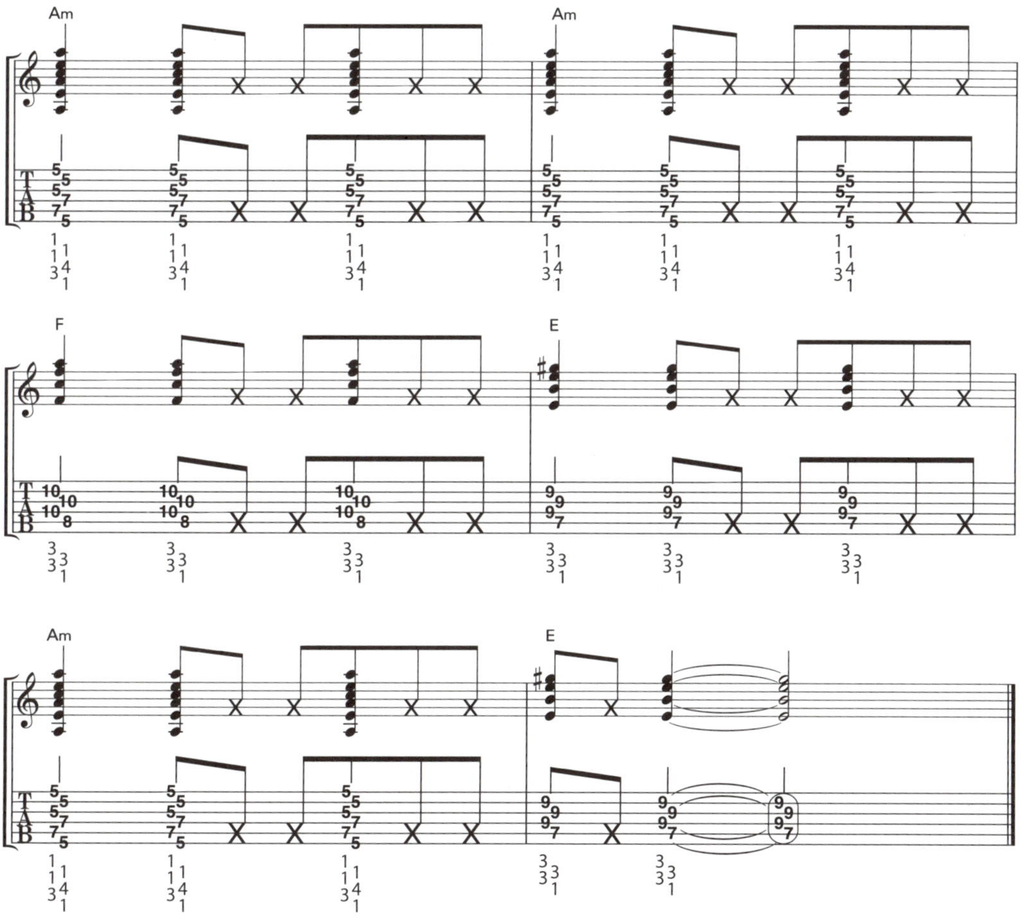

마이너 코드②

6현과 5현 루트의 마이너 트라이어드로 연주하는 온음표와 2분음표 패턴

Key=**Em**   사용 코드 폼: 2, 4, 1

이 스케일의 완성 포인트

Key=Em의 마이너 블루스 진행입니다. 이 백킹 패턴은 긴 음표를 사용해서 코드로 전체를 둘러싸는 것 같은 사운드를 노린 것으로 보통 "온음표/2분음표 계열의 백킹" 등으로 불립니다.

기본적으로는 코드를 길게 끄는 것인데 4마디 패턴으로 생각했을 때 각 패턴의 후반(3, 7, 11마디)에서만 아르페지오를 사용합니다. 블루스에는 보컬의 멜로디(주선율)가 들어가는 것이 기본이므로, 4마디 패턴의 전반부에는 보컬 멜로디가 들어간다고 가정하고 후반부에는 앞서 말한 아르페지오로 필인을 넣는 느낌으로 연주합시다.

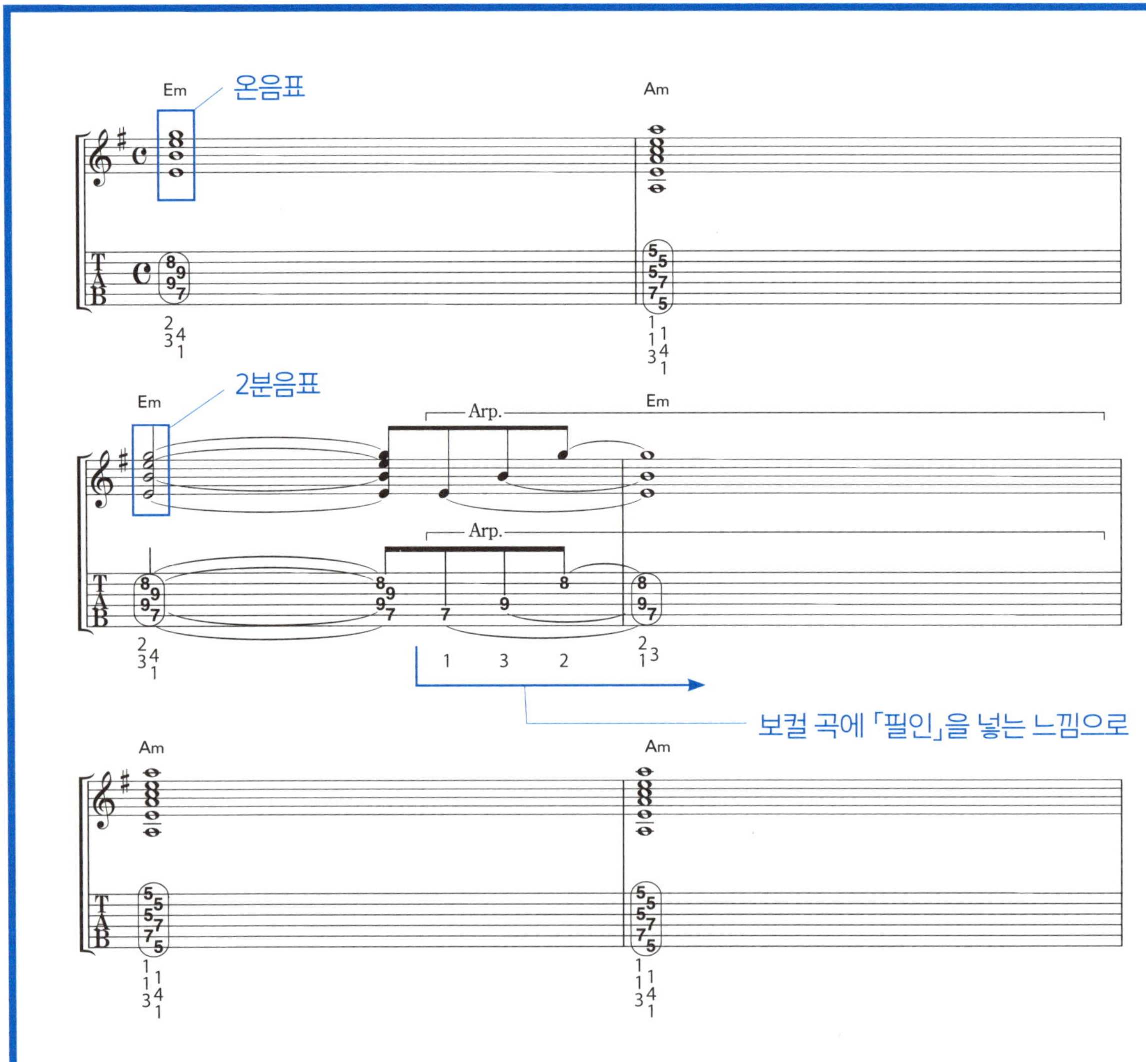

→ 블루스 진행 12마디로 익히는 코드 폼과 백킹 4

이 페이지에 등장하는 코드 진행의 패턴

Ⓑ

Im	IVm	Im	Im
IVm	IVm	Im	Im
♭VI	V	Im	V

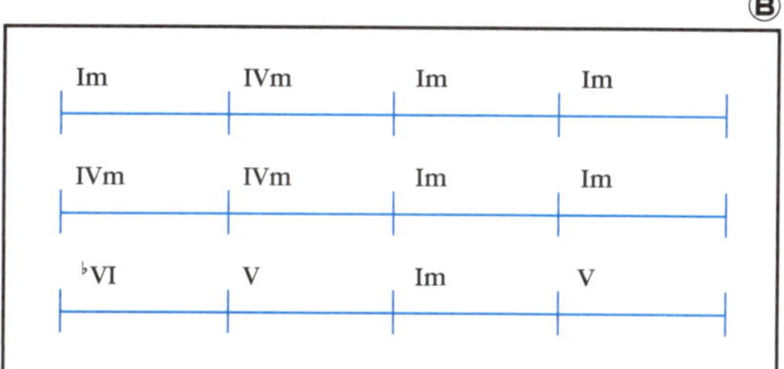

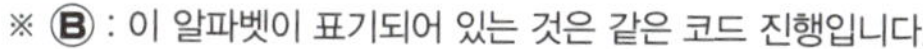

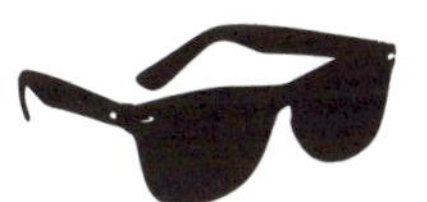

※ Ⓑ : 이 알파벳이 표기되어 있는 것은 같은 코드 진행입니다.

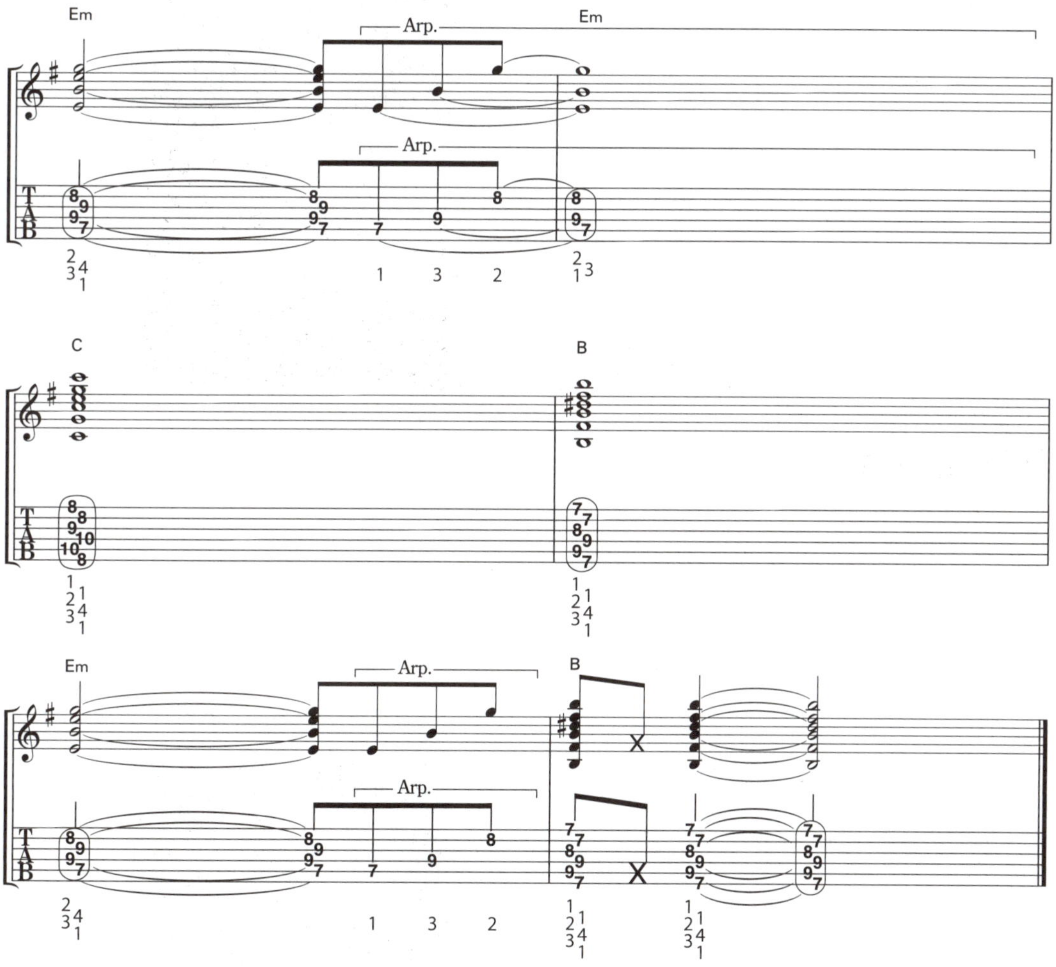

6현 루트를 잡는 법 디미니쉬 코드

그럼 이번에는 디미니쉬 코드를 만들어 봅시다. 디미니쉬 코드는 앞서 설명한 트라이어드로 된 다이아토닉 코드의 7번째에 등장하는 코드입니다(서론 참조). 디미니쉬 코드는 주로 코드와 코드를 연결하는 경과음적인 코드, 일명 패싱 코드로서 빈번하게 사용되며 구성음은 루트, 단3도, 감5도입니다.

치기 힘든 음은 생략!

마이너 코드의 폼2에서 2현과 5현에 있는 완전5도를 감5도로 내립니다(1프렛 내린다: 루트가 C음인 경우 G음이 G♭음).

단, 낮은 위치에서의 감5도 음정은 코드의 사운드가 탁해지기 쉬우므로 이 경우에는 5현을 잡지 말고 생략합니다. 또 2현을 반음 내리면 운지법이 어려워지므로 폼2의 1현 루트음을 생략하면 조금 잡기 쉬워질 것입니다. 이것이 폼5입니다.

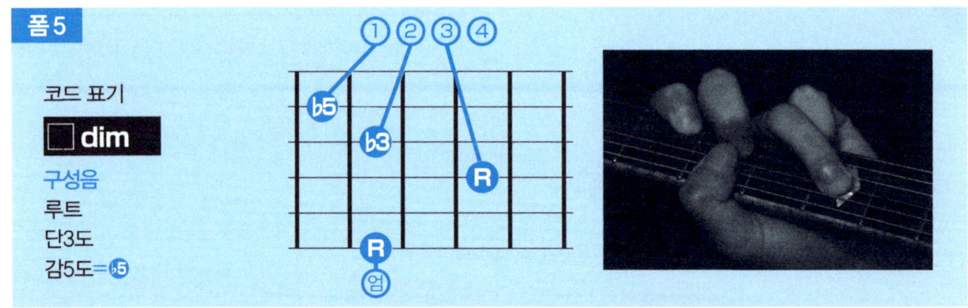

사실 이 폼5도 결코 잡기 쉽다고 할 수는 없기 때문에 저는 사운드적으로 문제가 없는 한 나중에 설명할 dim7폼을 대신 사용합니다(제2장 45p참조). 즉, 폼을 통째로 그냥 외우는 것이 아닌 코드의 구조 자체나 기능을 이해하고 있으면 "각자 잡기 편한 형태로 폼을 만들고 변형시키는 것"이 가능해집니다.

이것이 가능해지면 "손이 작아서 잡기 힘든 코드가 있다"고 좌절하는 일도 없어질 텐데 이것 역시 본서의 부제입니다.

5현 루트를 잡는 법 디미니쉬 코드

다음은 5현 루트에서 디미니쉬 코드를 만들어 봅시다. 6현 루트의 경우와 마찬가지로 마이너 코드의 폼4를 기본으로 만듭니다. 이번에는 4현에 있는 완전5도를 반음 내려서 감5도로 바꿉니다(1프렛 내린다: 루트가 C음인 경우, G음이 G♭음). 이렇게 하면 폼6이 되는데 이번에는 잡기 어렵지 않기 때문에 음을 생략할 필요가 없으므로 마이너 코드였을 때와 울리는 현의 수가 같습니다.

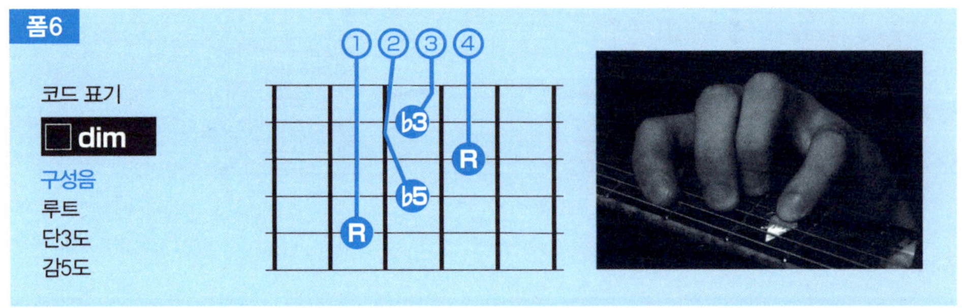

다음은 어그먼트 코드를 살펴보겠습니다. 이 코드를 특히 슬로우 블루스의 턴 어라운드에서 사용하면 멋진 분위기를 만들 수 있습니다. 턴 어라운드란 블루스 진행 마지막 마디를 의미하는데 블루스 코드 진행의 처음으로 돌아가기 쉽게 하려고 연주하는 코드나 프레이즈를 의미합니다.

이 어그먼트 코드의 구성음은 루트, 장3도, 증5도이고 폼1에서 완전5도를 증5도로 올리면(1프렛 올린다: 루트가 C음인 경우, G음이 G#음) 완성됩니다. 디미니쉬 코드 때와 마찬가지로 잡기 쉬운 폼을 생각해 봅시다. 중복되는 음의 1현과 5현을 생략하고 2현의 완전5도를 증5도로 바꾸면 폼7이 됩니다.

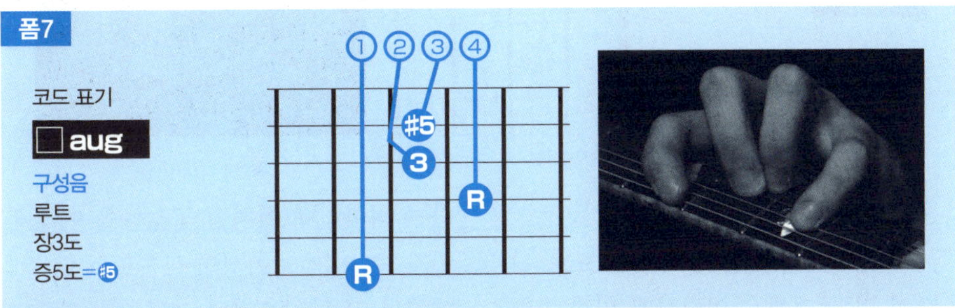

5현 루트를 잡는 법 어그먼트 코드

다음은 5현 루트의 어그먼트 코드입니다. 5현 루트의 폼3을 기반으로 만듭니다.
코드 구성음인 증5도를 잡기 위해 4현의 완전5도를 반음 내려서 증5도로 바꾸면(1프렛 올린다: 루트가 C음인 경우, G음이 G#음으로) 폼8이 됩니다.

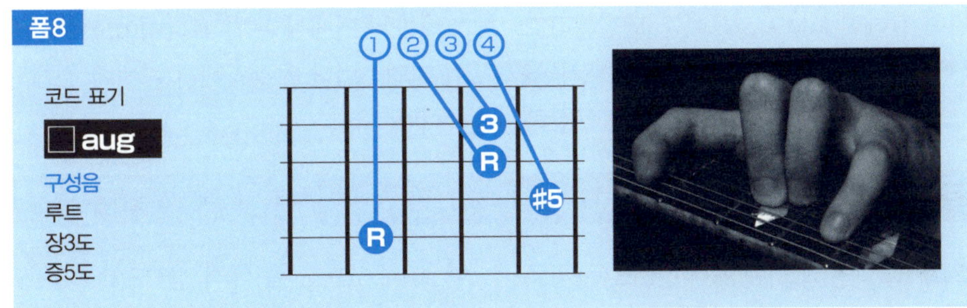

단, 이 폼8은 연주자에 따라서 잡기 힘들 수도 있으므로 다른 폼의 어그먼트 코드를 하나 더 만들어 봅시다. 기본형은 폼9입니다.

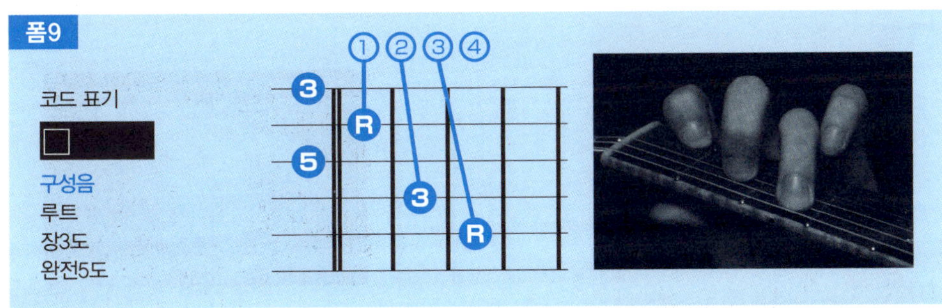

폼9는 초심자용 교본 제일 앞에 자주 소개되는 운지법이라 친숙할 것입니다. 이것은 C의 로우 코드(낮은 포지션의 코드)나 오픈 코드(개방현을 포함하는 코드)라고 불리는 폼입니다. 구성음은 5현이 루트인 C음이므로 4현이 3도인 E음, 3현이 완전5도인 G음, 2현이 루트인 C음입니다. 이 폼을 기반으로 3현 개방현의 완전5도를 반음 올려서 증5도로 바꾸면 3현 1f을 잡은 상태가 됩니다. 또 1현의 장3도인 E음은 생략하는데 이렇게 하면 폼10이 됩니다.

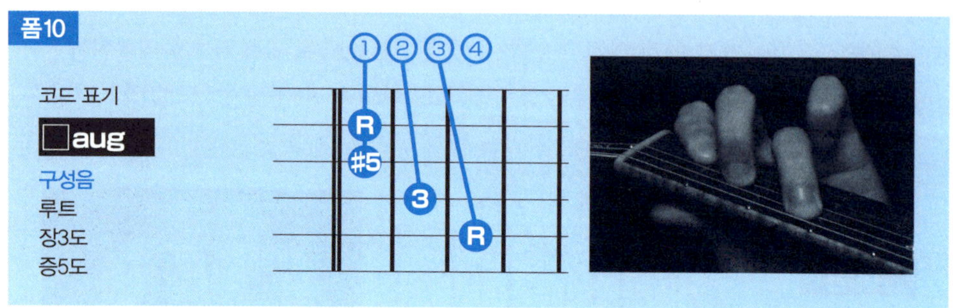

이 폼10이 폼8보다 더 잡기 쉬울 것입니다.
단, 보이싱(구성음을 쌓는 순서)이 다르므로 사운드의 느낌이 다른 것에 주의하시기 바랍니다. 이것은 코드 기능의 변화는 없지만 울림은 다르다는 의미인데 이처럼 구성음을 어떻게 쌓을 것인가, 즉 어떤 보이싱의 사운드로 할 것인가를 선택해서 연주하는 것도 코드 연주의 묘미라고 할 수 있습니다.

—— 이외의 트라이어드 바리에이션 ——

이외의 트라이어드의 바리에이션으로는 sus4 코드, add9 코드가 있는데 이것들도 각각 만들어 봅시다. 엄밀히 말하면 add9 코드에는 텐션이라고 불리는 음이 포함되어 있으므로 트라이어드가 아닙니다. 그러나 제5장에 등장하는 "7th를 포함하는 텐션 코드"와는 사운드의 분위기가 분명히 다르므로, 트라이어드에 9th(장9도)음을 더한(add) 코드라는 측면에서 보면 트라이어드로 취급하는 것이 자연스럽다고 생각해서 이번에 소개하게 되었습니다.

6현 루트를 잡는 법 sus4 코드

sus4(서스포) 코드란 코드 구성음의 3도를 4도로 바꾼(끌어 올린=서스펜드한) 코드입니다. 다이아토닉 코드를 사용한 코드 진행에서는 Isus4 또는 Vsus4로 사용되는 경우가 많습니다.

이 sus4 코드도 폼1에서 장3도를 완전4도로 올리기만 하면 되는데(루트가 C음인 경우 E음이 F음으로 바뀐다) 이렇게 하면 폼11이 됩니다.

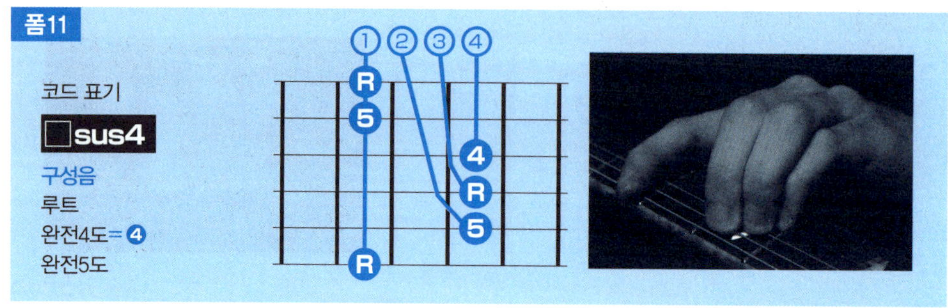

5현 루트의 경우에는 **폼3**의 장3도를 완전4도로 바꾸면 되는데 이렇게 하면 **폼12**가 됩니다.

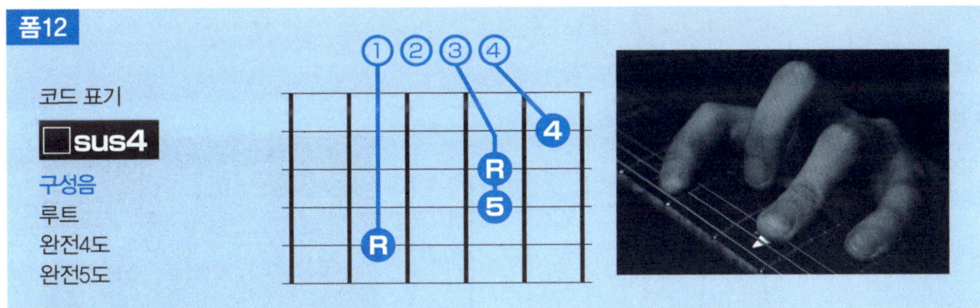

6현 루트를 잡는 법 add9 코드

다음은 add9(에드 나인) 코드입니다. 이 코드에는 9th(장9도)인 텐션 노트라고 불리는 음이 포함되어 있습니다(텐션 노트에 관해서는 제5장에서 자세히 설명하도록 하겠습니다).

우선 간단히 설명해 보면 이 9th는 루트에서 9도 위의 음이 됩니다. C음이 루트라고 하면 9도 위의 음은 D음이 되는데(음정 상으로는 2도와 같습니다) 이 음이 트라이어드(3화음)에 더해진 것입니다.

그럼 이것도 **폼1**을 이용해서 만들어 봅시다. 4현의 루트(8도)를 온음(프렛 2개) 올려서 장9도(9th)음을 더하면 **폼13**이 됩니다.

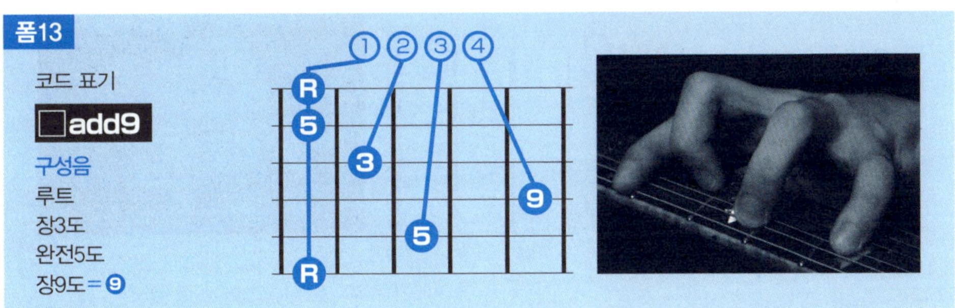

이 폼은 특히 로우 포지션에서는 손가락을 좌우로 많이 벌려야 하는 폼이기 때문에 이 상태로는 잡기 힘든 분이 많으실 것 같아서 다른 폼을 한 가지 소개하도록 하겠습니다. **폼1**에는 6현과 4현 외에 1현에도 루트가 있습니다. 방금 4현에서 온음 올렸을 때와 마찬가지로 이 1현의 루트를 온음(프렛 2개) 올려서 9th(장9도)로 바꾸면 **폼14**가 되는데, 이때 6현의 루트는 왼손 엄지손가락으로 잡습니다.

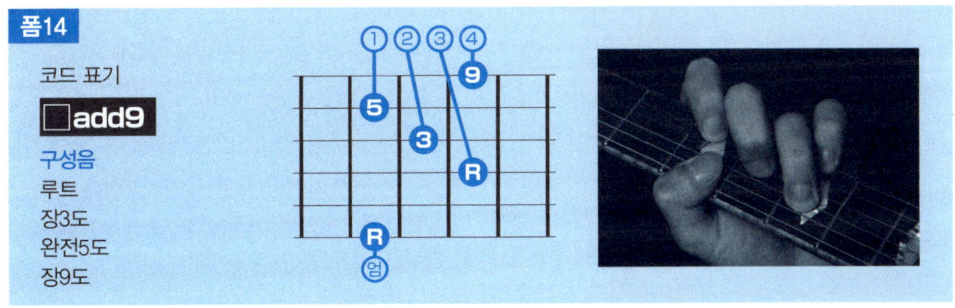

다음으로 루트의 메이저 코드인 **폼3**을 이용해서 add9 코드를 만들어 봅시다. 3현에 있는 루트 음을 온음 올려서 장9도를 잡으면 **폼15**가 됩니다.

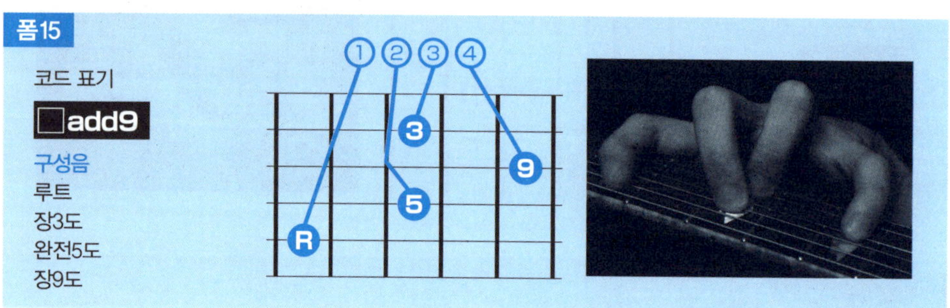

이 폼의 사운드는 매우 신비로운 울림을 가지고 있는데 **폼13**과 마찬가지로 손가락을 많이 벌려야 하므로 다른 폼을 한 가지 더 소개하도록 하겠습니다.

조금 전의 **폼3**을 이용해서 만드는데 루트를 올려서 장9도로 바꾸는 것이 아닌, 장3도를 내리는 형태로 장2도(=장9도)를 잡습니다(루트가 C음인 경우 E음을 D음으로 바꾼다). 즉, 2현의 장3도를 온음(2프렛) 내려서 장2도(=장9도)로 바꾸는데 이것이 **폼16**입니다.

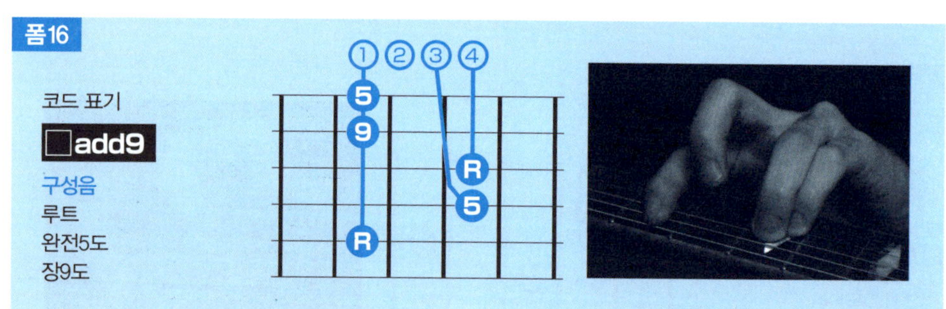

1현의 완전5도를 검지로 잡습니다. 이것은 매우 잡기 쉬운 폼으로 일반적인 add9 코드의 운지법으로 널리 알려져 있습니다. 그러나 잘 보면 **폼16**에는 장3도 음이 포함되어 있지 않습니다. add9 코드의 구성음은 루트, 장3도, 완전5도, 장9도이기 때문에 장3도음을 생략한 것이 됩니다. 기능적으로는 문제가 되지 않지만 장3도가 없기 때문에 당연히 코드의 울림이 바뀌게 되므로 연주할 때는 이 점을 충분히 고려해서 사용해야 합니다. 예를 들어 합주 중에 다른 악기 주자가 장3도 음을 사용하는 것을 보고 장3도가 생략된 add9 폼을 선택하거나, 장3도를 생략한 이 공간감 있는 사운드가 좋아서 일부러 **폼16**으로 연주하는 등 각 구성음을 "조미료와 양념을 가감하는" 식으로 더하거나 생략해서 연주할 수 있게 되면 코드 워크가 더욱 즐거워질 것입니다.

그럼 다시 본론으로 돌아가서, 이 add9 코드의 **폼16**에는 장3도 음이 없으므로 정확하게 코드네임을 표기하면 □add9(omit 3rd)이 됩니다. omit(오미트)를 번역하면 "생략하다"인데 이 경우에는 "장3도를 생략했다."는 의미가 됩니다. 예를 들어 음악 제작 현장에서 편곡자가 가져온 악보에 이 □add9(omit 3rd)가 표기되어 있는 경우에는 "장3도는 연주하지 말라!"는 지시이므로 이 **폼16**으로 연주하면 됩니다.

마이너 add9 코드는 마이너 코드에 9th음이 추가된 것입니다. 표기는 루트의 알파벳에 m(add9)가 붙은 것이 됩니다.

코드를 만드는 방법은 add9 코드와 거의 같은데 폼2를 이용해서 만듭니다. 4현의 루트를 온음(2프렛) 올려서 장9도로 바꾸면 됩니다.

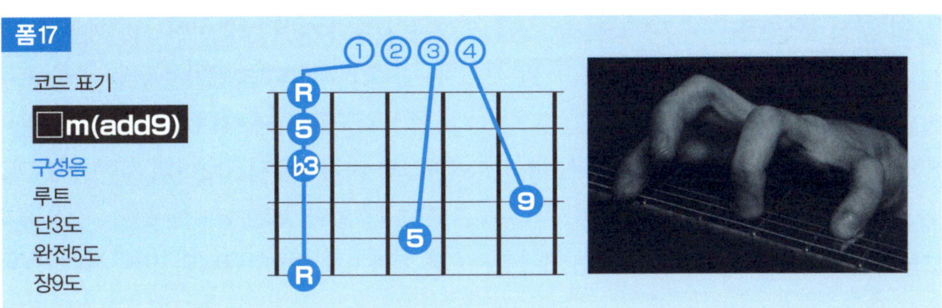

이 폼17도 손가락을 많이 벌려야 하므로 이 문제를 해결하기 위해 조금 더 잡기 쉬운 1현에서 9th를 잡는 폼을 소개해 두도록 하겠습니다. 이 폼18은 6현 루트를 왼손 엄지로 잡습니다.

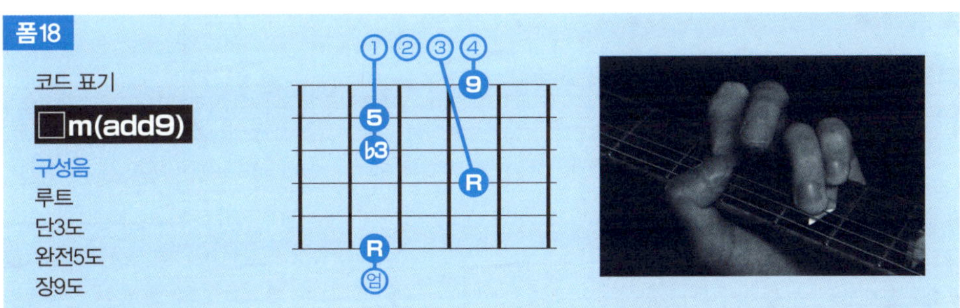

다음은 5현 루트의 마이너 코드(폼4)를 이용해서 마이너 add9 코드를 만들어 봅시다. 3현에 있는 루트음을 장9도로 올리면 폼19와 같은 운지가 됩니다.

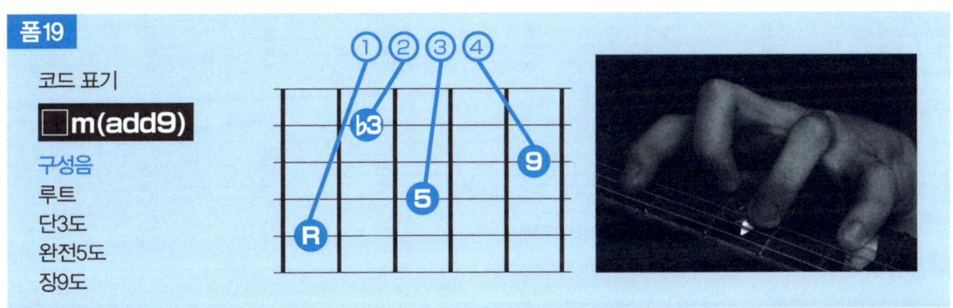

6현과 5현 루트의 디미니쉬를 섞어서 연주하는 셔플①

Key=**A** 사용 코드 폼: 1, 2, 3, 5, 6

이 스케일의 완성 포인트

Key＝A의 블루스 진행입니다. 리듬은 셔플이고, 메이저 계열의 블루스 진행을 디미니쉬 코드를 사용해서 조금 변형했습니다. 기본적인 블루스 형식은 토닉 4마디, 서브 도미넌트 2마디, 토닉 2마디, 케이던스(토닉으로 돌아가는 진행) 2마디, 토닉 2마디로 되어 있는데 이번 패턴과 같이 형식의 기본 틀만 유지한다면 편곡을 통해 변형하는 것이 가능합니다. 블루스를 자주 연주하는 로벤 포드 역시 자신의 자작곡에서 "12마디 블루스를 기본형으로 연주하기보다 공들여서 편곡하는 경우가 더 많다."고 이야기 한 바 있습니다. 따라서 얼핏 듣기에 블

블루스 진행 12마디로 익히는 코드 폼과 백킹 5

루스가 아닌 것 같은 곡도 잘 들어보면 블루스 형식을 기반으로 한 것인 경우가 많습니다.

이 페이지에 등장하는 코드 진행의 패턴

Ⓒ

I	IV ♯IVdim	I	I
IV	♯IVdim	I	♯Idim
IIm	V	I	V

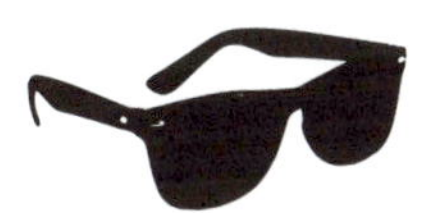

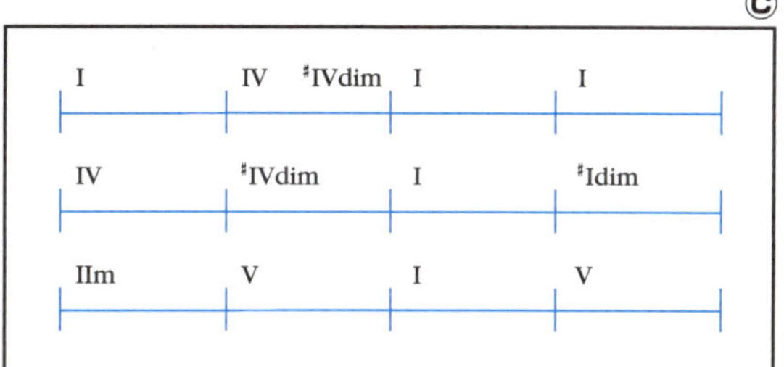

※ Ⓒ : 이 알파벳이 표기되어 있는 것은 같은 코드 진행입니다.

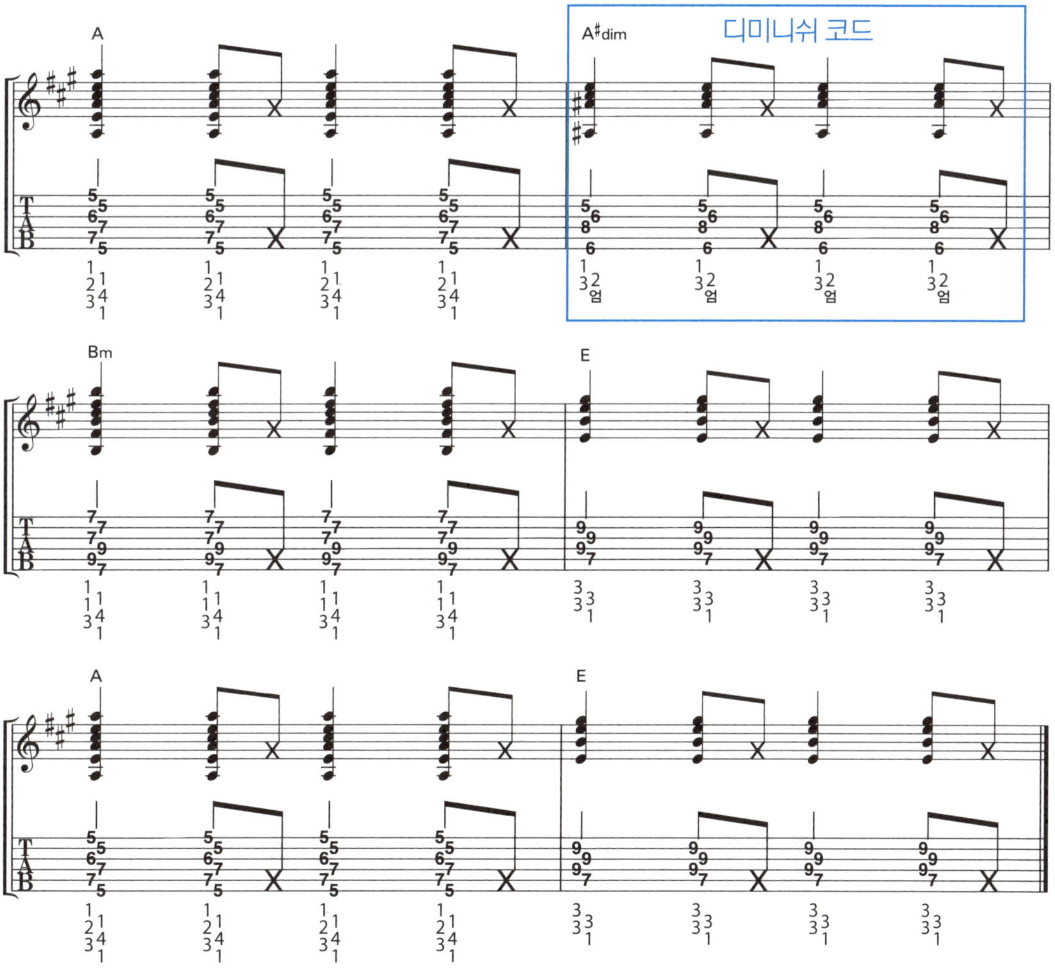

QR Track 06

디미니쉬 코드②

6현과 5현 루트의 디미니쉬를 섞어서 연주하는 셔플②

Key=E

사용 코드 폼: 1, 3, 4, 5, 6

이 스케일의 완성 포인트

Key=E의 블루스 진행으로 앞 페이지 패턴의 Key가 바뀐 형태입니다. 연주하는 리듬도 2박과 4박만 연주하는 심플한 백킹 패턴인데 6현 루트의 dim 코드 폼이 조금 어렵습니다.

이 부분에서만 갑자기 왼손 엄지가 등장하므로 초심자들은 당황할 수도 있습니다. 여기서는 트라이어드 폼의 설명을 위해 편의상 이 dim 코드를 사용했지만 실제 연주에서는 잡기 쉬운 dim7 코드 폼(이후에 설명: 제2장 45p 참조)으로 바꾸어도 기능적으로 아무 문제 없습니다.

사실 이 dim 코드 폼은 사용할 기회가 많지 않지만

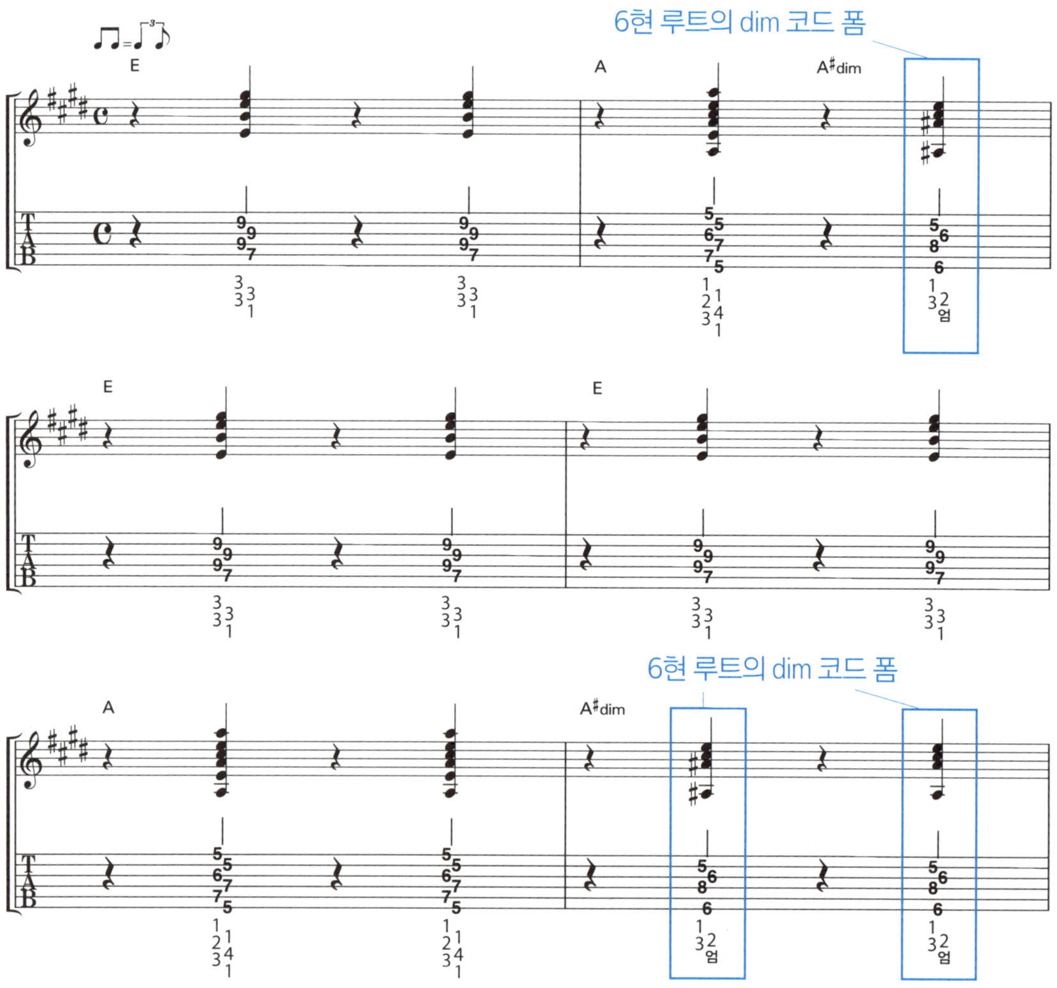

→ 블루스 진행 12마디로 익히는 코드 폼과 백킹 6

보다 심플한 울림을 원할 때는 시도해 볼 만한 가치가 있습니다.

이 페이지에 등장하는 코드 진행의 패턴

Ⓒ

I	IV ♯IVdim	I	I
IV	♯IVdim	I	♯Idim
IIm	V	I	V

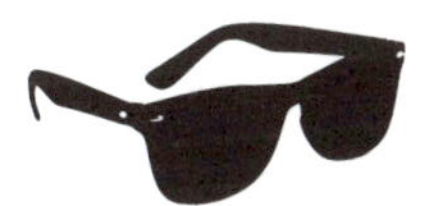

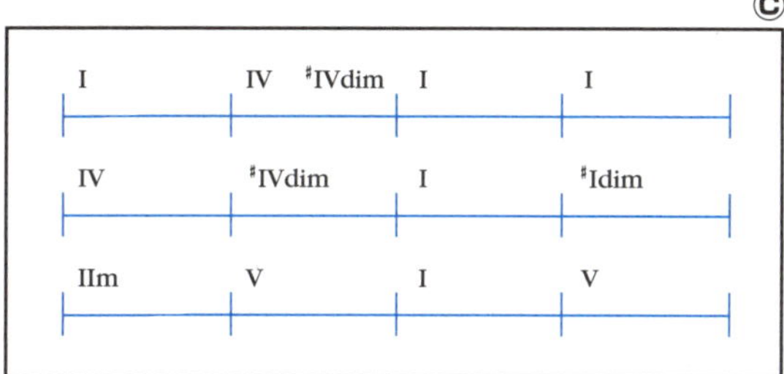

※ Ⓒ : 이 알파벳이 표기되어 있는 것은 같은 코드 진행입니다.

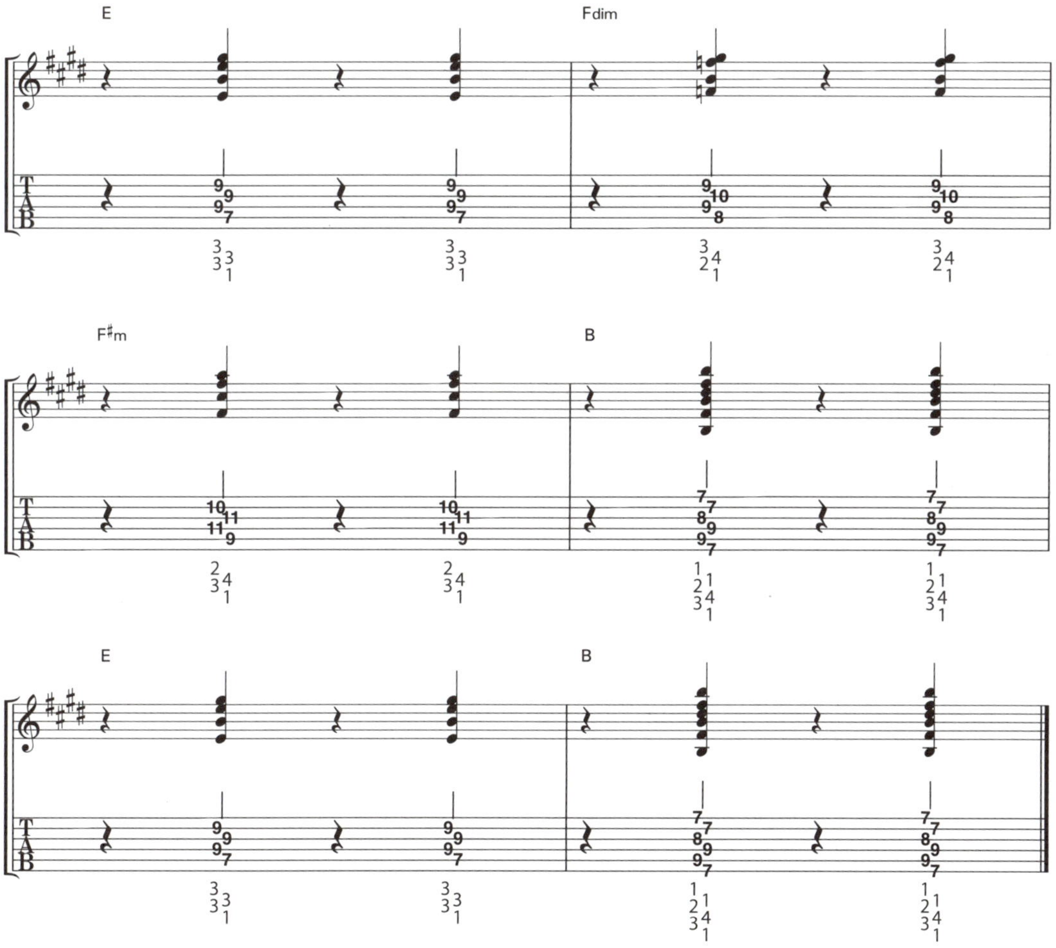

어그먼트 코드①

6현과 5현 루트의 어그먼트를 추가한 변형 블루스①

$Key = \mathbf{A}$ 사용 코드 폼: 1, 2, 3, 4, 7, 10

이 스케일의 완성 포인트

Key=A의 변형 블루스 진행이고 리듬은 셔플로 연주합니다. 이번 과제의 컨셉은 "후기 비틀즈가 블루스를 연주한다면?"으로, 일반적인 블루스에 비해 상당히 팝적인 편곡으로 바뀌었습니다. 특히 이번에 등장한 어그먼트 코드는 이와 같은 분위기

를 만드는 중요한 요소인데 코드 진행을 이끌면서 곡에 악센트를 주는 것이 가능합니다. 이것은 이 코드 특유의 불안정한 울림을 통해 얻을 수 있는 효과로 특히 5도 아래 코드로 진행(Aaug →D 등) 시키면 자연스럽습니다. 디미니쉬 코드와 마찬가지로 개성이 강한 코드인데 자세한 이론은 생략하

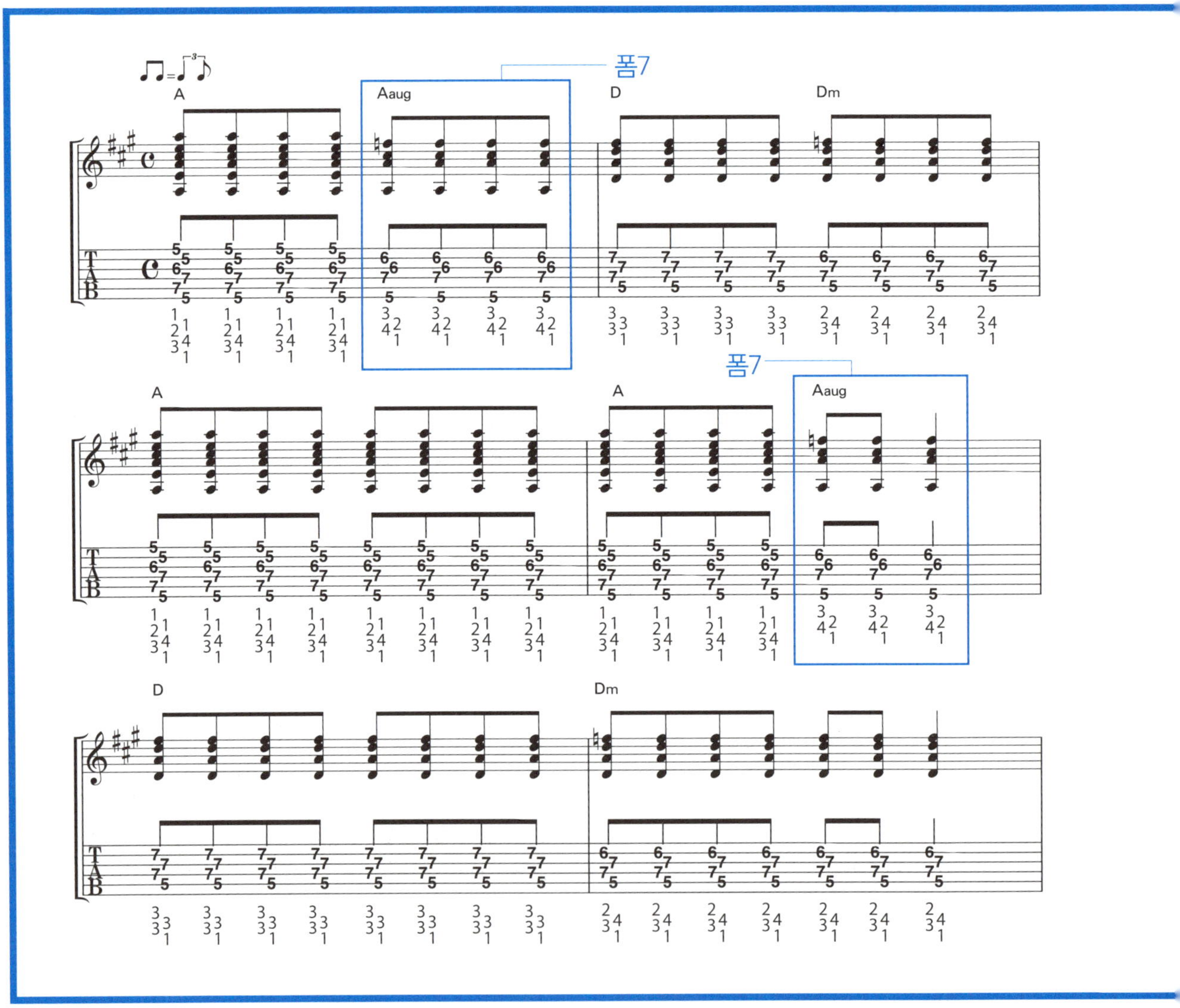

→ 블루스 진행 12마디로 익히는 코드 폼과 백킹 7

고, 우선 악보 예를 여러 번 연주하며 사운드에 익숙해지는 것부터 시작합시다.

이 페이지에 등장하는 코드 진행의 패턴

Ⓓ

I Iaug	IV IVm	I	I Iaug
IV	IVm	I	VIaug
IIm	V	I	Vaug

※ Ⓓ : 이 알파벳이 표기되어 있는 것은 같은 코드 진행입니다.

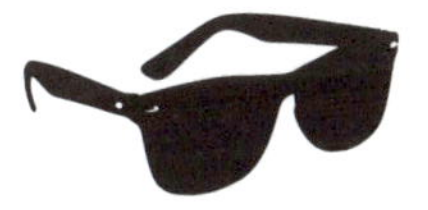

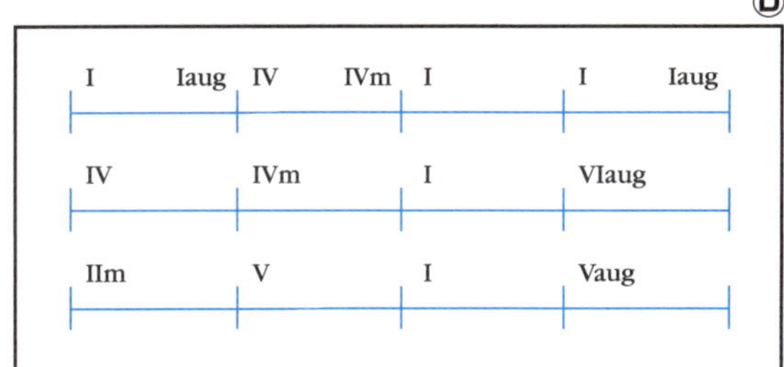

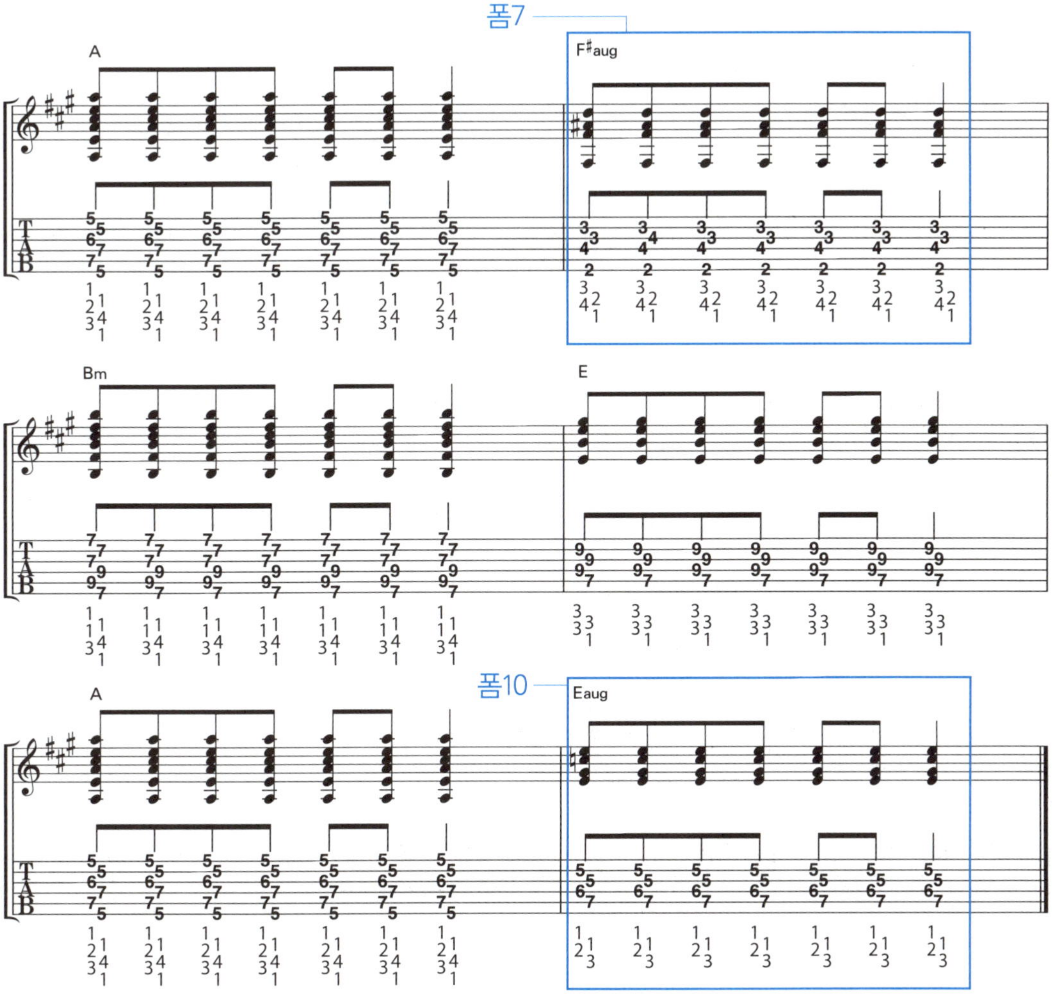

어그먼트 코드②

6현과 5현 루트의 어그먼트를 추가한 변형 블루스②

Key=**E**　〔사용 코드 폼: 1, 2, 3, 4, 7, 10〕

이 스케일의 완성 포인트

Key=E의 변형 블루스 진행으로 앞 페이지 패턴의 Key가 바뀐 형태입니다. 이번에는 템포를 낮춰서 아르페지오로 연주하는데 슬로우 블루스적인 느낌이 듭니다. 슬로우 블루스에도 어그먼트 코드가 잘 어울리는데 이 코드는 악보 예와 같이 5도 아래로의 진행을 이끄는 사용 방법 이외에 "클리셰 진행"(코드 구성음 중 일부의 음정을 상행 or 하행시켜서 움직임을 만드는 진행)으로도 자주 사용합니다. 예를 들어 뒤에 설명할 6th 코드나 7th 코드와 함께 사용함으로써 코드 내의 5도음만 상행하는 진행 등을 만들 수 있는데(예: C →Caug →C6 →

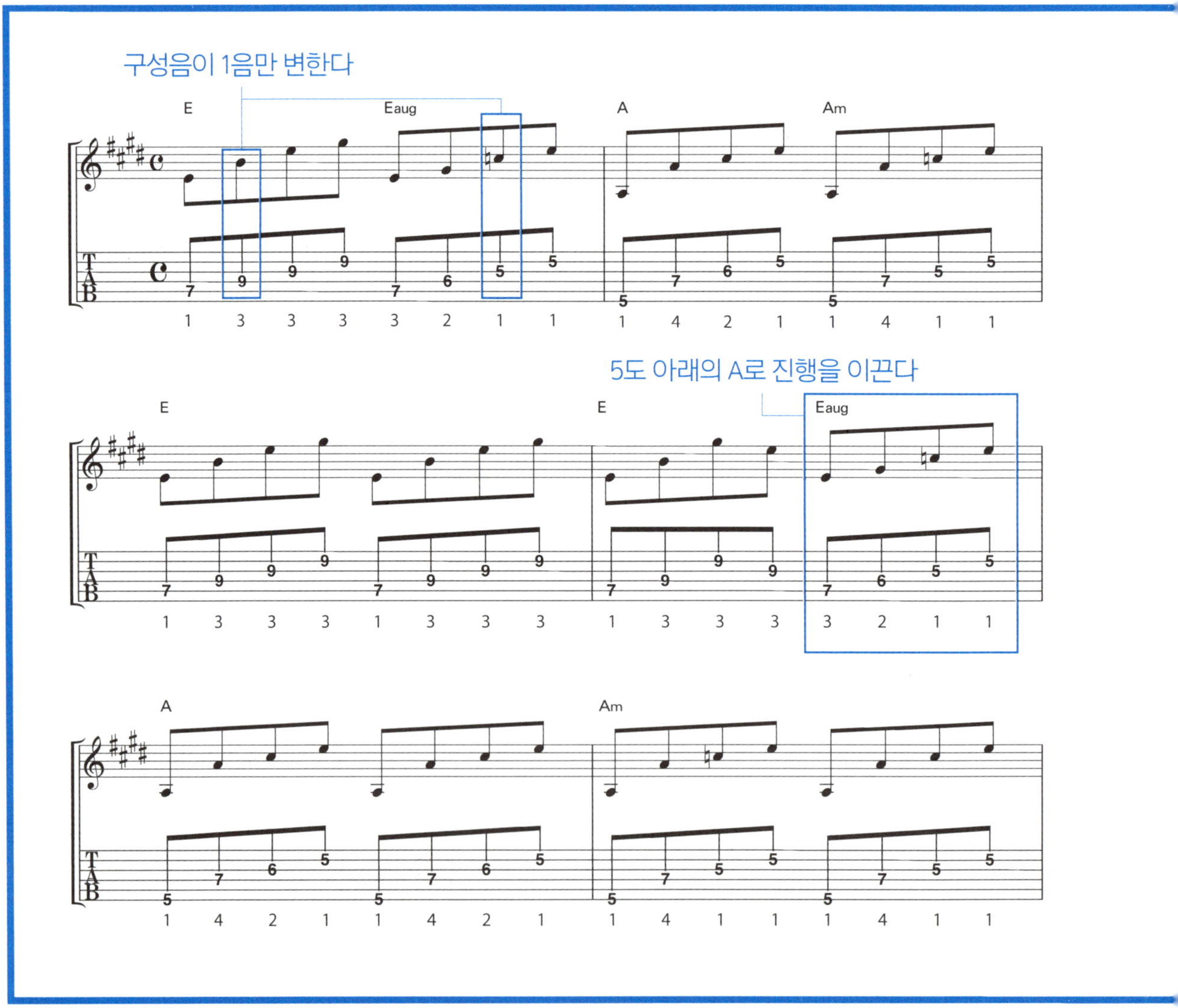

C7 =C 코드의 구성음인 G음이 G♯ → A → B♭으로 반음씩 상행하는 라인을 만든다) 특히 **팝 음악에서 자주 볼 수 있는 방법**입니다.

이 페이지에 등장하는 코드 진행의 패턴

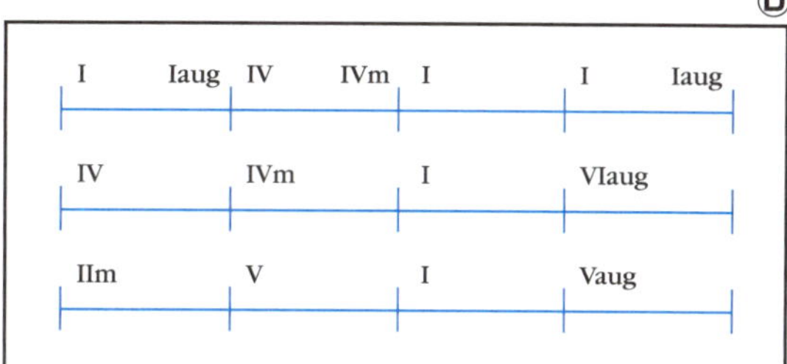

※ Ⓓ : 이 알파벳이 표기되어 있는 것은 같은 코드 진행입니다.

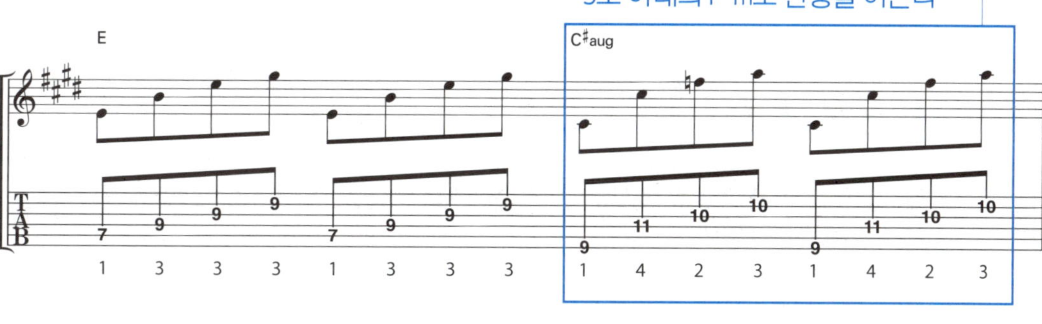

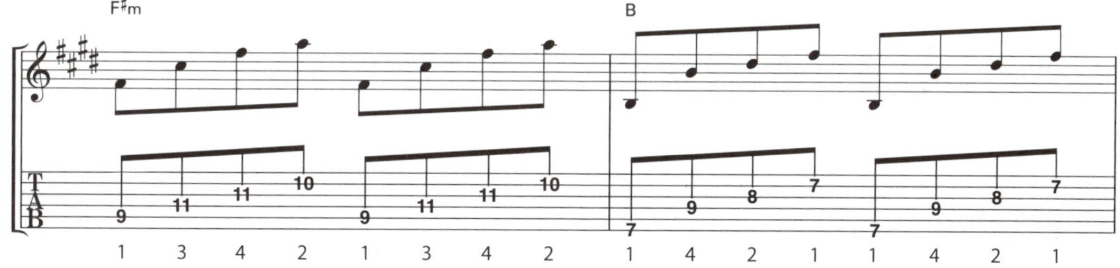

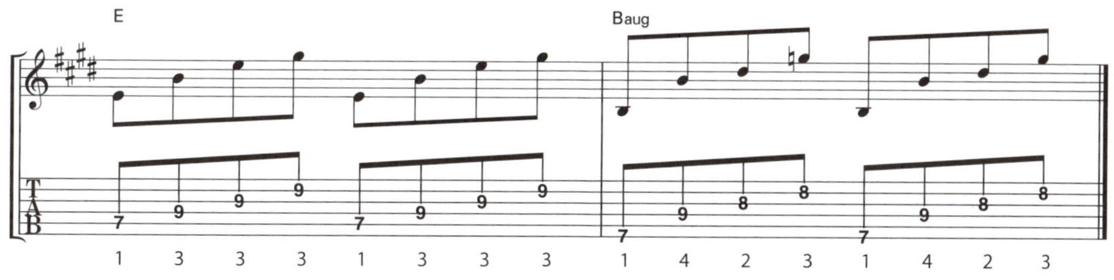

6현과 5현 루트의 sus4가 등장하는 16비트

Key = **E** 사용 코드 폼: 1, 3, 11※, 12※

이 스케일의 완성 포인트

16비트 스트로크(여러 줄을 내려치거나 올려치는 주법)에 의한 Key =E의 블루스 진행입니다. 심플한 블루스 진행이지만 블루지 하기보다는 어쿠스틱 기타로 연주하는 시원스러운 락 음악 같은 느낌이 듭니다. 이것은 16비트 스트로크에 의한 효과 때문이기도 하지만 이번에 등장하는 sus4 코드가 분위기를 만드는 데 크게 일조하고 있기 때문입니다. sus4에서 트라이어드로의 진행은 코드 진행에 멜로디적인 느낌을 만들 수 있으므로 팝이나 락에서 빈번하게 사용합니다.

반면에 코드 단독으로 사용하면 공간감 있는 세련

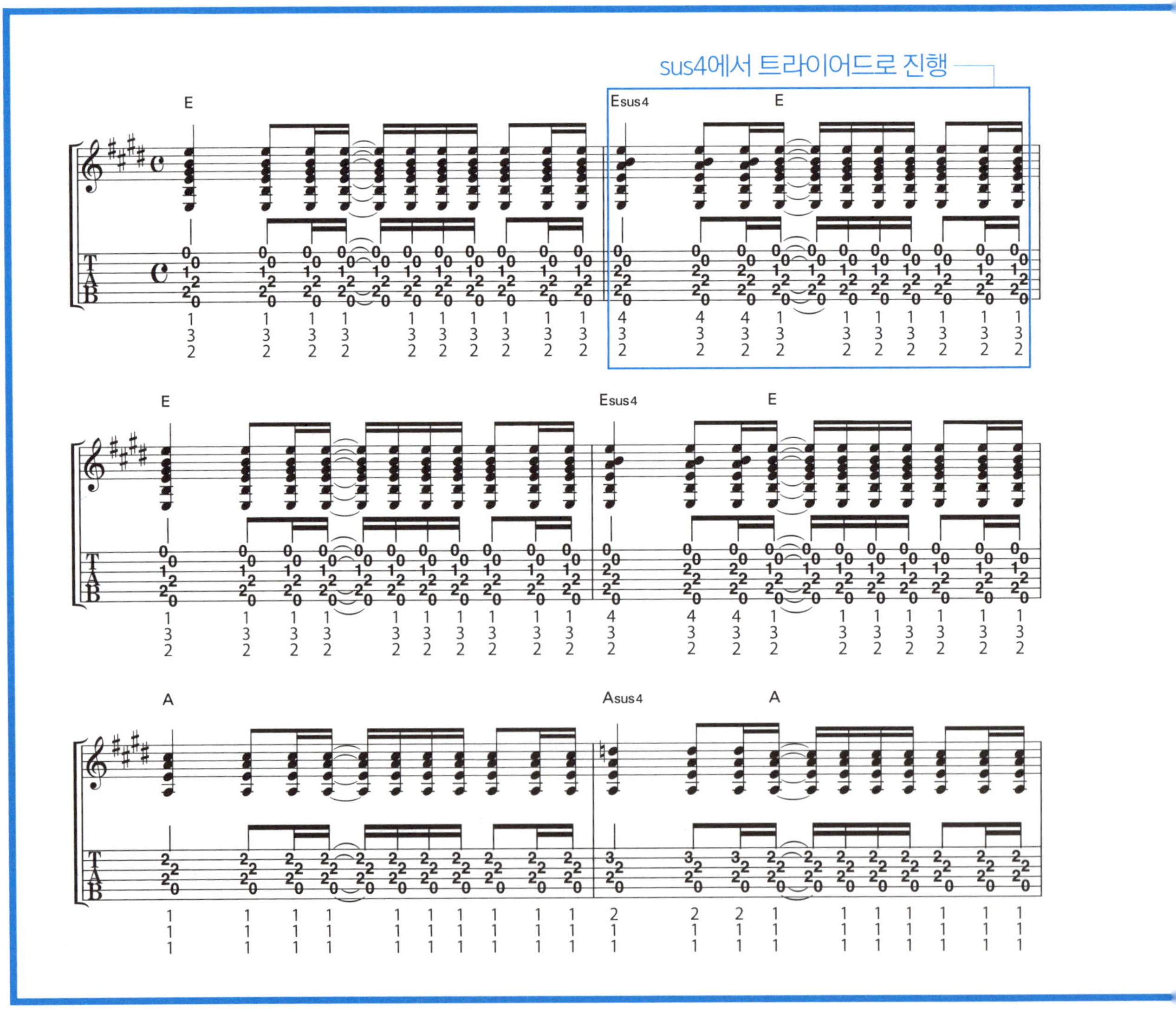

※ 9~10마디 이외에는 루트 등을 개방현으로 연주하므로 여기에서 폼11과 12의 운지는 26~27p와 다릅니다.

→ 블루스 진행 12마디로 익히는 코드 폼과 백킹 9

된 사운드가 되므로 컨템포러리 재즈 등에서 자주 사용됩니다.

이 페이지에 등장하는 코드 진행의 패턴

I	Isus4 I	I	Isus4 I
IV	IVsus4 IV	I	Isus4 I
V	Vsus4 V	I	Isus4 I

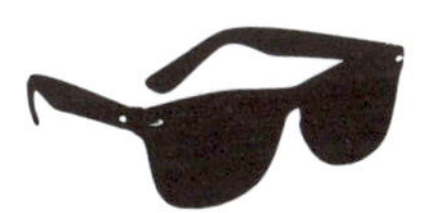

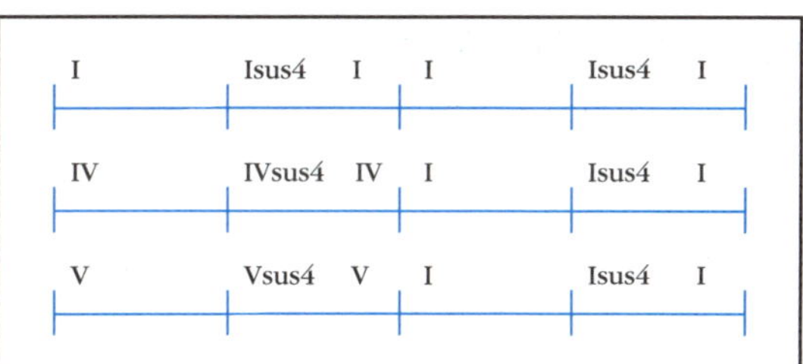

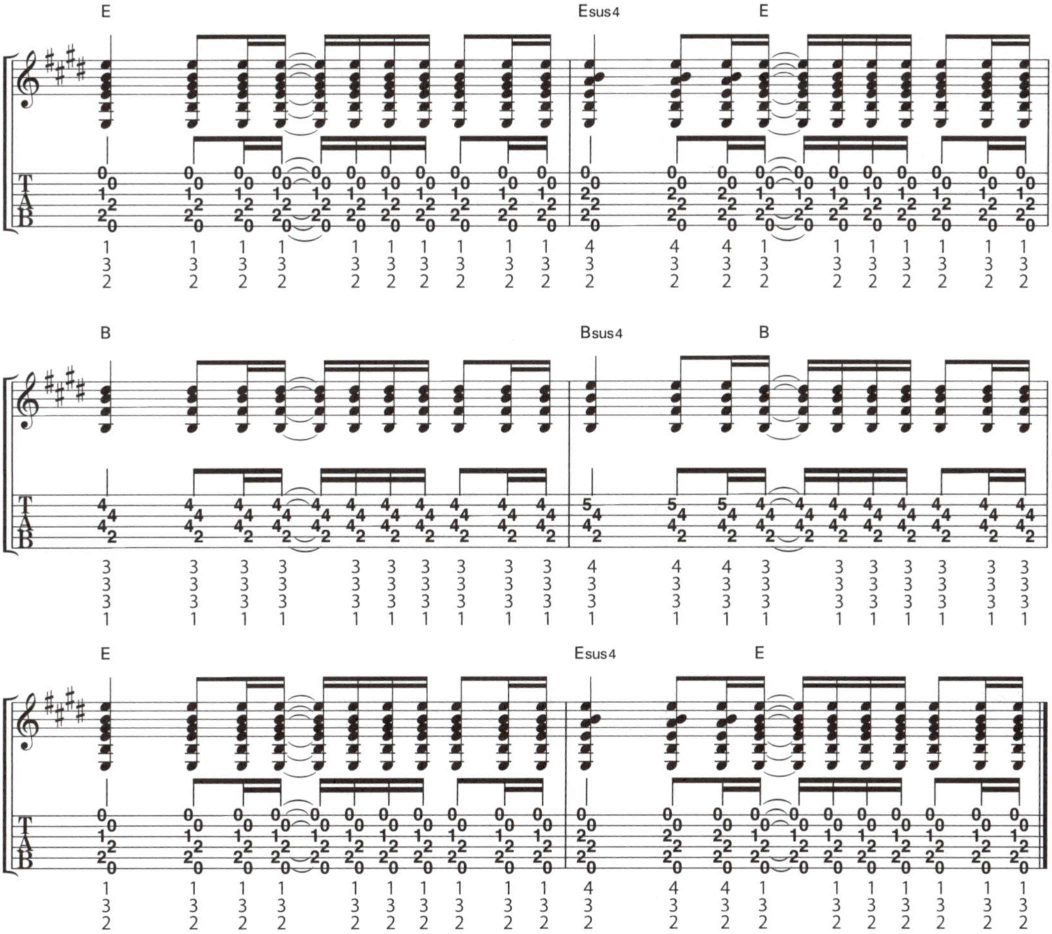

6현과 5현 루트의 add9을 아르페지오로 연주하는 발라드

Key=A 사용 코드 폼: 13※, 15※, 16

이 스케일의 완성 포인트

Key=A의 블루스 진행입니다. 이것 역시 블루지한 느낌보다는 락 발라드와 같은 느낌의 백킹 패턴입니다. add9 코드를 아르페지오로 연주하는데 여기에서 Aadd9과 Eadd9은 루트로서 개방현을 연주하기 때문에 손가락을 많이 벌리지 않고도 쉽게 잡을 수 있습니다. 즉 발라드곡의 기타 편곡 시 Key=A나 Key=E인 경우 바로 적용할 수 있으므로 이 아름다운 울림을 가진 add9 코드를 꼭 사용해 보시기 바랍니다. 코러스 등의 이팩터를 걸어보는 것도 추천하는데, 이렇게 하면 더욱 자연스러운 발라드 사운드를 얻을 수 있을 것입니다.

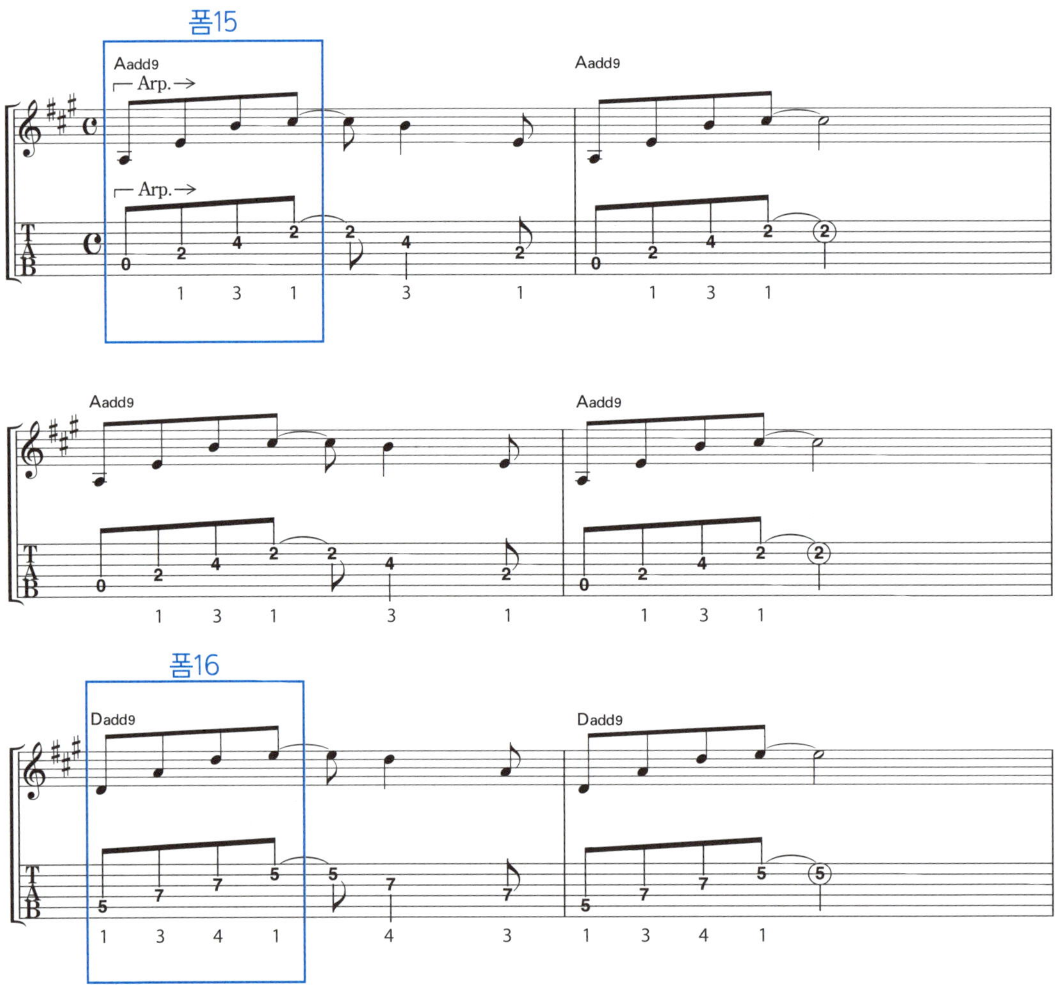

※ 루트를 개방현으로 연주하기 때문에 여기에서 폼13과 15의 운지는 27~28p와 다릅니다.

이 페이지에 등장하는 코드 진행의 패턴

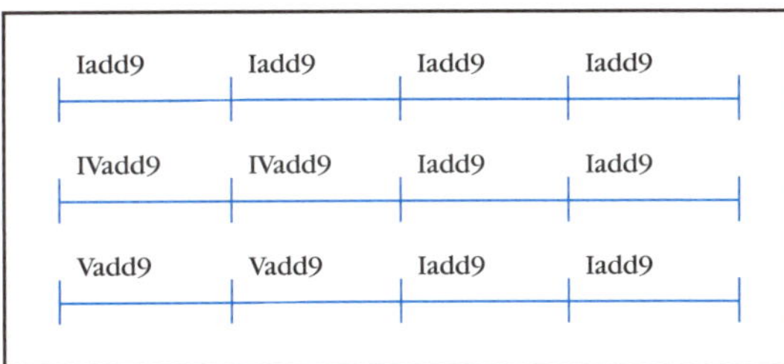

마이너 add9 코드

6현과 5현 루트의 마이너 add9으로 연주하는 블루스

Key = **Em**

사용 코드 폼: 3, 18※, 19※

이 스케일의 완성 포인트

Key =Em의 마이너 블루스 진행으로 앞 페이지 패턴의 마이너 버전입니다. 이번에도 개방현을 사용할 수 있는 Key이므로 쉽게 연주할 수 있는데 이 조해도 개방현에 의지하지 않고 잡을 수 있도록 연습해 둡시다. 예를 들어 모두 5f 올려서 Key =Am

와 같이 연습하면 손가락을 많이 벌릴 필요가 없어서 편할 것입니다.

이와 같은 아르페지오로 연주할 때에는 스트로크나 컷팅에 비해 리듬이 불안정해지기 쉬우므로 처음에는 얼터네이트 피킹으로 리듬을 정확하게 연주할 수 있도록 연습합시다.

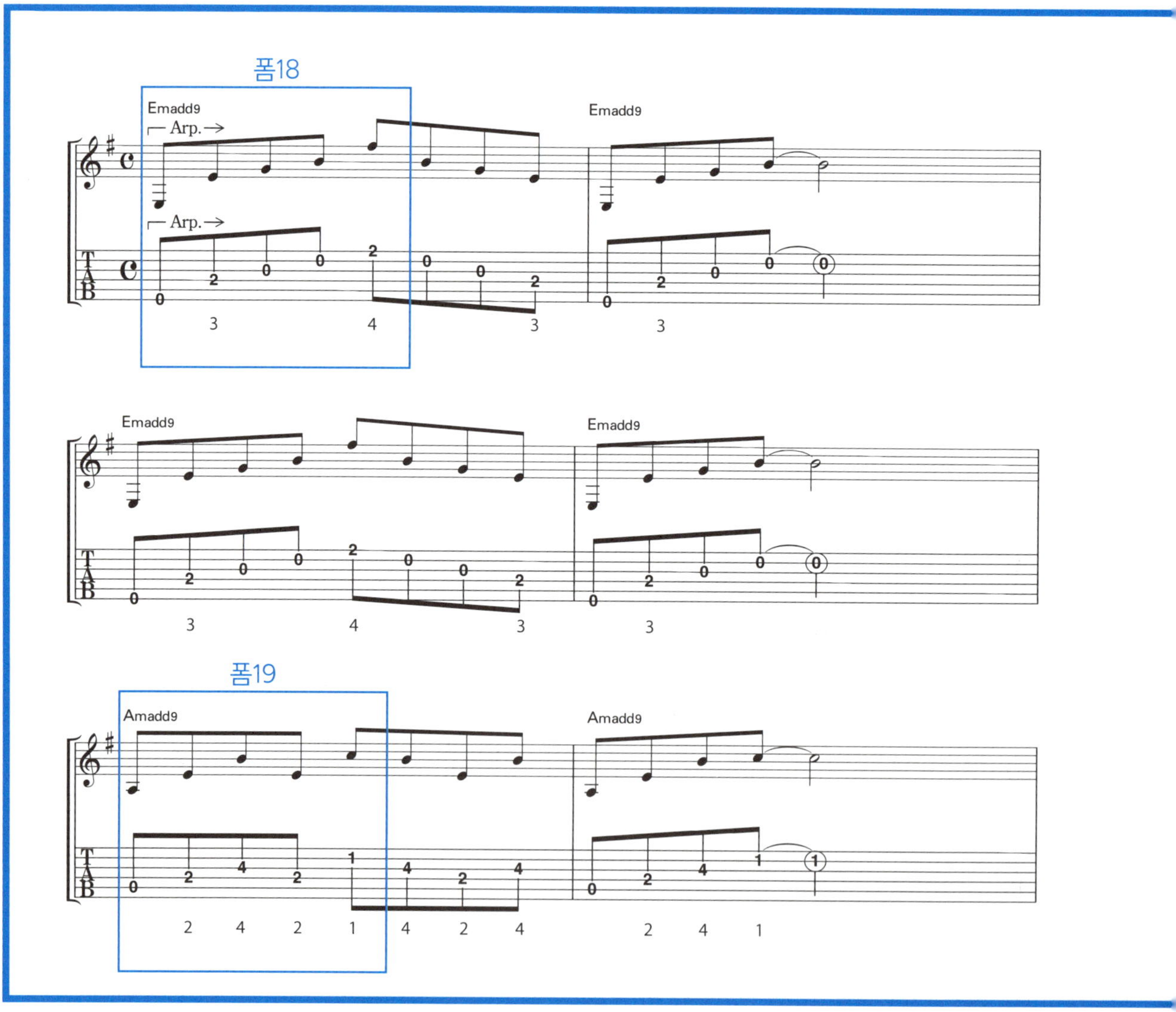

※ 루트를 개방현으로 연주하기 때문에 여기에서 폼18과 19의 운지는 "운지법 해설 페이지(29p)"와 다릅니다.

이 페이지에 등장하는 코드 진행의 패턴

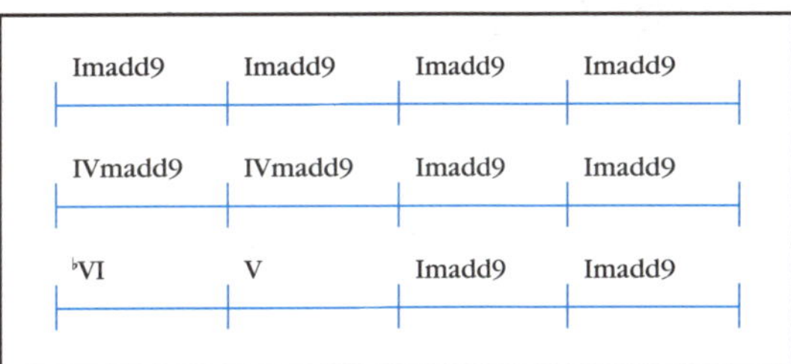

Imadd9	Imadd9	Imadd9	Imadd9
IVmadd9	IVmadd9	Imadd9	Imadd9
♭VI	V	Imadd9	Imadd9

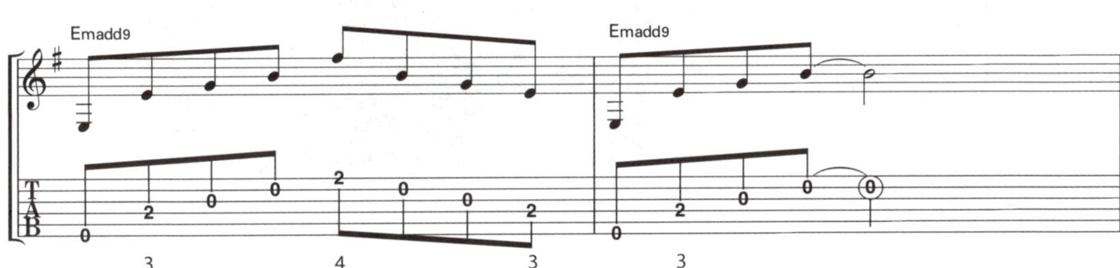

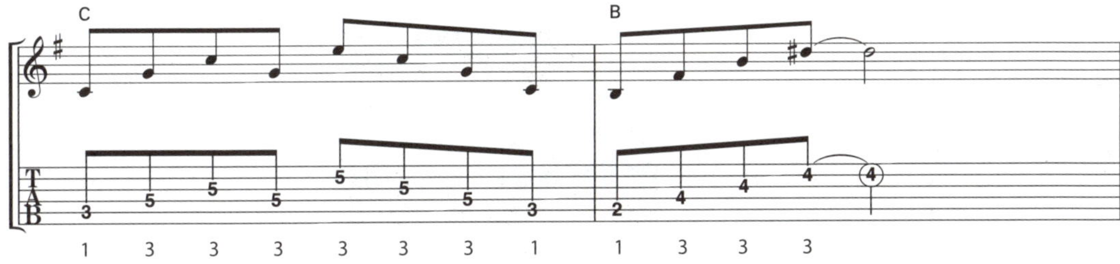

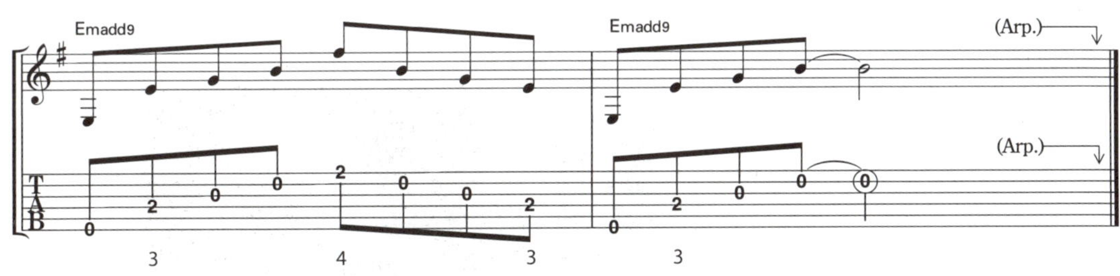

제2장에서는 다양한 7th(세븐스) 계열의 코드를 잡아 봅시다. 7th 코드란 제1장에서 살펴본 3화음인 트라이어드에 7th(7도)음이 더해진 것입니다. 트라이어드와 비교했을 때 더욱 풍부한 울림과 다양한 느낌이 있다는 점이 특징인데 블루스와 재즈 등의 다양한 곡에 등장합니다.

코드를 만드는 기본적인 관점과 방법은 제1장과 같습니다.

6현 루트를 잡는 법 메이저 세븐스

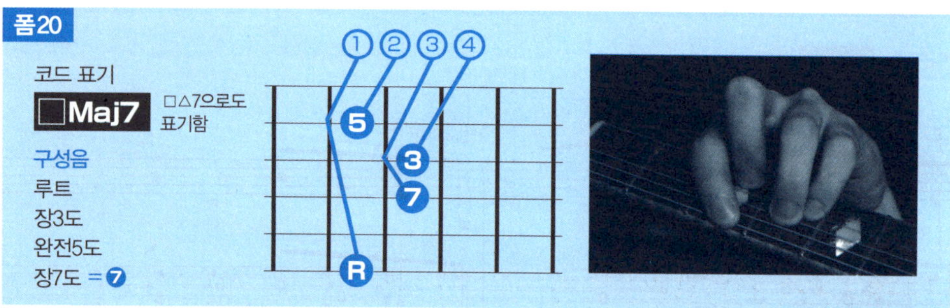

폼20은 6현 루트의 Maj7(메이저 세븐스) 코드인데 △7으로도 표기합니다. 6현이 루트, 4현이 장7도, 3현이 장3도, 2현이 완전5도입니다(루트가 C음인 경우=6현이 C음, 4현이 B음, 3현이 E음, 2현이 G음).

우선 이 폼만 익히면 7th 계열의 코드는 간단히 마스터할 수 있습니다. 코드네임에 대응하는 음으로 지판을 옮기는 것만으로 7th, m7, m7$^{(b5)}$, dim7 코드 등 다양한 7th 계열의 코드를 만들 수 있습니다.

6현 루트를 잡는 법 세븐스

우선 **폼20**의 4현, 장7도를 단7도로(반음) 옮깁니다(루트가 C음인 경우 B가 B♭으로). 즉 플랫 1개만 내리면 되는데 이 **폼21**이 7th(세븐스) 코드입니다.

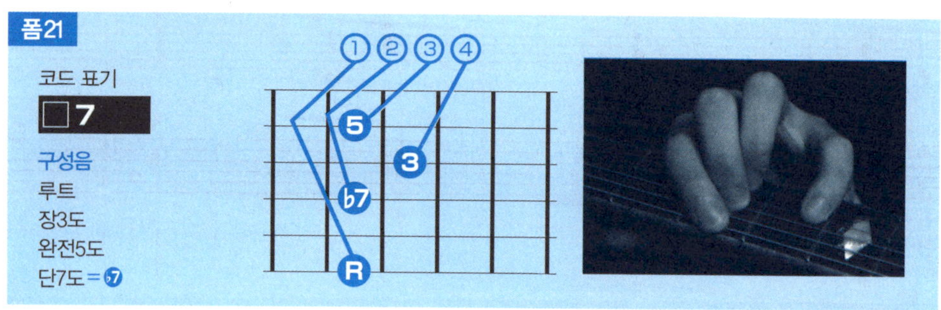

다음으로 **폼21**의 3현의 장3도를 단3도로 내립시다 (반음=1프렛: 루트가 C음인 경우 E가 E♭으로).

이렇게 하면 m7(마이너 세븐스) 코드가 완성됩니다(**폼22**).

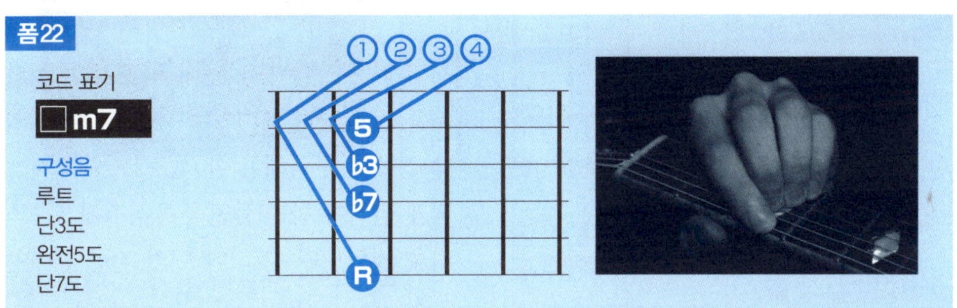

또 **폼22**의 2현의 완전5도를 감5도로 내리면(반음 =1프렛: 루트가 C음인 경우 G가 G♭으로) m7(♭5)

(마이너 세븐 플랫 파이브) 코드가 됩니다(**폼23**).

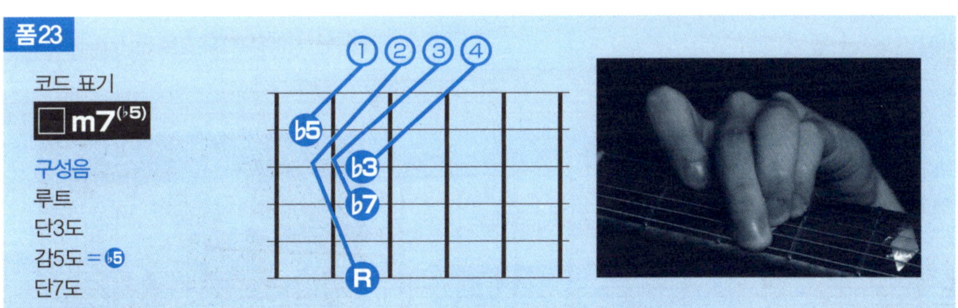

마지막으로 **폼23**에서 4현의 단7도를 감7도로 내려 봅시다(반음=1프렛: 루트가 C음인 경우 B♭이

B♭♭이 됩니다. 음정은 B♭♭=A입니다). 이 **폼24**가 바로 dim7(디미니쉬 세븐스) 코드입니다.

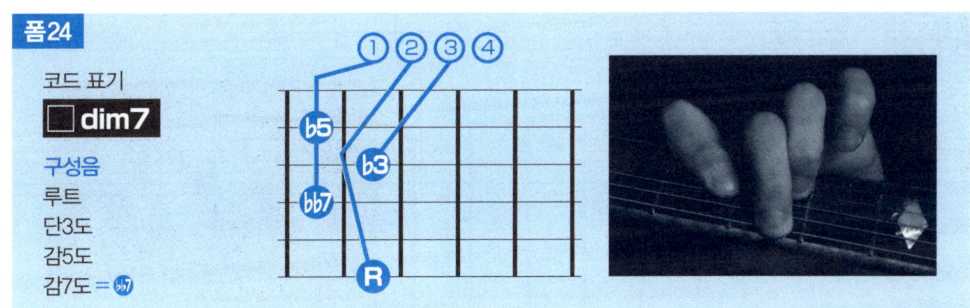

이번에는 5현 루트를 기준으로 7th 계열의 코드를 만들어 봅시다.

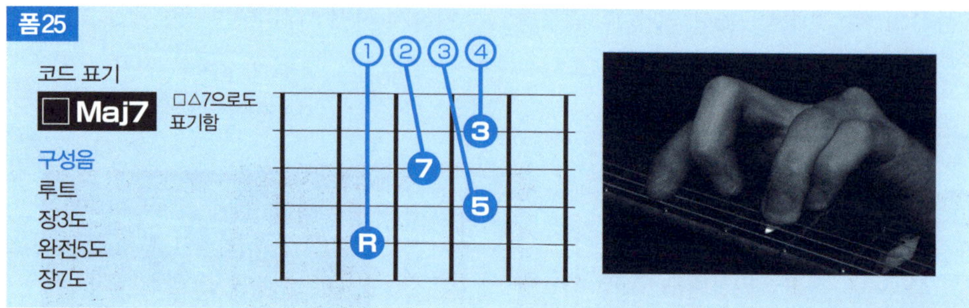

이 **폼25**가 5현 루트의 7th 계열 코드의 기본이 되는 Maj7 코드입니다. 5현이 루트, 4현이 완전5도, 3현이 장7도, 2현이 장3도입니다(루트가 C음인 경우=5현이 C음, 4현이 G음, 3현이 B음, 2현이 E음).

여기서부터의 변화는 6현 루트 때와 같은 패턴이므로 코드네임에 따라 대응하는 음으로 옮기면서 생각해 봅시다.

폼25의 3현의 장7도를 1프렛 내려서 단7도로 반음 옮긴 다음(루트가 C음인 경우 B가 B♭으로) **폼25**의 중지를 떼기면 하면 됩니다.

검지로 새하해서 손가락의 제일 튀어나온 부분으로 단7도(3현)을 잡으면 **폼26**이 되는데 이것이 5현 루트의 7th(세븐스) 코드 폼입니다.

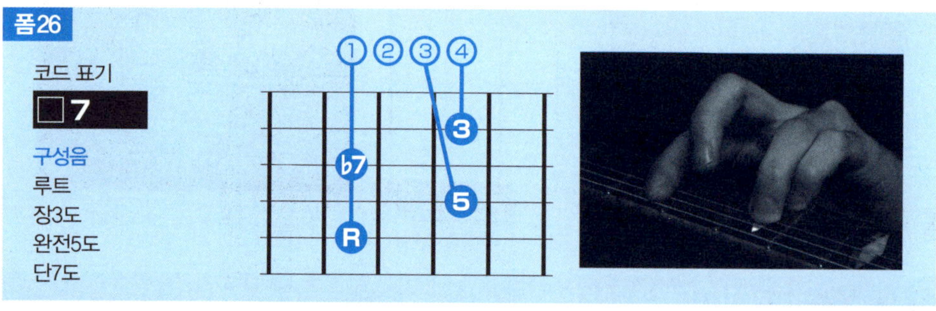

다음으로 이 7th 폼의 운지법인 **폼26**에서 2현의 장3도인 E음을 단3도인 E♭음으로 반음 내리면(루트가 C음인 경우 E가 E♭으로) m7(마이너 세븐스) 코드가 됩니다(**폼27**).

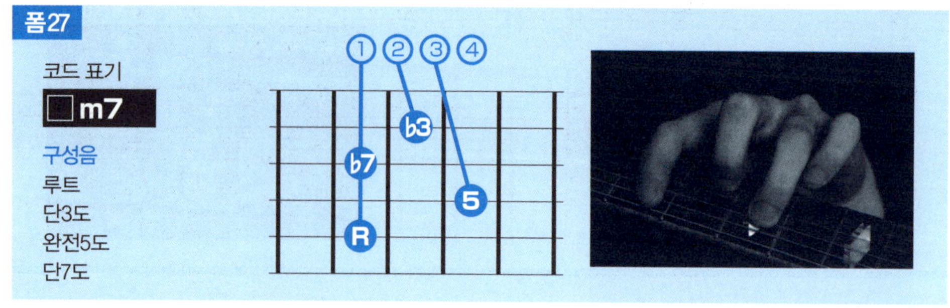

폼27의 4현의 완전5도를 감5도로 내리면(반음=1 프렛: 루트가 C음인 경우 G가 G♭으로) m7$^{(\flat5)}$(마 이너 세븐 플랫 파이브) 코드가 됩니다(폼28).

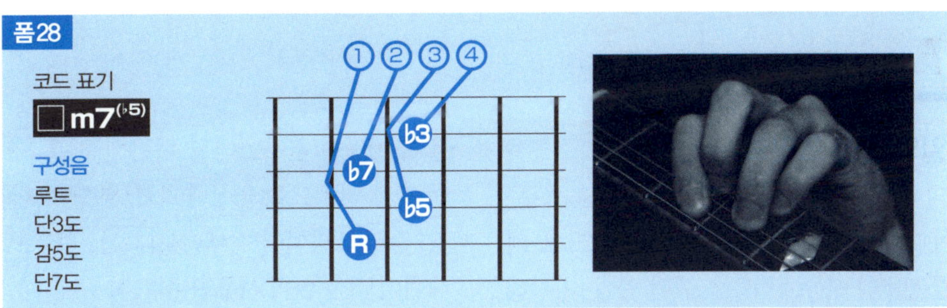

폼28에서 3현의 단7도를 감7도로 내리면(반음 =1프렛: 루트가 C음인 경우 B♭이 B♭♭이 됩니다) dim7(디미니쉬 세븐스) 코드가 됩니다. 이 폼29의 경우에는 검지가 아닌 중지로 루트를 잡게 되므로 4개의 손가락으로 각각의 음을 정확하게 잡도록 합시다.

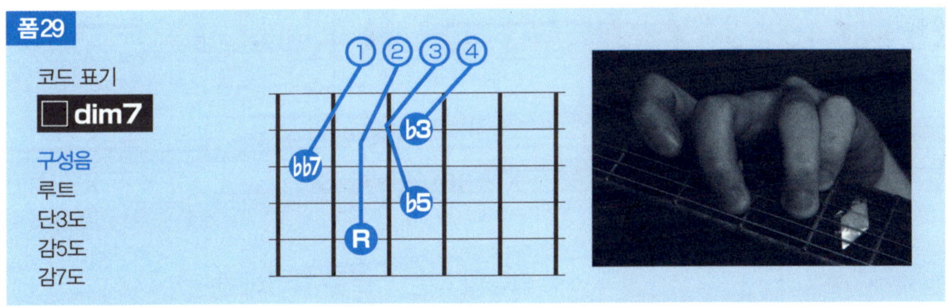

소박한 질문

Q 디미니쉬 세븐스 코드에 자주 나오는 ♭♭이 무엇입니까? ♭♭7th가 아닌 6th로 표기하면 안 되나요?

A '♭♭'은 '더블 플랫'이라고 읽는데 ♭이 붙어서 반음 내려간 음정이 또다시 반음 내려간 음정으로 되어 있는 것을 의미합니다. 이론상으로는, 예를 들어 C음이 루트인 경우 ♭♭7th(diminished 7th)는 ♭♭B 음, 6th(major 6th)은 A음이 되지만 실제로 귀에 들리는 음 자체는 ♭♭B음과 A음이 결국 같습니다. 그러나 코드를 구성하는 음으로서의 의미와 기능이 다르므로 표기를 다르게 하는 것입니다. ♭♭7th 은 어디까지나 감7도라는 의미이고 장6도가 아닙니다. 조금 까다롭지만, 코드를 생각할 때 혼동하 지 않도록 주의합시다.

Q 코드를 잡을 때 알아두면 편리한 노하우가 있다면 알려 주세요.

A 폼20~23 등은 왼손가락을 총동원해서 각 구성음을 잡아야 하지만 6현을 엄지로 잡으면 남은 손가 락을 더욱 유용하게 사용할 수 있게 됩니다. 예를 들어 폼 20의 메이저 세븐스의 경우 6현 엄지/4현 중지/3현 약지/2현 검지로 잡으면 새끼손가락이 남게 되는데 이 새끼손가락으로 꾸밈음(제5장에 등장하는 텐션 등)을 추가할 수 있게 됩니다. 손의 크기와 손가락 길이에 따라 힘든 경우도 있겠지 만 엄지로 6현 잡기, 꼭 도전해 보시기 바랍니다.

세븐스 코드①

6현과 5현 루트의 세븐스로 연주하는 도미넌트 블루스①

Key=**A** 사용 코드 폼: 21, 26

이 스케일의 완성 포인트

Key=A의 블루스 진행을 셔플 리듬으로 연주하는데 드디어 7th 코드가 등장합니다. 7th 코드로 백킹해 보면 전보다 블루스적인 느낌이 훨씬 더 강해진 것을 느낄 수 있을 것입니다. 이처럼 3코드 모두에 도미넌트 세븐스 코드를 사용한 블루스 진행을 도미넌트 블루스라고 하는데 블루스의 대표적인 코드 진행으로 꼽힙니다. 실제 연주 현장에서도 제1장의 트라이어드 패턴보다 이 세븐스를 사용한 패턴이 더욱 많이 사용됩니다.

악보 예는 모든 코드가 6현 루트, 또는 5현 루트인 세븐스 코드입니다. 블러싱을 병용해서 컷팅하면

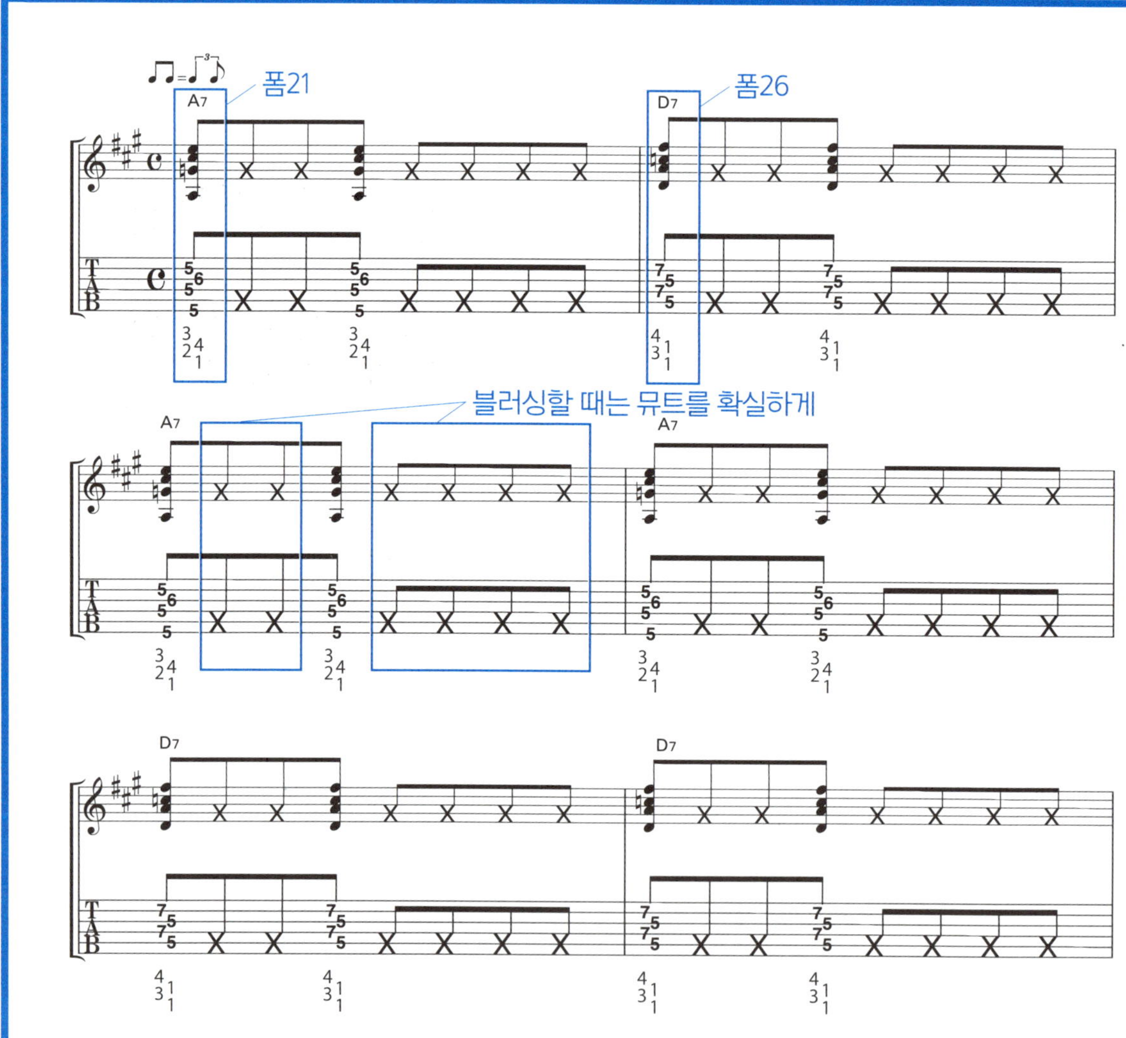

블루스 진행 12마디로 익히는 코드 폼과 백킹 12

서 연주하므로 불필요한 현의 뮤트는 확실히 하도록 합시다.

이 페이지에 등장하는 코드 진행의 패턴

Ⓔ

I7	IV7	I7	I7
IV7	IV7	I7	I7
V7	IV7	I7	V7

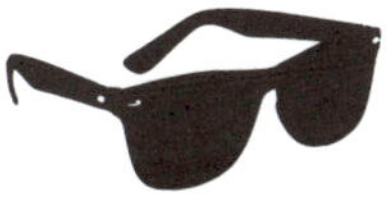

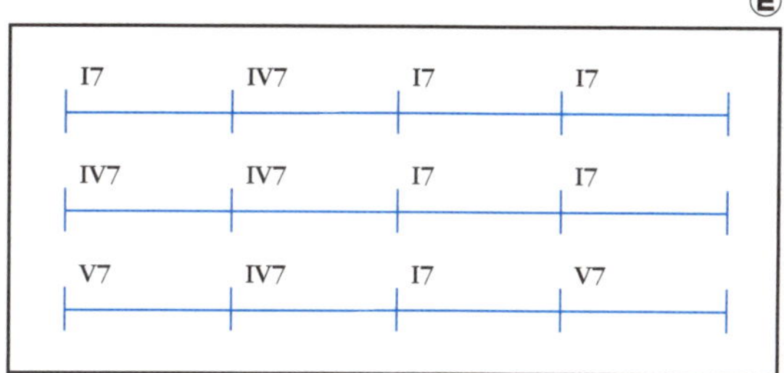

※ Ⓔ : 이 알파벳이 표기되어 있는 것은 같은 코드 진행입니다.

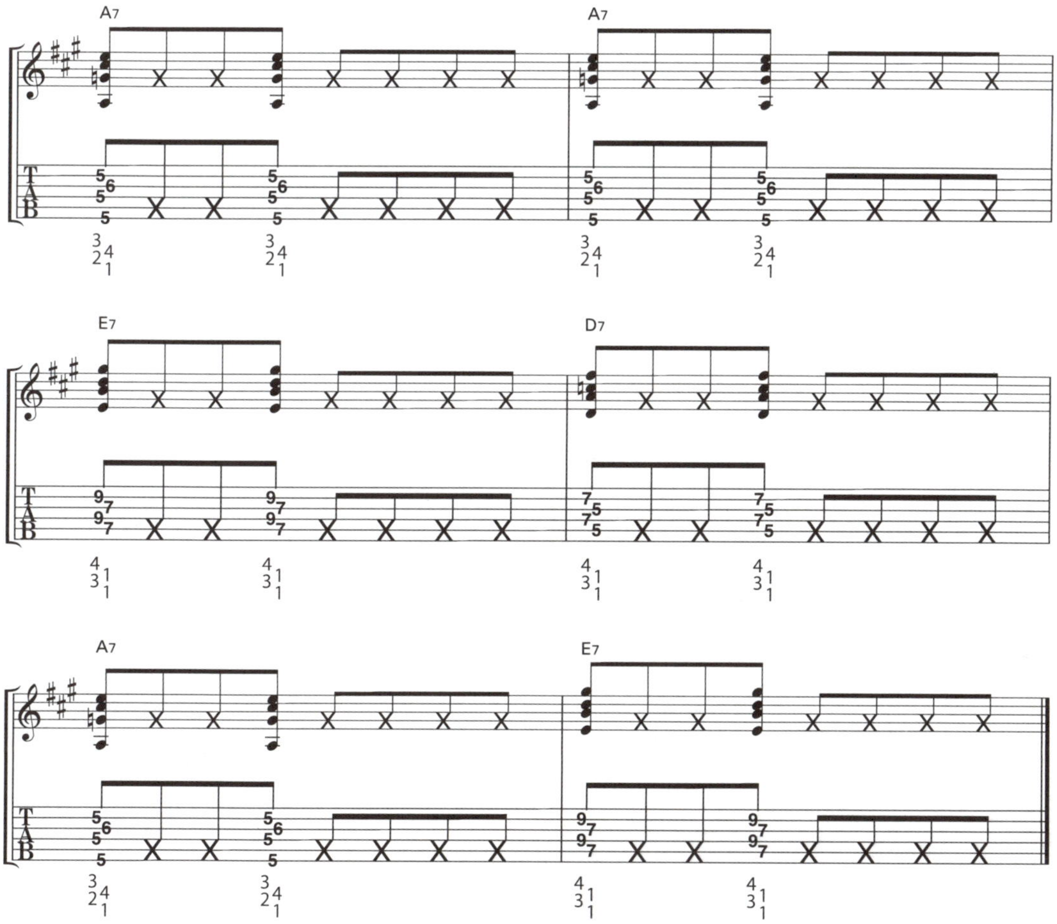

QR Track 13

세븐스 코드②

6현과 5현 루트의 세븐스로 연주하는 도미넌트 블루스②

Key=E

사용 코드 폼: 21 ※루트 생략, 26 ※루트 생략

이 스케일의 완성 포인트

Key=E의 도미넌트 블루스 진행을 셔플 리듬으로 연주합니다. 기본적으로는 앞 페이지 패턴이 Key만 바뀐 형태로 리듬도 완전히 똑같지만 잡고 있는 폼이 다릅니다. 기본이 되는 폼은 앞의 백킹 패턴과 마찬가지로 6현 루트 또는 5현 루트의 세븐스 코드지만 모든 코드에서 루트를 생략함으로써 가벼운 느낌의 백킹이 완성됩니다. 이처럼 원래 폼에서 음을 생략하거나 부분적으로 음을 선택해서 백킹에 이용하는 방법은 변형된 패턴을 다양하게 구사하는 데 있어서 매우 효과적입니다. 특히 피아노 등의 다른 코드 악기가 포함된 편성의 경우에는 여

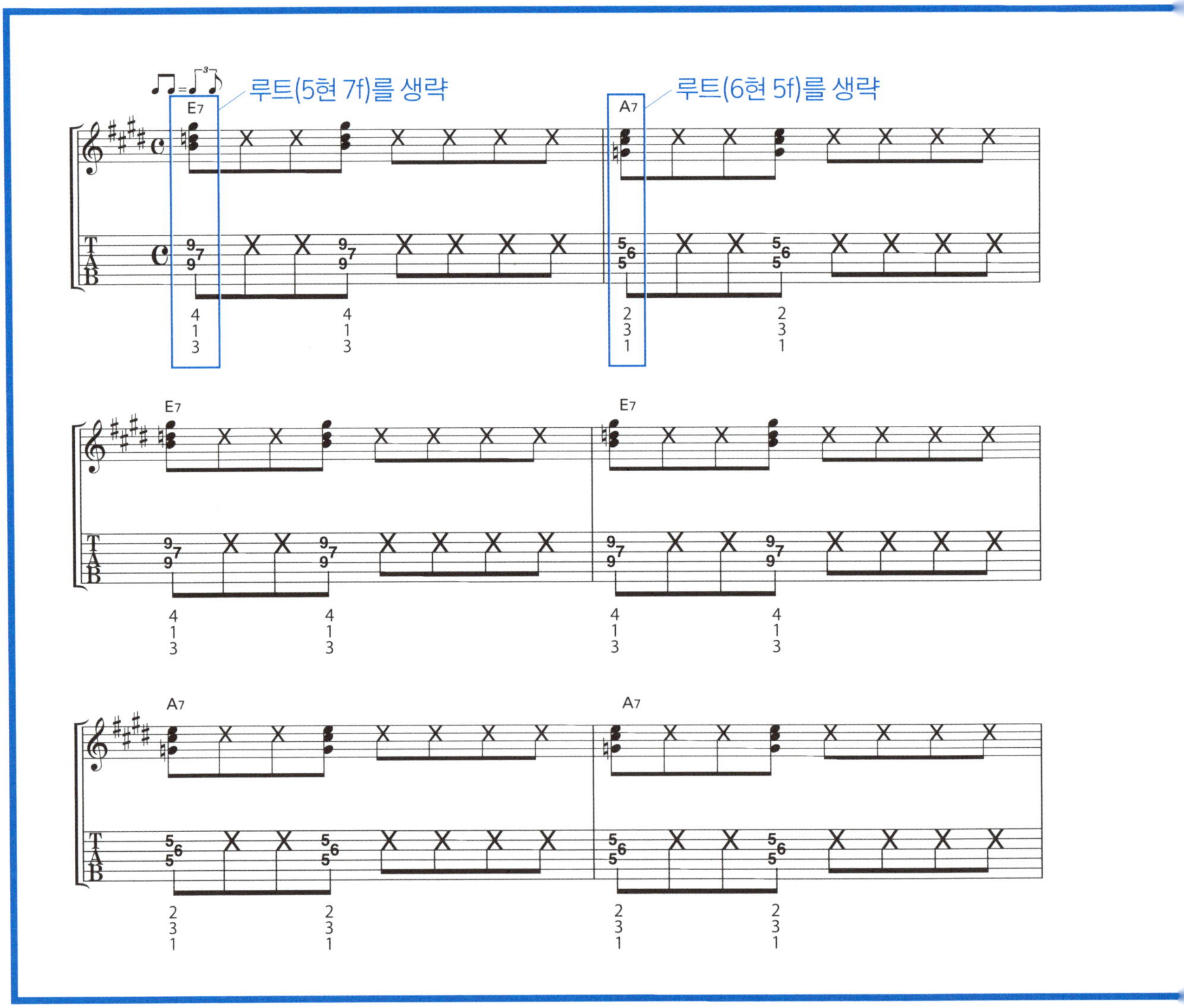

※ 루트를 생략했기 때문에 기본 폼과 운지가 다릅니다.

→ 블루스 진행 12마디로 익히는 코드 폼과 백킹 13

분의 음을 생략하는 편이 오히려 더 좋은 효과를 얻을 수 있습니다.

이 페이지에 등장하는 코드 진행의 패턴 Ⓔ

I7	IV7	I7	I7
IV7	IV7	I7	I7
V7	IV7	I7	V7

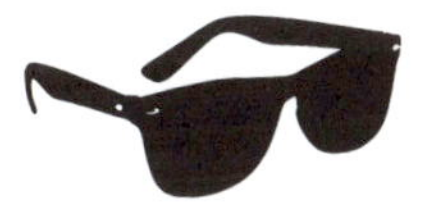

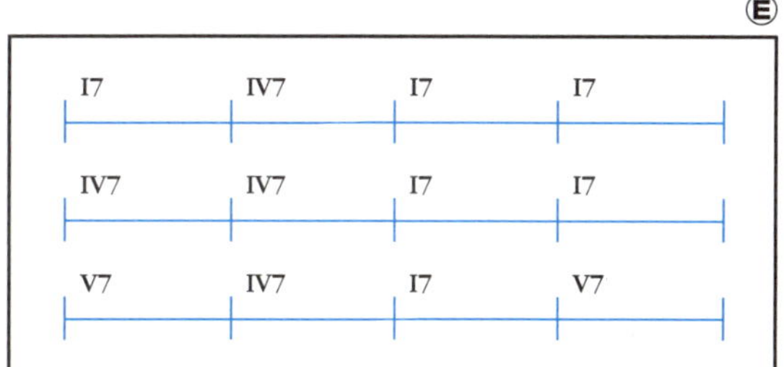

※ Ⓔ : 이 알파벳이 표기되어 있는 것은 같은 코드 진행입니다.

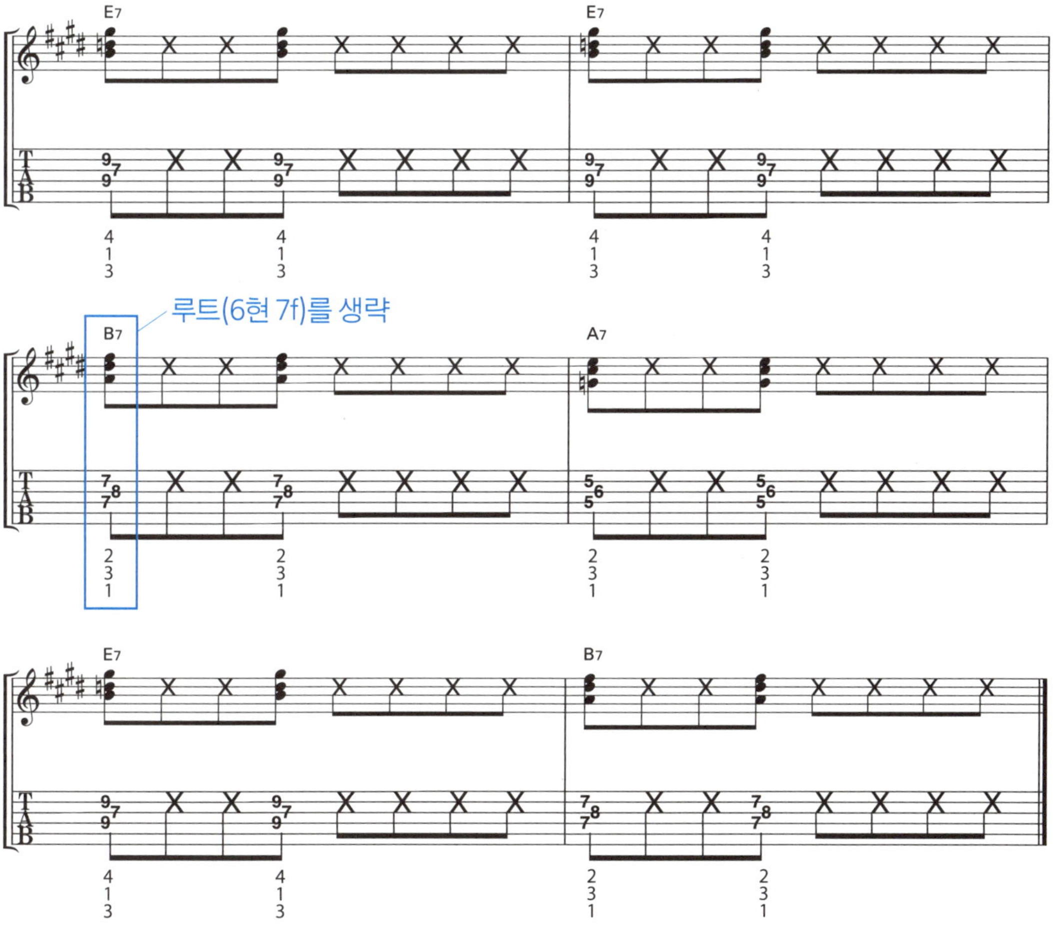

메이저 세븐스 코드①

6현과 5현 루트의 메이저 세븐스로 연주하는 16비트 블루스

Key=**A**   사용 코드 폼: 20, 22, 25, 26

이 스케일의 완성 포인트

16비트의 백킹 패턴을 코드 컷팅으로 시원하고 분명하게 연주합니다. 코드 진행은 Key＝A의 블루스인데 이번에는 세븐스 코드가 아닌 메이저 세븐스 코드를 사용합니다. 이와 같은 진행을 메이저 블루스라고 하는데, 아무 생각 없이 듣고 있으면 블루스처럼 들리지 않지만, 토닉, 서브 도미넌트, 케이던스가 각각의 자리에 배치된 분명한 블루스 진행입니다. 메이저 세븐스 코드와 16비트 리듬에 의해 R&B적인 사운드가 나는데 마빈 게이의 『What's going on』과 같은 모타운 계열의 곡을 연상하게 합니다. 반드시 참고로 들어보시기 바랍니다.

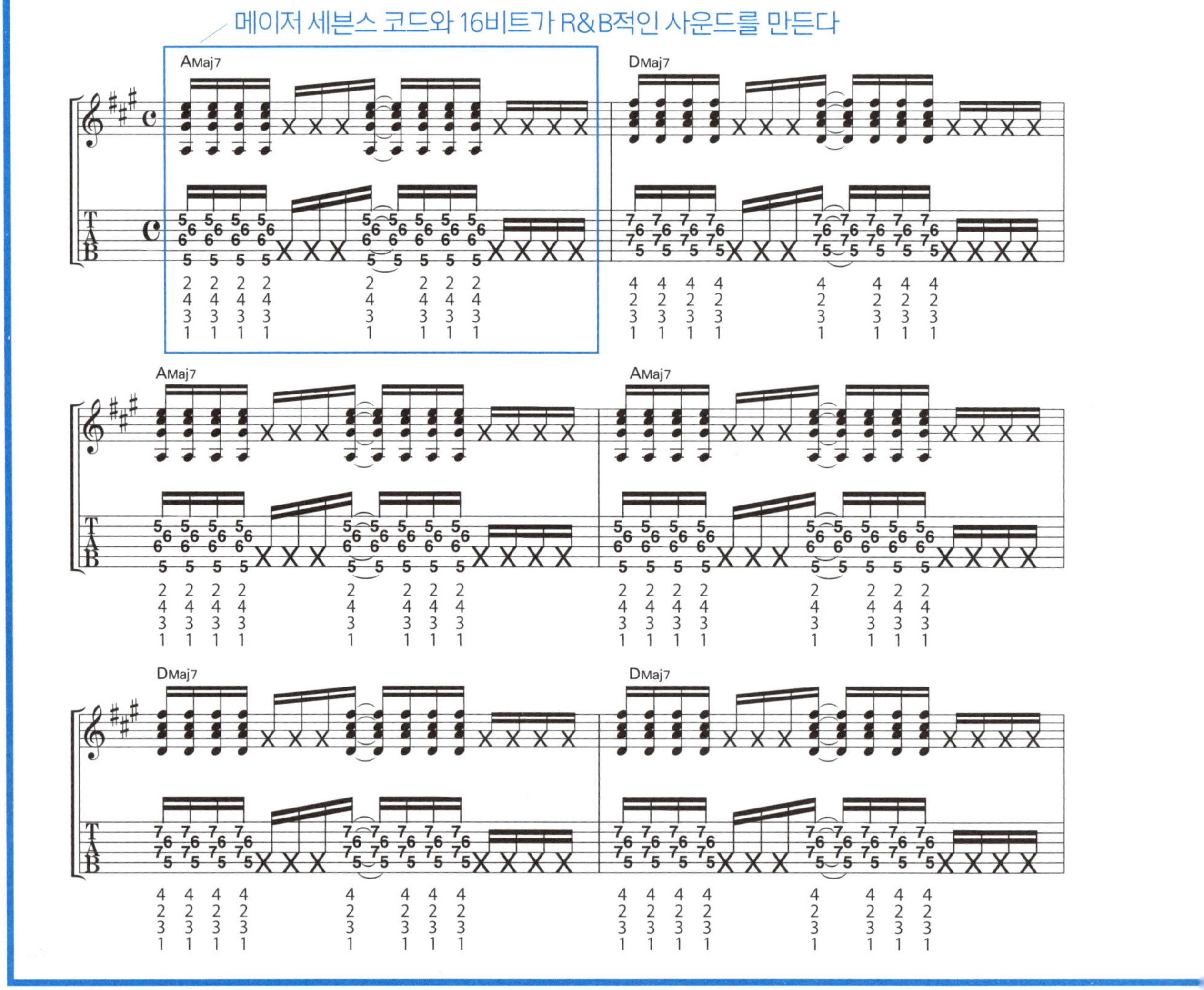

→ 블루스 진행 12마디로 익히는 코드 폼과 백킹 14

이 페이지에 등장하는 코드 진행의 패턴 Ⓕ

IMaj7	IVMaj7	IMaj7	IMaj7
IVMaj7	IVMaj7	IMaj7	IMaj7
IIm7	V7	IMaj7	V7

※ Ⓕ : 이 알파벳이 표기되어 있는 것은 같은 코드 진행입니다.

메이저 세븐스 코드②
메이저 세븐스의 루트를 생략한 슬라이드

Key=**E**

이 스케일의 완성 포인트

앞 페이지 백킹 패턴의 Key가 다른 버전입니다. 이번 Key는 E이고 루트 생략형입니다. 리듬은 저번과 같지만 연주하는 패턴에 장식적인 요소인 슬라이드 주법을 추가했습니다. 코드 컷팅의 마디 첫 부분을 반음 아래부터 슬라이드 해서 음을 꾸며 주는데, R&B 계열의 백킹에 자주 사용되는 테크닉 중의 하나로 단순한 코드 컷팅에 색채를 더해 줍니다. 단, 아무 생각 없이 연주하면 리듬이 무너져서 그루브감이 나빠질 수 있으므로 주의가 필요합니다. 악보 예는 16분음표로 슬라이드 해서 분명하게 프레이즈의 일부로 연주한 것인데 더 짧게 꾸밈음 처럼

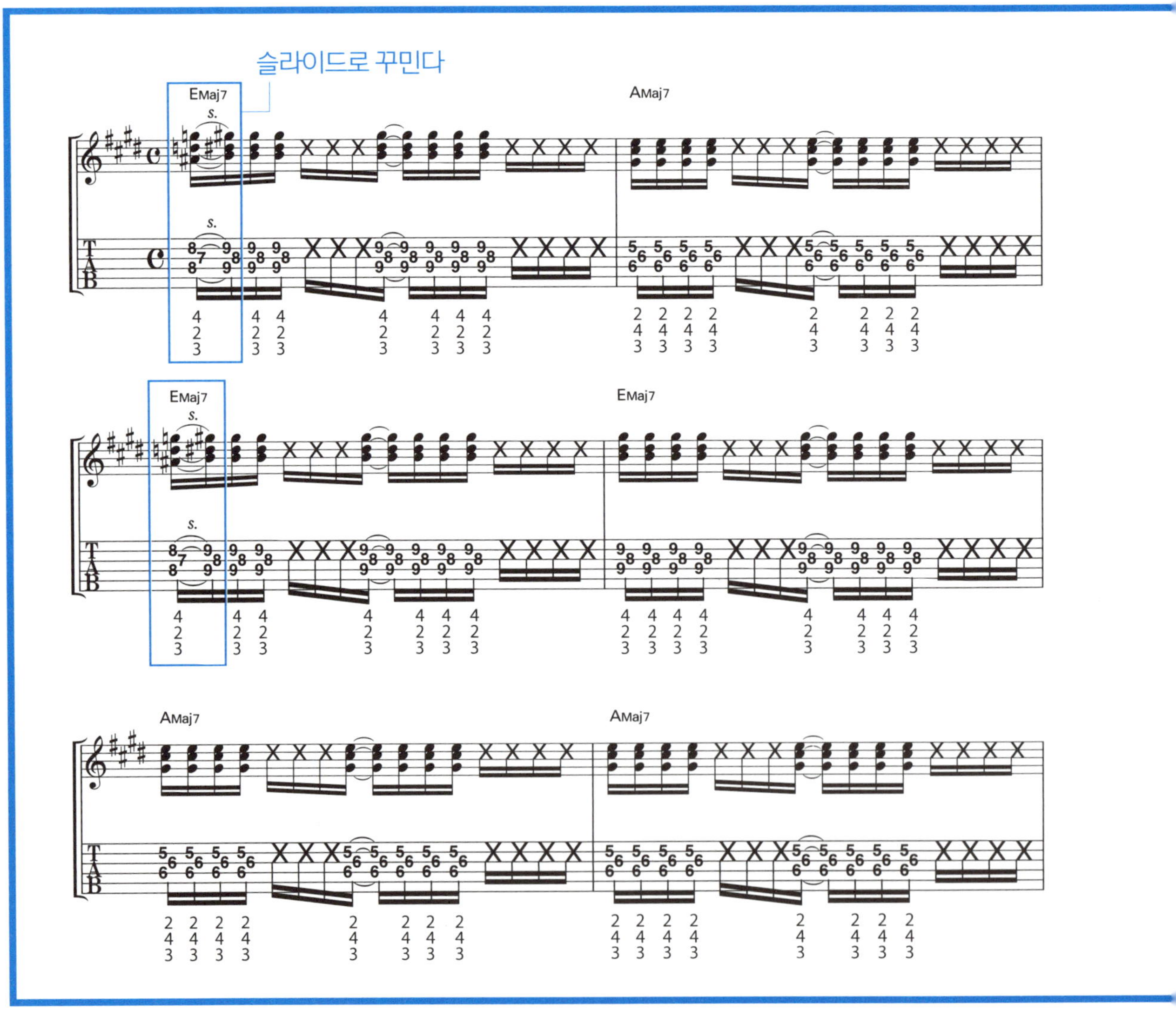

※ 루트를 생략했기 때문에 기본 폼과 운지가 조금 다릅니다.

슬라이드 해도 좋습니다. 이때는 매번 타이밍이 다르고 컨트롤이 안되는 연주가 되지 않도록 어떻게 음을 꾸며서 연주하고 싶은지를 분명하게 의식하시기 바랍니다.

이 페이지에 등장하는 코드 진행의 패턴

IMaj7	IVMaj7	IMaj7	IMaj7
IVMaj7	IVMaj7	IMaj7	IMaj7
IIm7	V7	IMaj7	V7

※ Ⓕ : 이 알파벳이 표기되어 있는 것은 같은 코드 진행입니다.

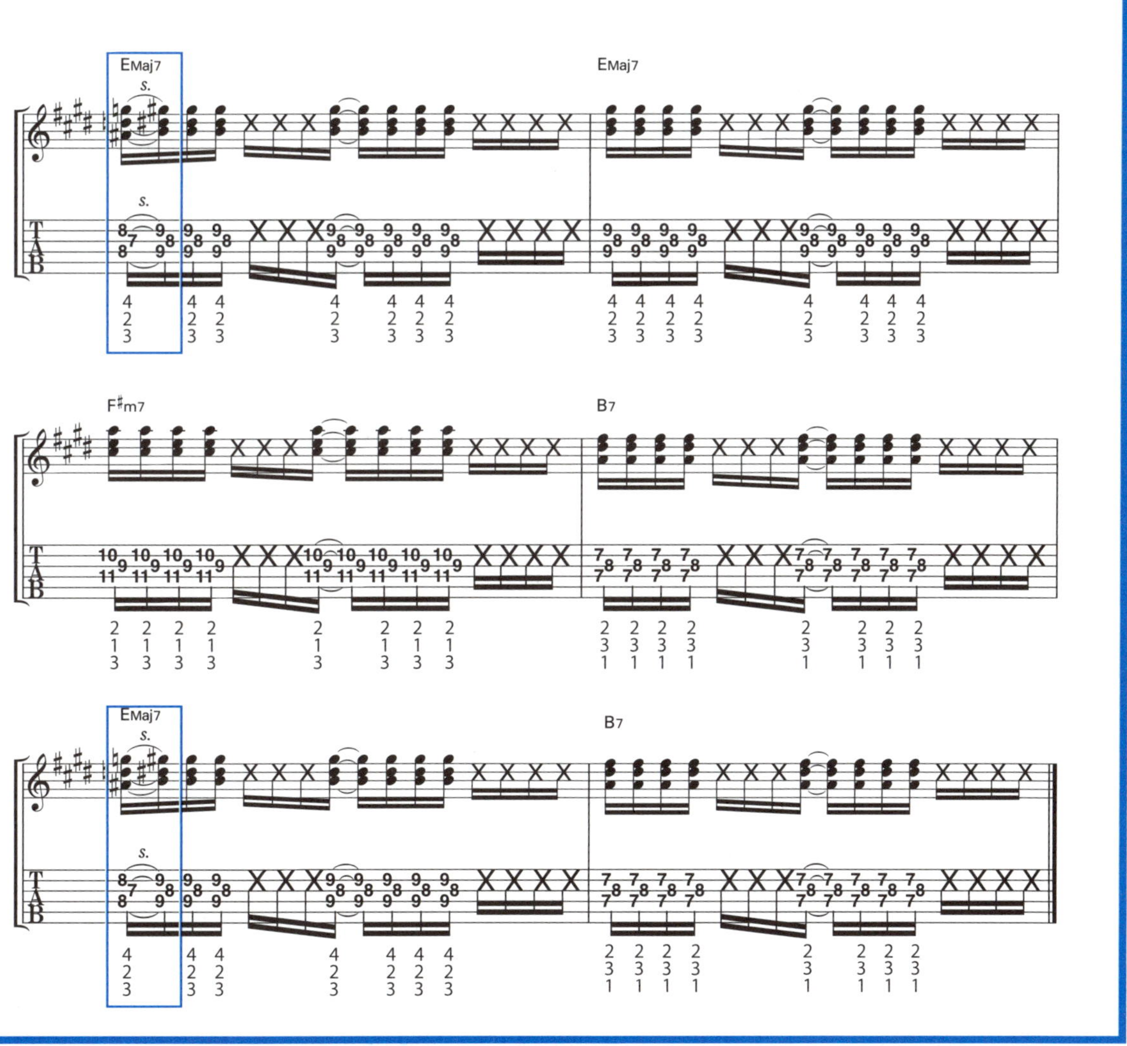

m7$^{(\flat 5)}$ 코드/디미니쉬 세븐스 코드①
5현 루트의 m7$^{(\flat 5)}$와 디미니쉬 세븐스

Key=**A**   사용 코드 폼: 21, 26, 27, 28, 29

이 스케일의 완성 포인트

Key=A의 블루스에 디미니쉬 세븐스 코드와 m7$^{(\flat 5)}$ 코드가 추가되었습니다. 일반적인 블루스에 비해 코드 편곡이 추가된 복잡한 진행으로 되어 있습니다. 이 진행은 소위 재즈 블루스 진행이라고 하는데, 재즈 시의 블루스 코드 진행은 이 진행이 기본형이므로 이것을 모른 채 재즈 클럽에서 3코드로 된 블루스(앞 페이지까지의 것들)로 연주하면 분위기를 깰 가능성이 높습니다. 특징은 여러 곳에 투 파이브라고 불리는 IIm7 → V7 코드 진행이 사용되고 있는 점(Em7 → A7, C♯m7$^{(\flat 5)}$ → F♯7 등)인데 곡에 따라 편곡 정도의 차이는 있겠지만 대체

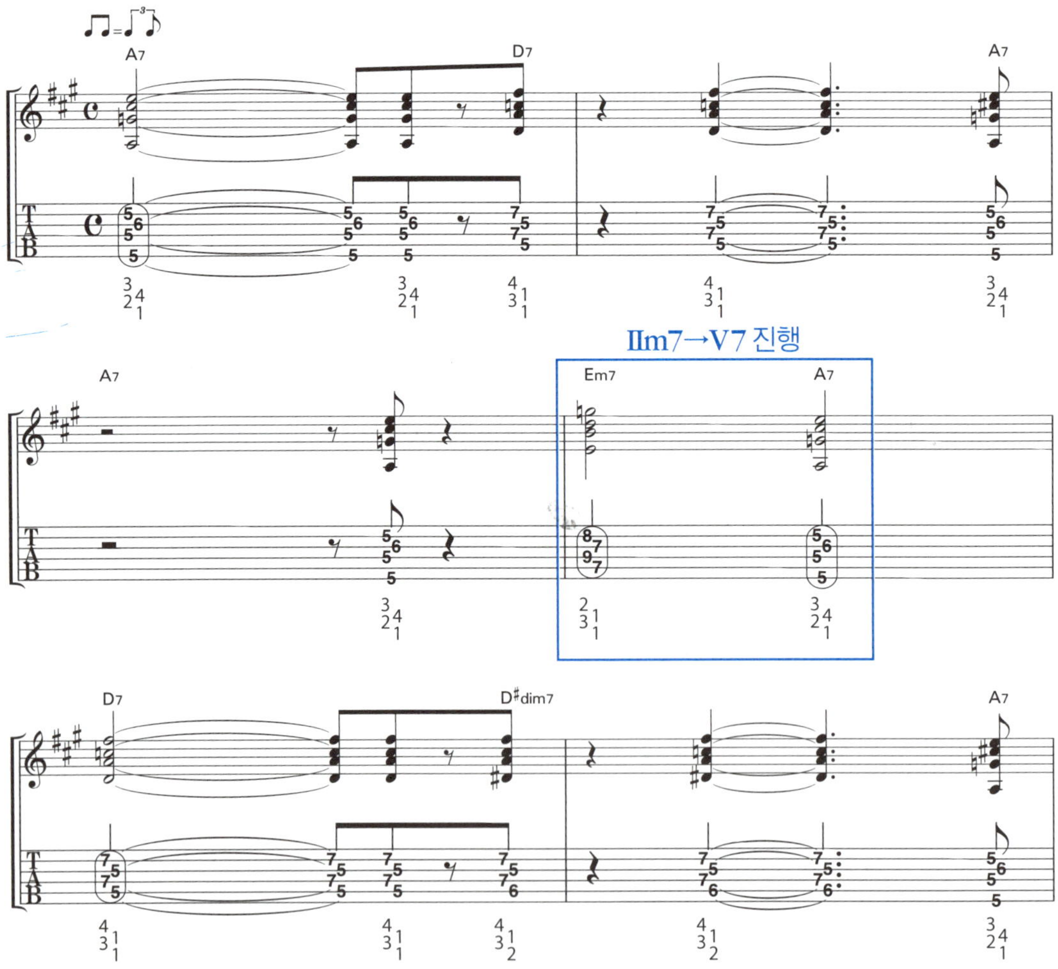

→ 블루스 진행 12마디로 익히는 코드 폼과 백킹 16

로 악보와 같은 코드 진행이 사용되므로 반드시 익혀 두시기 바랍니다.

이 페이지에 등장하는 코드 진행의 패턴 Ⓖ

I7	IV7	I7	Vm7 I7
IV7	♯IVdim7	I7	IIIm7(♭5) VI7
IIm7	V7	I7 VI7	IIm7 V7

※ Ⓖ : 이 알파벳이 표기되어 있는 것은 같은 코드 진행입니다.

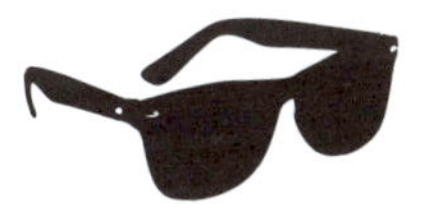

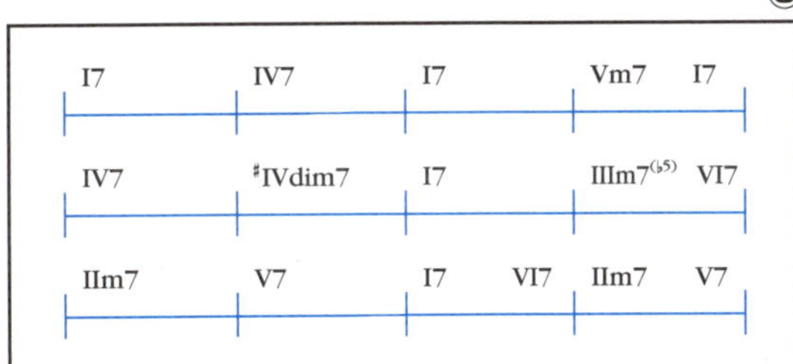

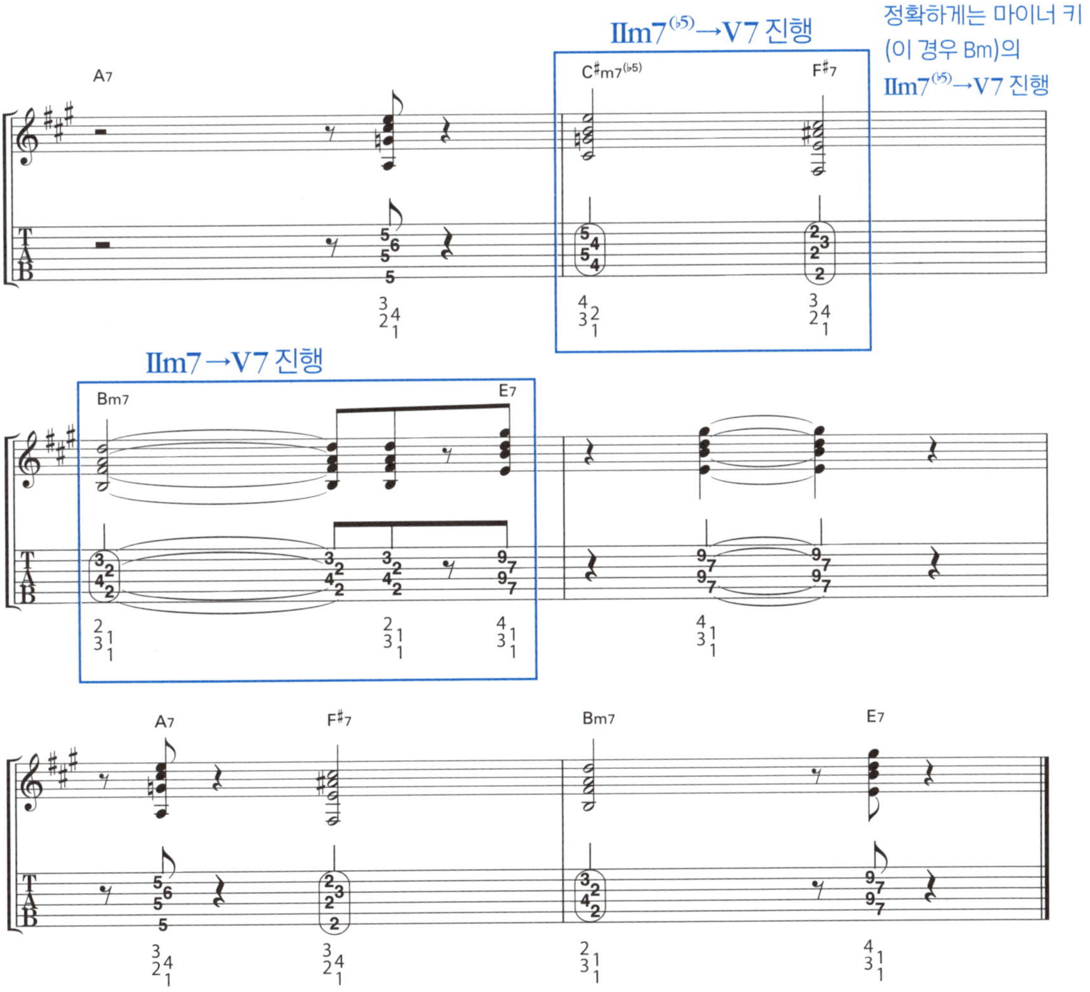

m7$^{(b5)}$ 코드/디미니쉬 세븐스 코드②

6현과 5현의 워킹 베이스로 연주하는 재즈 블루스 패턴

Key=**E**   사용 코드 폼: 21, 23, 24, 26, 27

이 스케일의 완성 포인트

Key=E의 재즈 블루스 진행으로 앞 페이지와 마찬가지로 스윙이라고 불리는 리듬으로 연주합니다. 스윙은 기본적으로는 셔플에 가까운 리듬이지만 연주자에 따라 해석이 다르기도 하고 어려운 리듬이므로 반드시 스윙 명연주 등을 찾아서 들어볼 것을 권합니다. 이 스윙에서 자주 사용되는 것이 악보 상의 6~5현의 라인인 워킹 베이스 패턴입니다. 이름대로 보통은 베이시스트가 연주하는 파트지만 스윙 그루브를 이해하기 위한 차원에서 기타리스트들도 반드시 익혀 두어야 합니다. 매 박자에 오른손 엄지로 베이스음을 연주하고 사이사이에

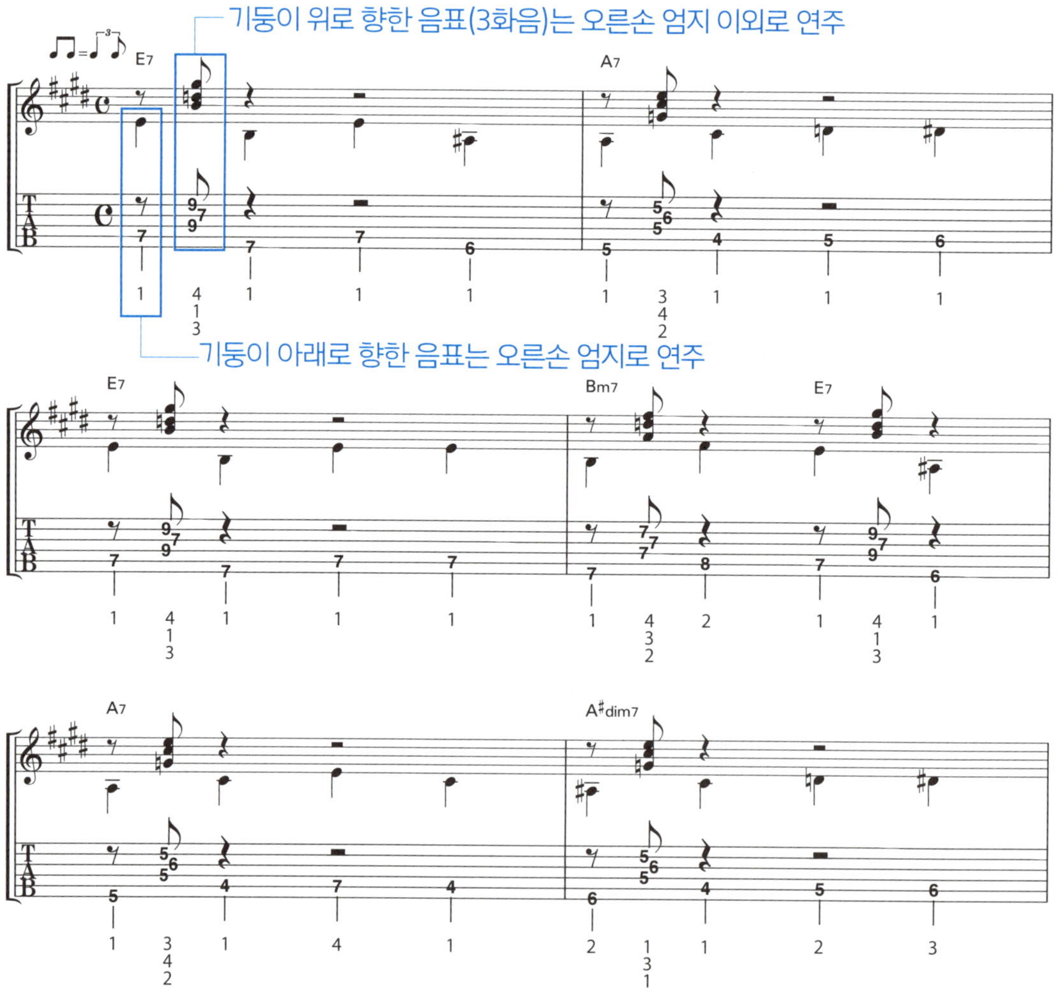

→ 블루스 진행 12마디로 익히는 코드 폼과 백킹 17

오른손의 다른 손가락을 이용한 8분음표로 코드를 연주합니다. 베이스 음은 1박째는 루트음, 4박째는 다음 코드로의 어프로치 노트(다음 코드의 루트의 반음 위 또는 반음 아래의 음)를 선택하는 것이 기본입니다. 그러나 중간의 2박째, 3박째에는 자유롭게 코드톤, 텐션 등을 사용해서 프레이즈에 다이내믹을 더합니다. 6~5현을 우드 베이스 음색에 가깝게 표현하기 위해 브릿지를 뮤트하면서 연주합시다.

이 페이지에 등장하는 코드 진행의 패턴

Ⓖ

I7	IV7	I7	Vm7 I7
IV7	#IVdim7	I7	IIIm7(b5) VI7
IIm7	V7	I7 VI7	IIm7 V7

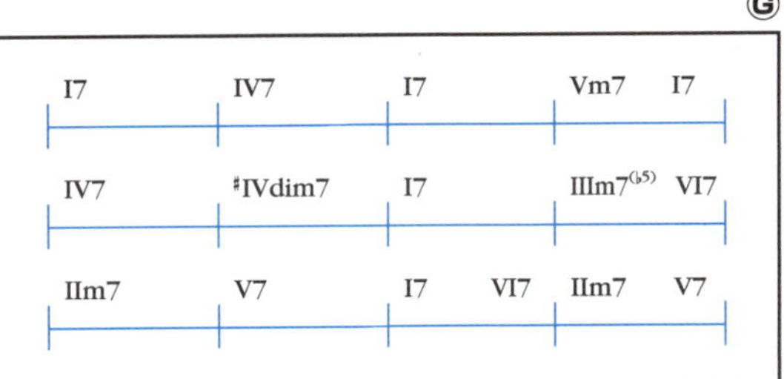

※ Ⓖ : 이 알파벳이 표기되어 있는 것은 같은 코드 진행입니다.

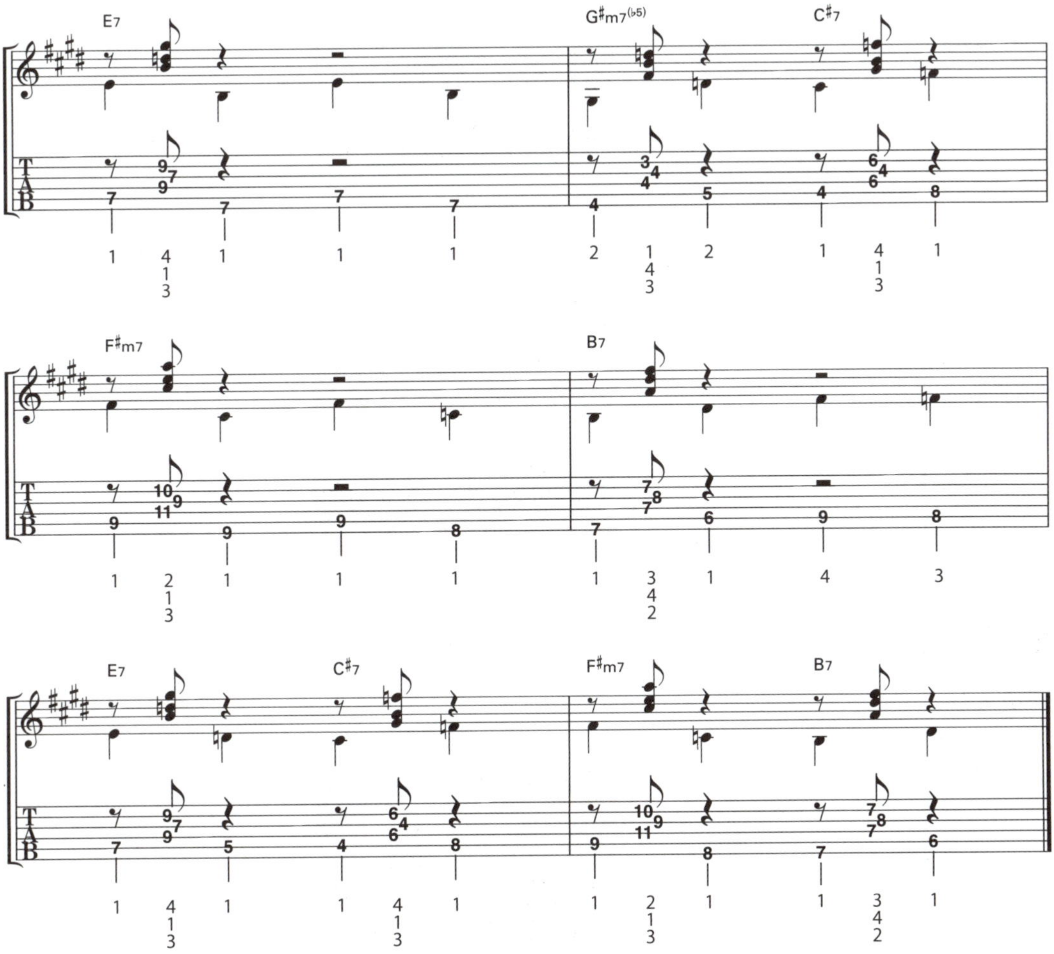

앞서 설명한 **폼21~27**로는 7th 계열의 코드와 동격으로 취급되는 경우가 많은 6th(식스) 계열의 코드 등도 만들 수 있습니다.

6현 루트를 잡는 법 6th

폼30

코드 표기
☐6

구성음
루트
장3도
완전5도
장6도 = **6**

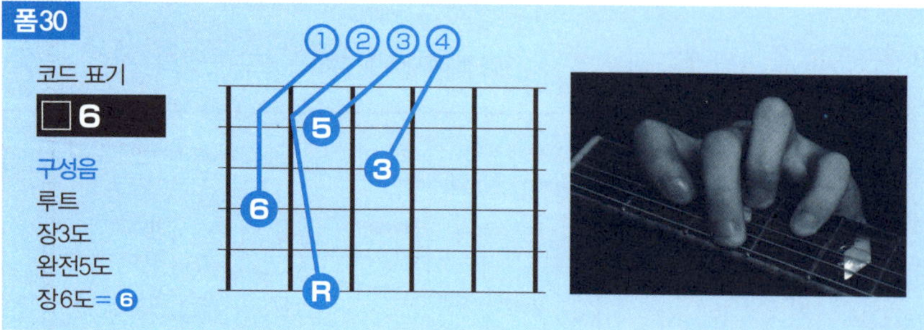

폼21의 4현의 단7도를 반음(1프렛) 내려서 장6도로(루트가 C음인 경우 B♭음을 A음으로).

5현 루트를 잡는 법 6th

폼31

코드 표기
☐6

구성음
루트
장3도
완전5도
장6도

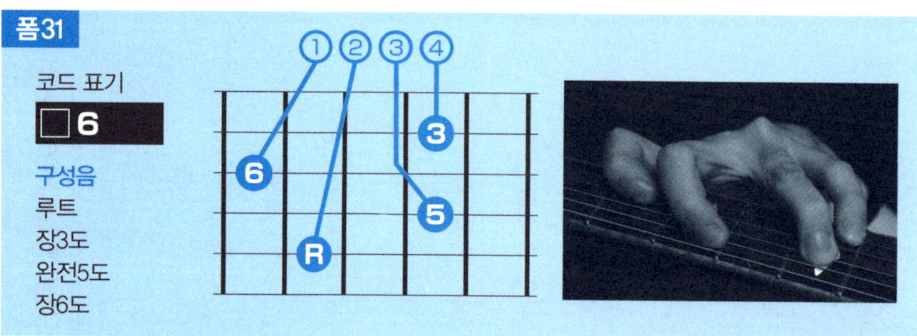

폼26의 3현의 단7도를 반음(1프렛) 내려서 장6도로(루트가 C음인 경우 B♭음을 A음으로).

6현 루트를 잡는 법 m6th

폼32

코드 표기
☐m6

구성음
루트
단3도
완전5도
장6도

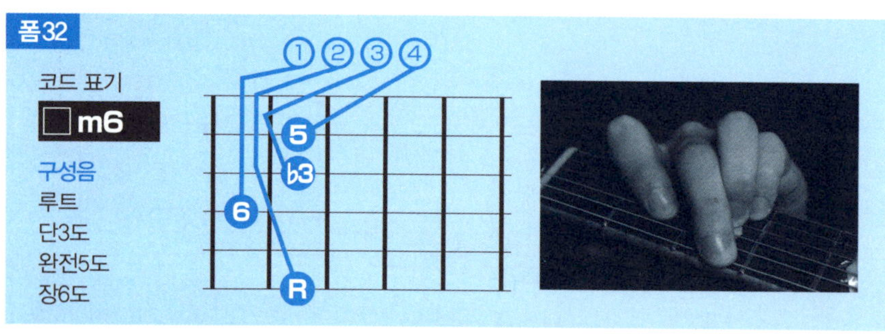

폼22의 4현의 단7도를 반음(1프렛) 내려서 장6도로(루트가 C음인 경우 B♭음을 A음으로).

5현 루트를 잡는 법 m6th

폼33

코드 표기
☐m6

구성음
루트
단3도
완전5도
장6도

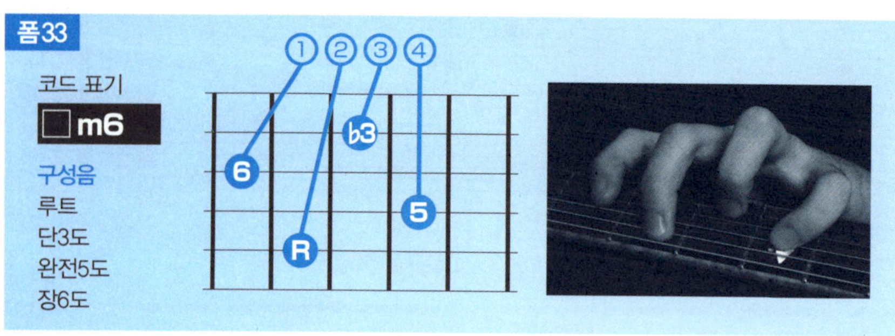

폼27의 3현의 단7도를 반음(1프렛) 내려서 장6도로(루트가 C음인 경우 B♭음을 A음으로).

화음 구성음의 일부 음정만을 반음씩 내리거나 변화시키는 클리셰 진행 등에서 자주 등장하는 mMaj7(마이너 메이저 세븐스).

Maj7 코드의 **폼20**의 장3도를 반음 내려서 단3도로 바꿔서 만들 수 있습니다. 루트가 C음인 경우에는 E음이 E♭음이 됩니다.

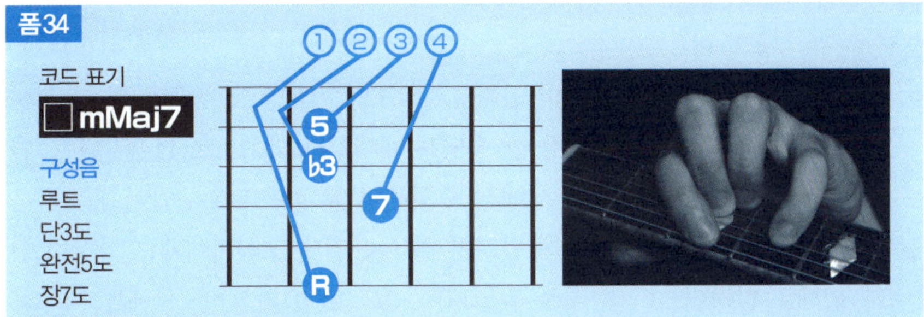

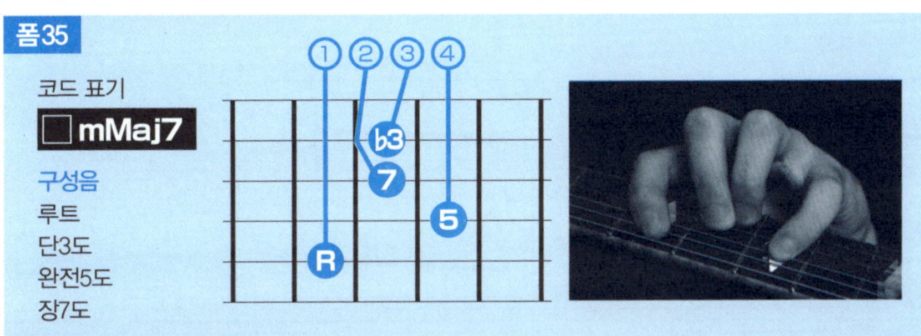

폼25의 장3도를 반음 내려서 단3도로 바꾸면 mMaj7폼이 됩니다(루트가 C음인 경우 E음이 E♭음으로).

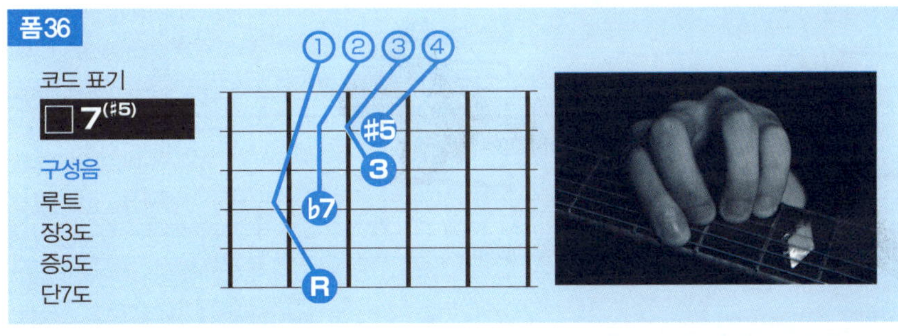

재즈 리얼북에 자주 등장하는 7^(♯5) 코드도 **폼21**에서 2현의 완전5도를 증5도로 반음 올리면(루트가 C음인 경우 G음을 G♯음으로) 만들 수 있습니다.

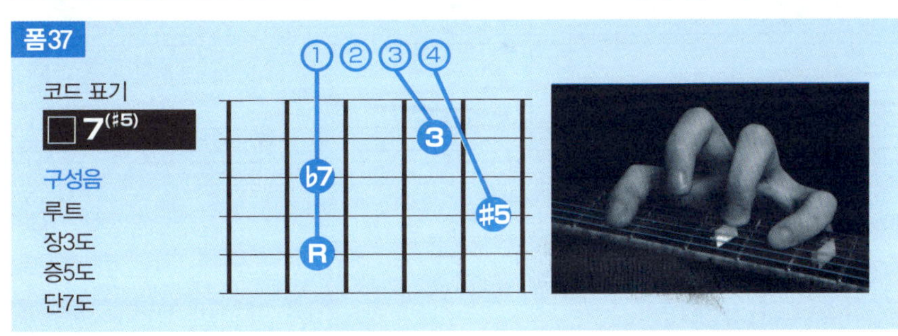

5현 루트의 경우에는 **폼26**의 4현의 완전5도를 반음 올려서 증5도로(루트가 C음인 경우 G음을 G♯음으로) 바꾸면 됩니다.

6th 코드①

6현과 5현 루트의 6th로 연주하는 블루스

Key=**A** 사용 코드 폼: 22, 26, 30, 31

이 스케일의 완성 포인트

6th 코드를 사용한 백킹 패턴으로 Key는 A입니다. 6th 코드는 7th 계열의 코드와는 또 다른 분위기를 가진 코드인데 어딘가 권태로운 듯한 사운드는 보사노바 등에도 자주 사용됩니다. 반대로 말하면 코드의 느낌이 분명한 블루스에서는 사용하는 일이 거의 없다고 할 수 있는데, 악보 예는 이와 같은 상식을 깬 상당히 재미있는 사운드로 진행합니다. 연주 상에서 주의해야 할 점은 D6와 같이 손가락을 넓게 벌려야 하는 폼인데 초심자에게는 상당히 어려울 것입니다. 그러나 이와 같은 문제는 새로운 운지법을 만들어 해결하면 됩니다.

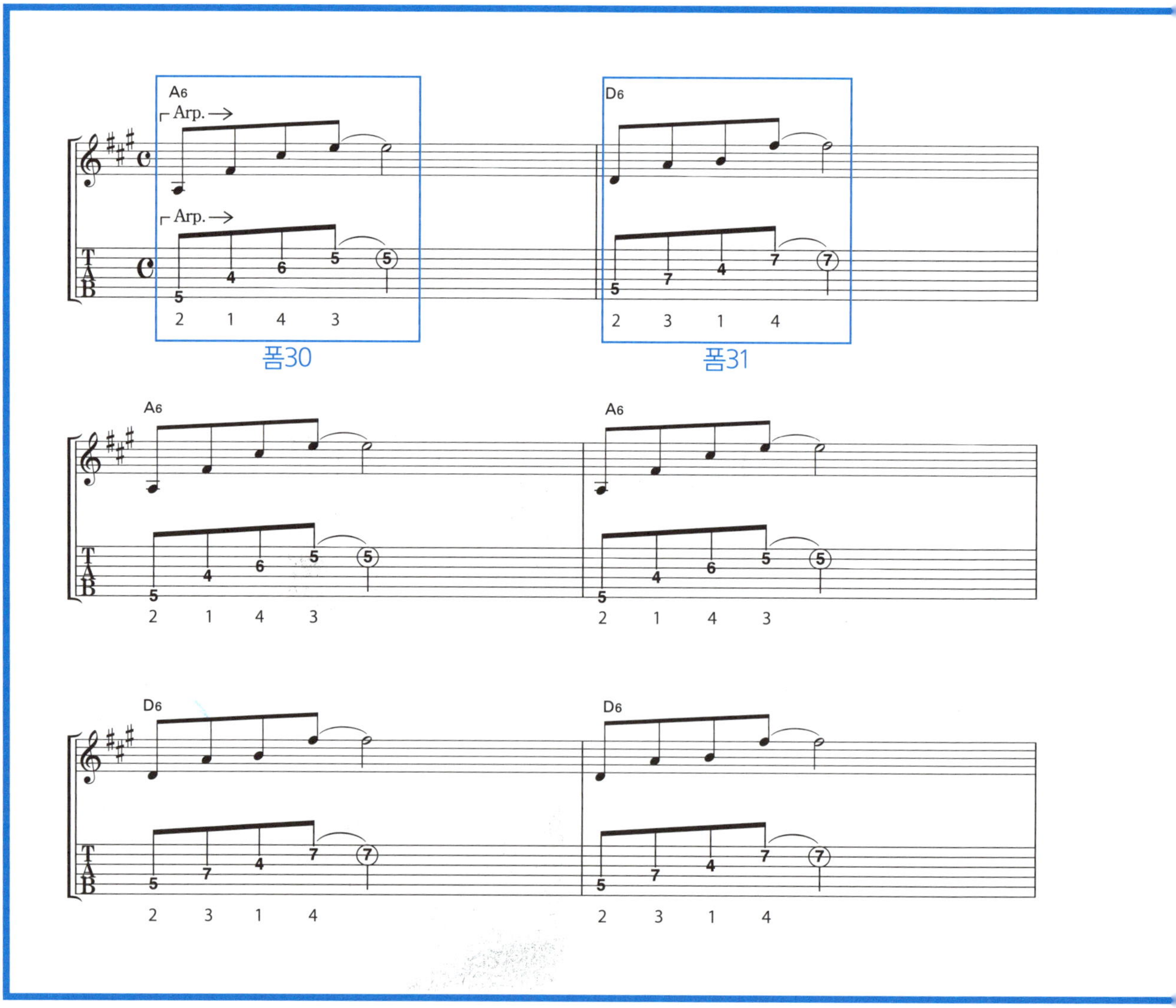

→ 블루스 진행 12마디로 익히는 코드 폼과 백킹 18

아래에 소개한 폼을 사용하면 편하게 잡을 수 있게 되는데, 기능은 유지되고 있지만 울림이 다르므로 울림과 연주 상의 편의 중 어느 것을 선택할 것인지를 선택의 기준으로 삼도록 합니다.

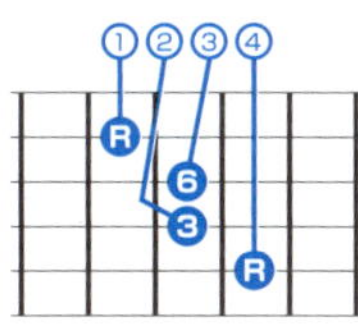

코드 표기

□6

26p **폼10**의 3현의 증5도를 반음 올려서 6도로 바꾼 폼입니다(루트가 C음인 경우 G♯음이 A음으로).

이 페이지에 등장하는 코드 진행의 패턴

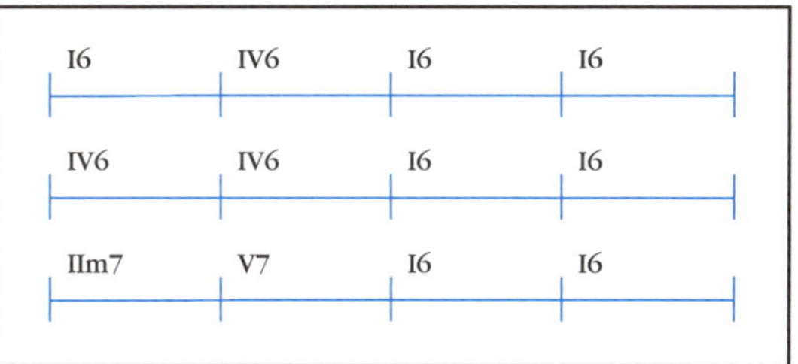

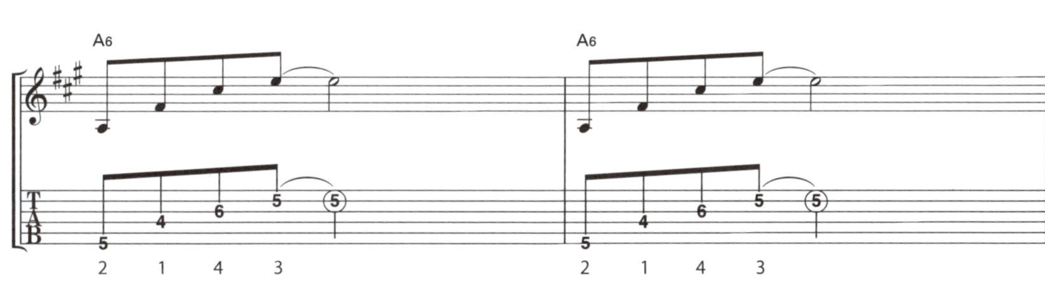

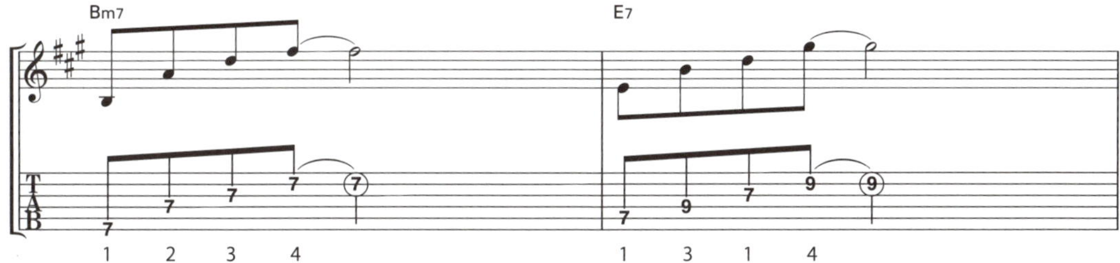

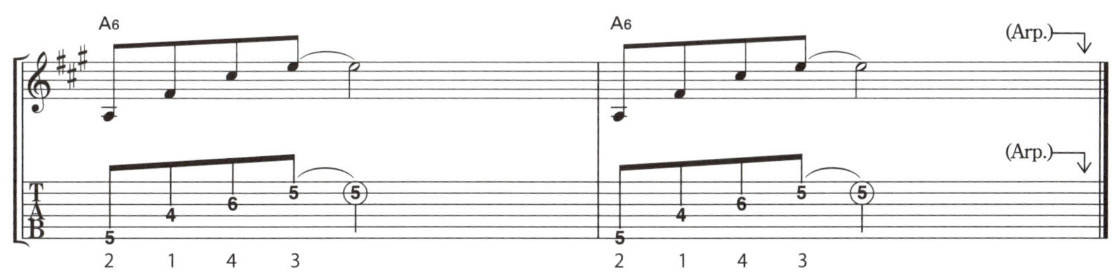

루트를 생략한 6th로 연주하는 블루스

Key=**E**   사용 코드 폼: 11※, 19※, 30※, 31※

이 스케일의 완성 포인트

앞 페이지의 백킹 패턴과 마찬가지로 식스 코드를 사용한 패턴입니다. Key는 E이고 아르페지오에 의한 백킹이므로 사용하는 폼이 같지만 이번에는 루트를 치지 않습니다. 루트를 잡을 필요가 없으므로 특히 5현 루트 포지션에서 손가락을 넓게 벌리느라 애먹을 필요가 없습니다. 루트는 없지만, 이 외의 보이싱은 유지되고 있으므로 울림을 거의 손상하지 않고 연주할 수 있습니다. 항상 모든 음을 쳐야 한다는 법은 없습니다. 이처럼 원형이 되는 폼에서 자유자재로 코드 톤을 생략하거나 추가할 수 있게 되면 울림의 퀄리티를 유지하면서도 연주

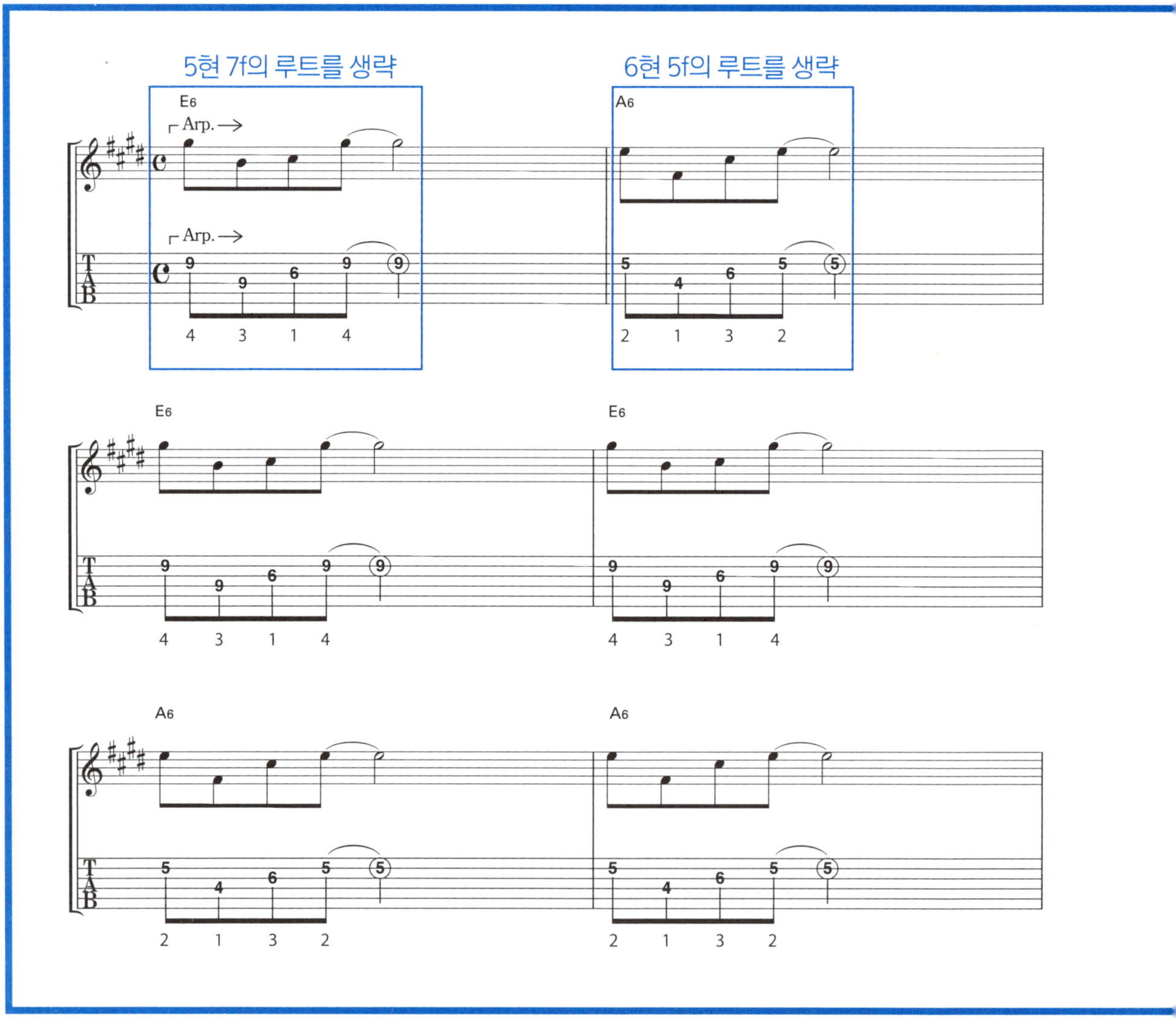

5현 7f의 루트를 생략

6현 5f의 루트를 생략

(악보)

※ 폼19, 30, 31은 루트를 생략, 폼11은 6~5현과 1현을 생략했기 때문에 운지가 각각의 "운지 해설" 페이지와 다릅니다.

이 페이지에 등장하는 코드 진행의 패턴

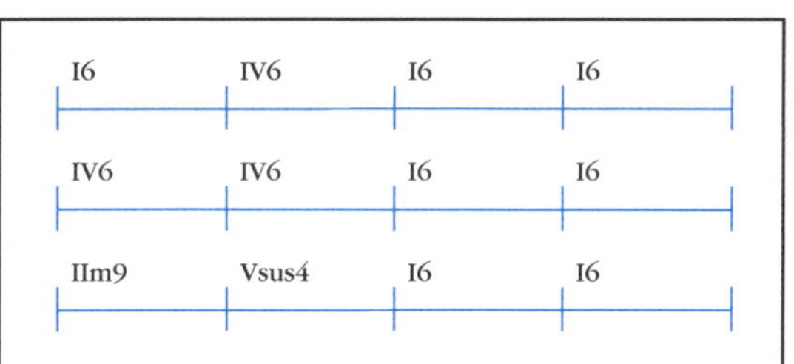

적인 수고를 최소화할 수 있는 프로급 연주가 가능
해집니다.

E6

E6

9f(5현, 1현을 생략)

6~5현, 1현을 생략

F#m9

Bsus4

E6

E6

(Arp.)

(Arp.)

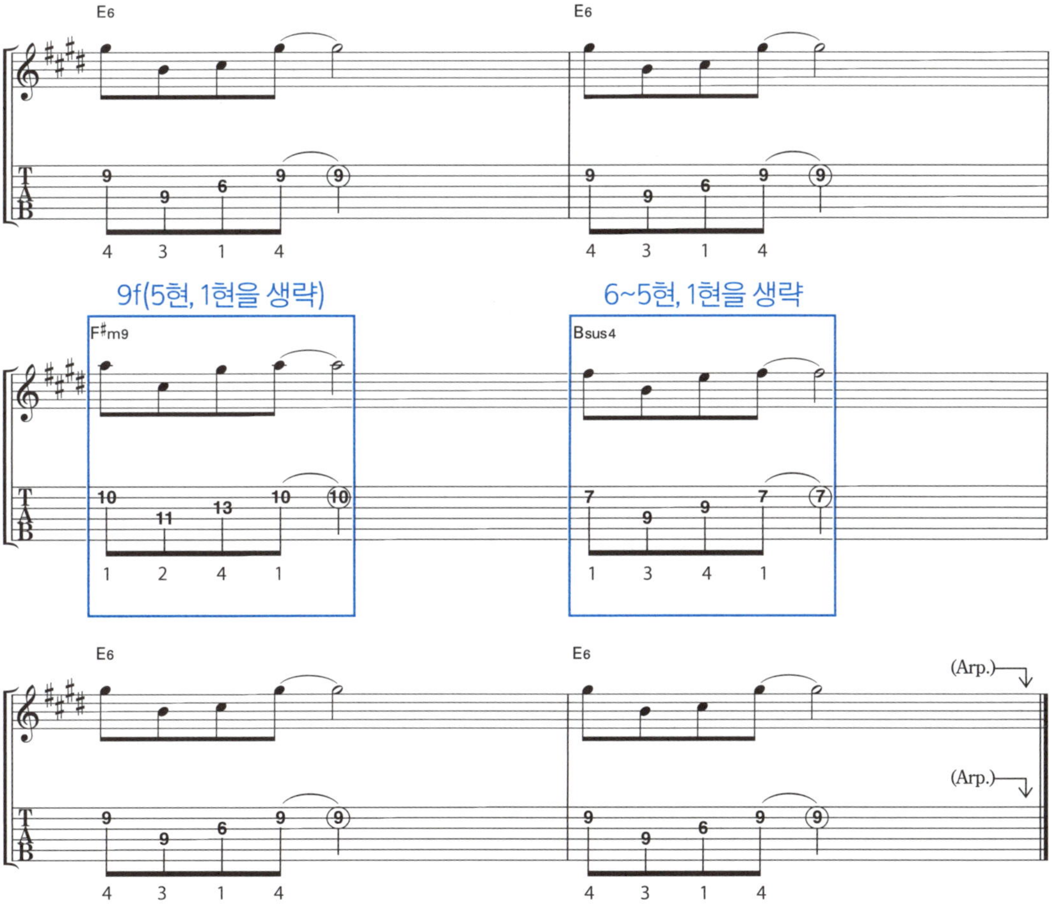

클리셰 진행에 사용되는 경우가 많은 두 개의 코드①

Key=**Am**

사용 코드 폼: 2, 4, 22※, 26, 32, 33, 34※

이 스케일의 완성 포인트

Key=Am의 마이너 블루스 백킹 패턴인데 이번에는 mMaj7th 코드와 m6th 코드를 사용한 것이 특징입니다. mMaj7th 코드는 독립적으로 사용되는 경우는 드물고 주로 악보 상의 첫 4마디와 같은 클리셰 진행 중에 사용됩니다.

Am 코드의 구성음인 A음(4현)을 반음씩 하행시켜서 Am → AmMaj7 → Am7 → Am6와 같은 코드 진행을 만들 수 있는데 마이너적인 느낌이 매우 강합니다.

Am~Am6의 코드 진행을 6현을 엄지로 잡는 폼으로 통일하면 더욱 쉽게 연주할 수 있게 되는데,

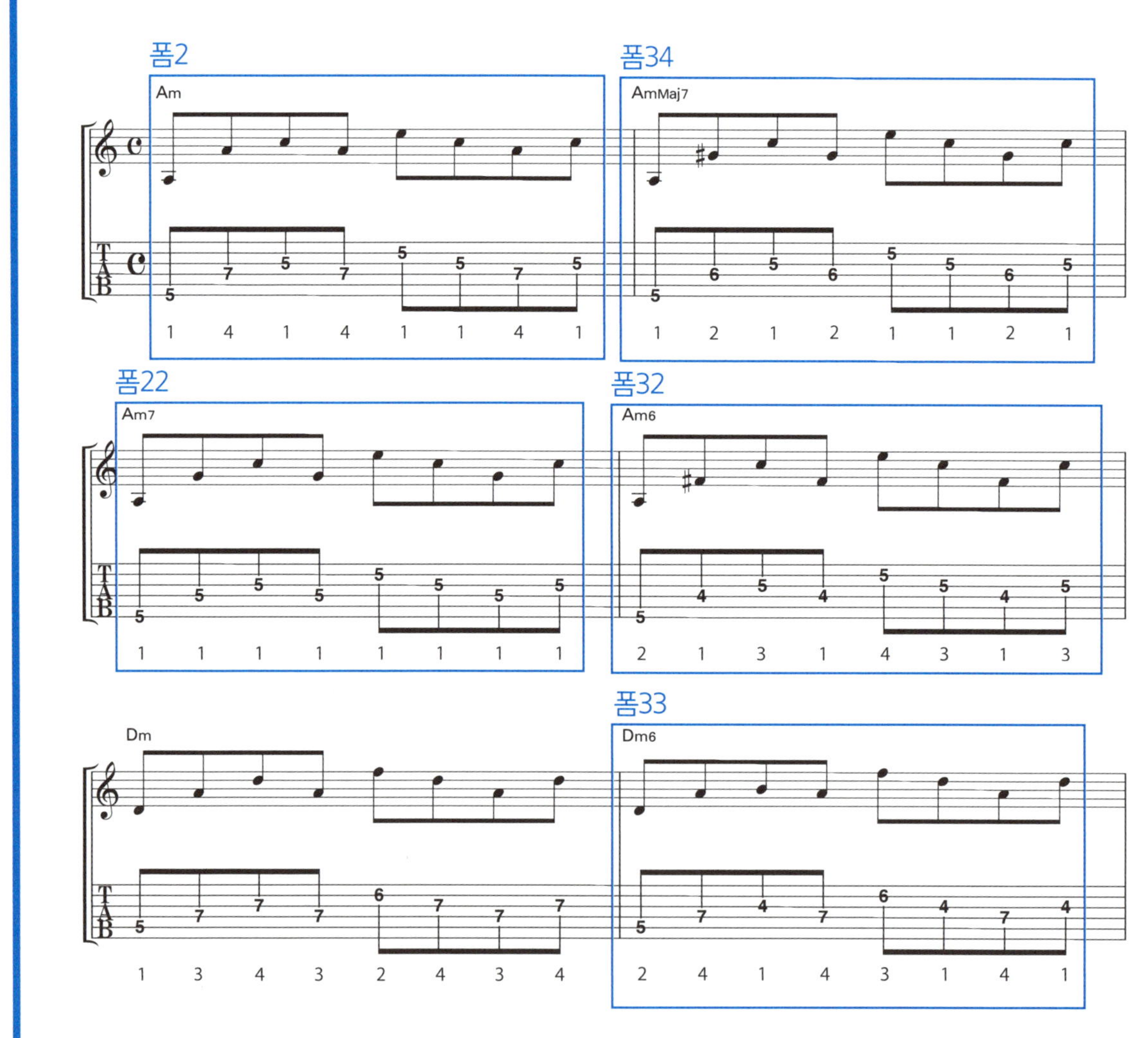

※ 전개에 맞춰 기본 폼의 운지를 바꿨습니다.

→ 블루스 진행 12마디로 익히는 코드 폼과 백킹 20

엄지로 현을 잡는 것이 어려운 경우에는 악보대로 잡아도 상관없습니다.

이 페이지에 등장하는 코드 진행의 패턴

Ⓗ

Im	ImMaj7	Im7	Im6
IVm	IVm6	Im	Im6
♭VI7	V7	Im	Im6

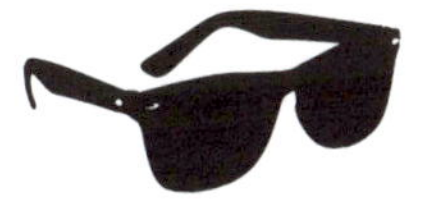

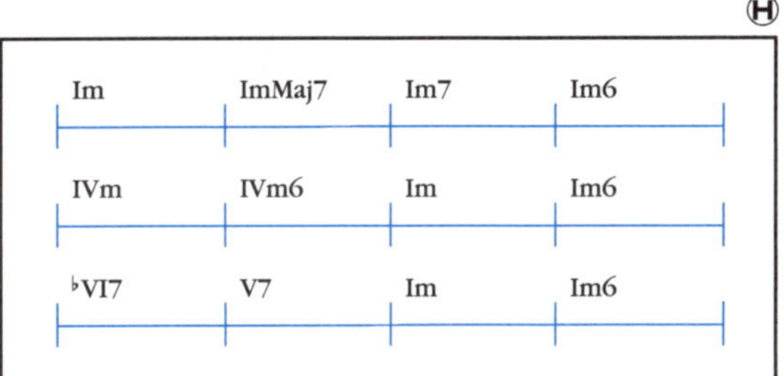

※ Ⓗ : 이 알파벳이 표기되어 있는 것은 같은 코드 진행입니다.

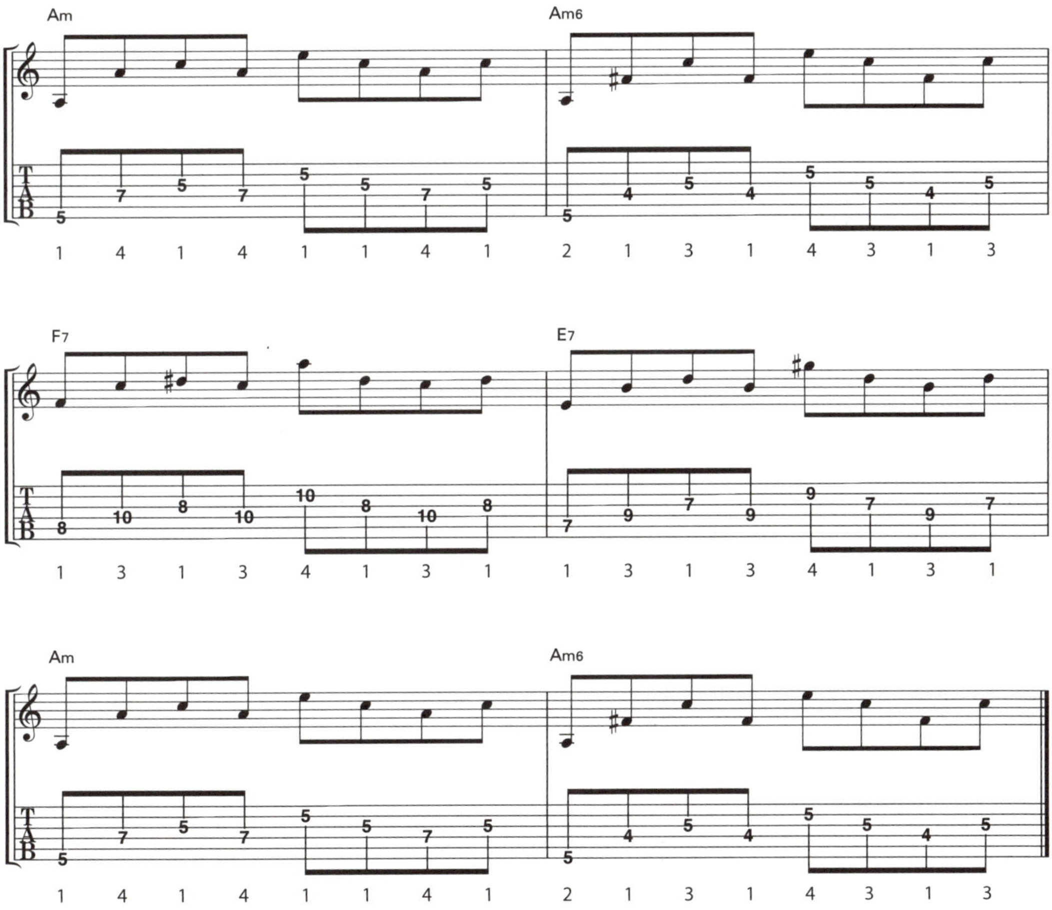

클리셰 진행에 사용되는 경우가 많은 두 개의 코드②

Key = **Em**

사용 코드 폼: **2, 4, 21, 27, 32, 33, 35**

이 스케일의 완성 포인트

앞 페이지 백킹 패턴의 Key가 다른 버전입니다. 이번에는 Em Key인데 5현 루트에서의 Em → EmMaj7 → Em7 → Em6 진행은 운지도 어렵고 손가락이 현에 낄 위험도 있습니다. 그나마 클리셰 진행은 아르페지오로 연주하는 경우가 많으므로, 코드 폼의 음 모두를 동시에 잡지 않고 연주하는(튕기는) 현부터 차례로 잡으면 쉽게 연주할 수 있을 것입니다. 레드 제플린의 『Stairway to Heaven』은 클리셰를 이용한 아르페지오 패턴을 들을 수 있는 대표적인 곡인데, 루트 음이 하행하고 탑 노트(코드 내의 최고음)가 상행하는 이중구

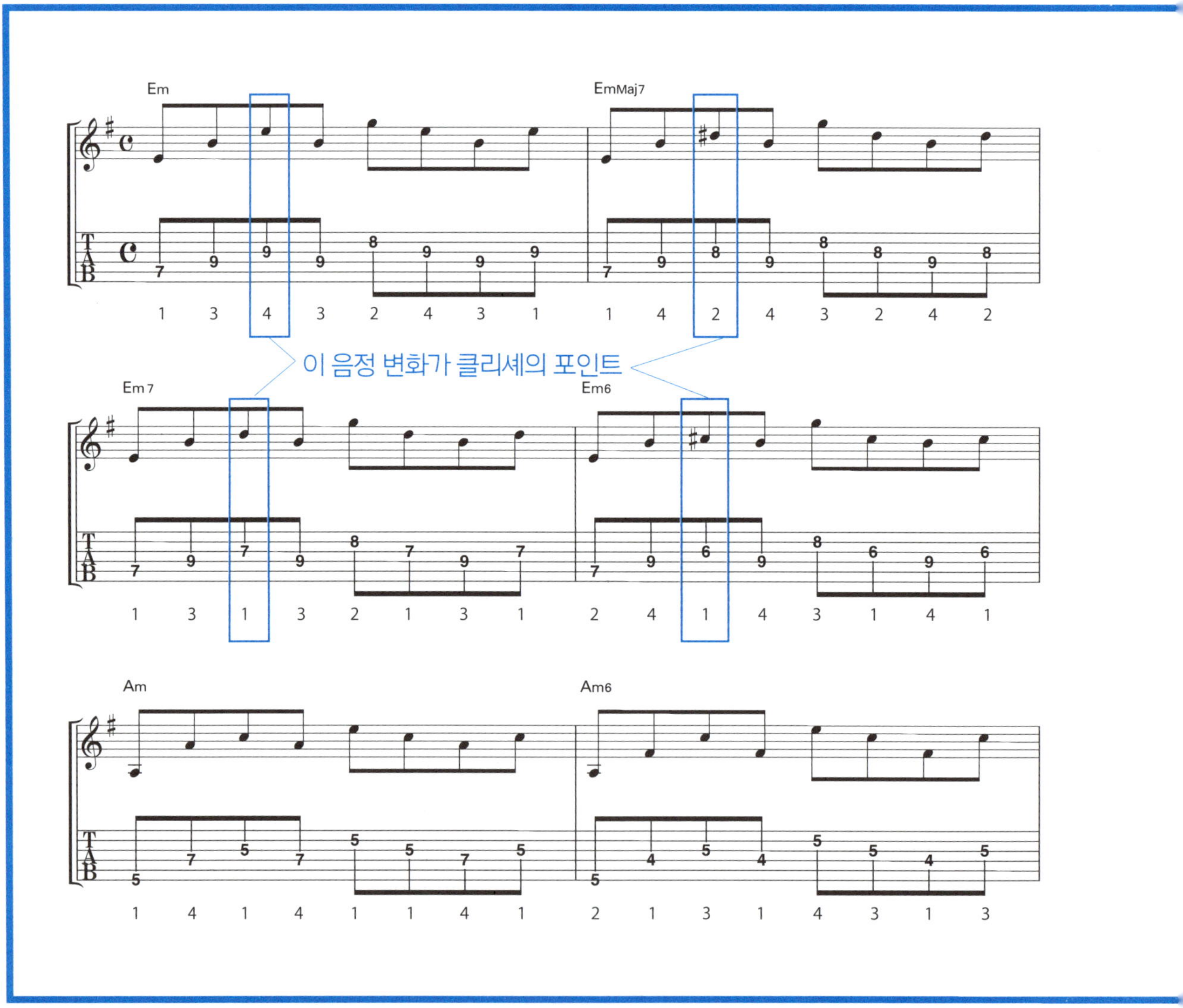

→ 블루스 진행 12마디로 익히는 코드 폼과 백킹 21

조의 백킹을 지미 페이지가 연주합니다. 매우 인상
적인 코드 백킹의 좋은 예이므로 아직 못 들어보신
분은 반드시 들어 보시기 바랍니다.

이 페이지에 등장하는 코드 진행의 패턴

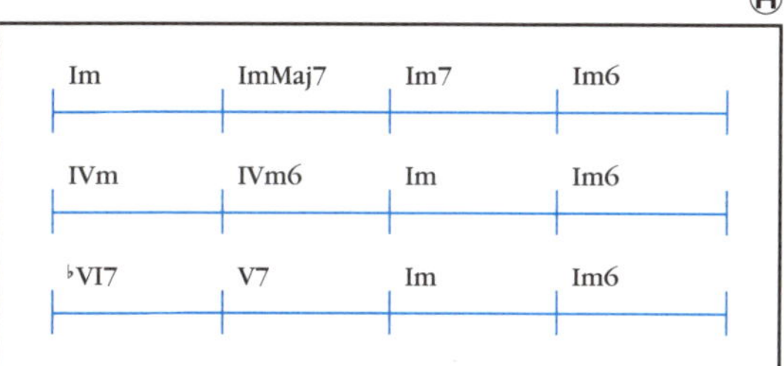

※ Ⓗ : 이 알파벳이 표기되어 있는 것은 같은 코드 진행입니다.

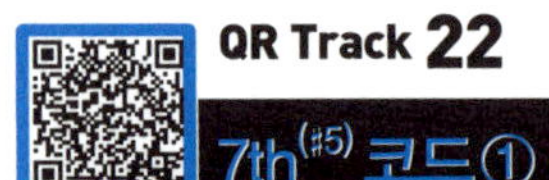

7th$^{(\#5)}$ 코드①

라틴 스타일의 리듬으로 연주하는 마이너 블루스

Key=**Am**   〔사용 코드 폼: 2※, 4, 22※, 25, 26, 27, 36, 37〕

이 스케일의 완성 포인트

라틴 스타일의 MR에 맞춰 Key=Am의 마이너 블루스 백킹을 연주합니다. 다운 피킹으로 시원시원하게 연주합시다. 이 백킹의 특징은 7th$^{(\#5)}$ 코드를 사용한다는 점인데, 이것은 재즈와 퓨전 계열의 곡에서 자주 볼 수 있는 코드로 코드 구성음의 5도가 반음 올라가 있으므로 위에 얹는 멜로디와 솔로 라인에 제약이 생기게 됩니다. 즉 "루트에 대해 완전 5도음은 치지 말 것!"과 같은 의미이므로 솔로 연주 시에는 스케일 상에 5도가 없는 얼터드 스케일 등(뒤에 설명할 얼터드 텐션을 포함한 스케일)으로 연주합시다.

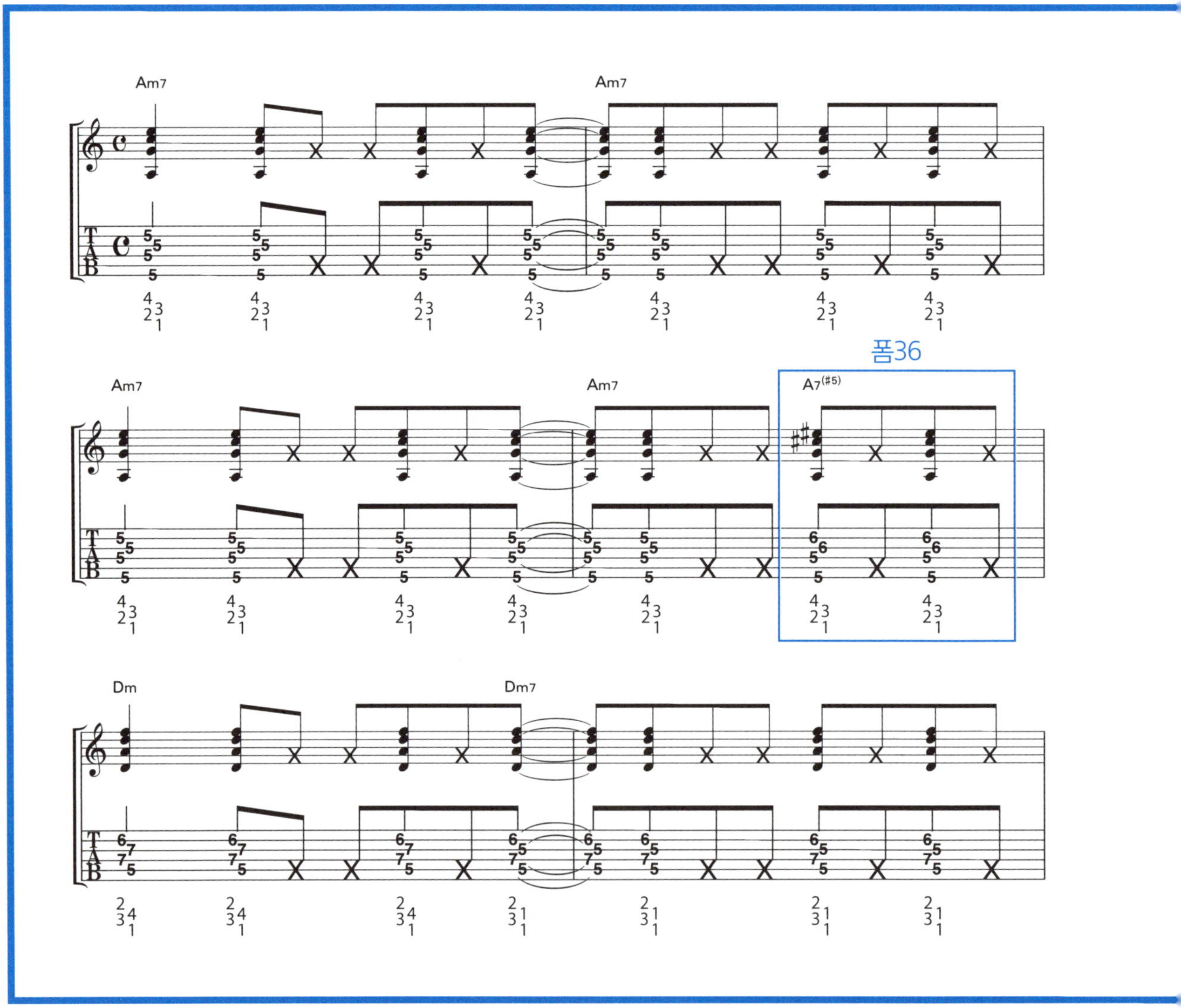

폼36

Am7 / Am7 / Am7 / Am7 / A7$^{(\#5)}$ / Dm / Dm7

※ 전개에 맞춰 기본 폼의 운지를 바꿨습니다.

이 페이지에 등장하는 코드 진행의 패턴

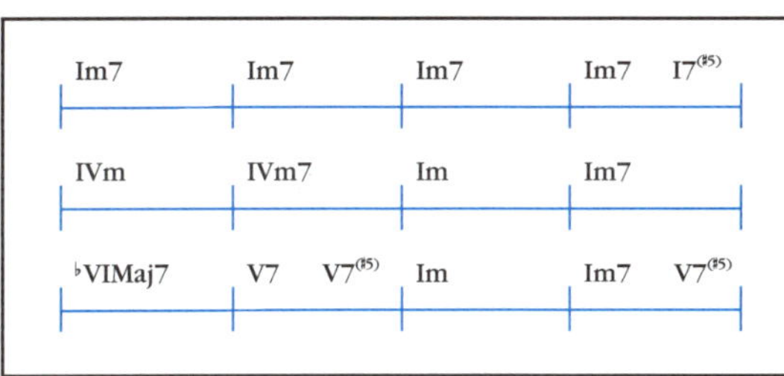

7th$^{(\#5)}$ 코드②

핑거 피킹으로 연주하는 보사노바 계열의 블루스

Key=**Em** 사용 코드 폼: 2※, 4, 20, 21, 22※, 27, 36, 37

이 스케일의 완성 포인트

보사노바 계열의 MR에 맞춰 Key=Em의 마이너 블루스를 연주합니다. 코드 진행은 앞 페이지와 같고 Key만 다른데, 기타 백킹은 보사노바의 전형적인 패턴을 연주합니다. 기본적으로는 핑거 피킹으로 베이스음(가장 낮은 음)은 엄지, 남은 손가락으로 위의 코드(3화음)를 피킹합니다. 엄지를 현에 대해 최대한 수평에 오도록 해서 엄지손가락 측면으로 피킹하면 두꺼운 베이스 음과 같은 음색을 얻을 수 있습니다. 악보 상에 2/2박자로 표기되는 경우가 많은 패턴이지만 다른 패턴과의 통일성을 고려해서 4/4박자로 표기했습니다.

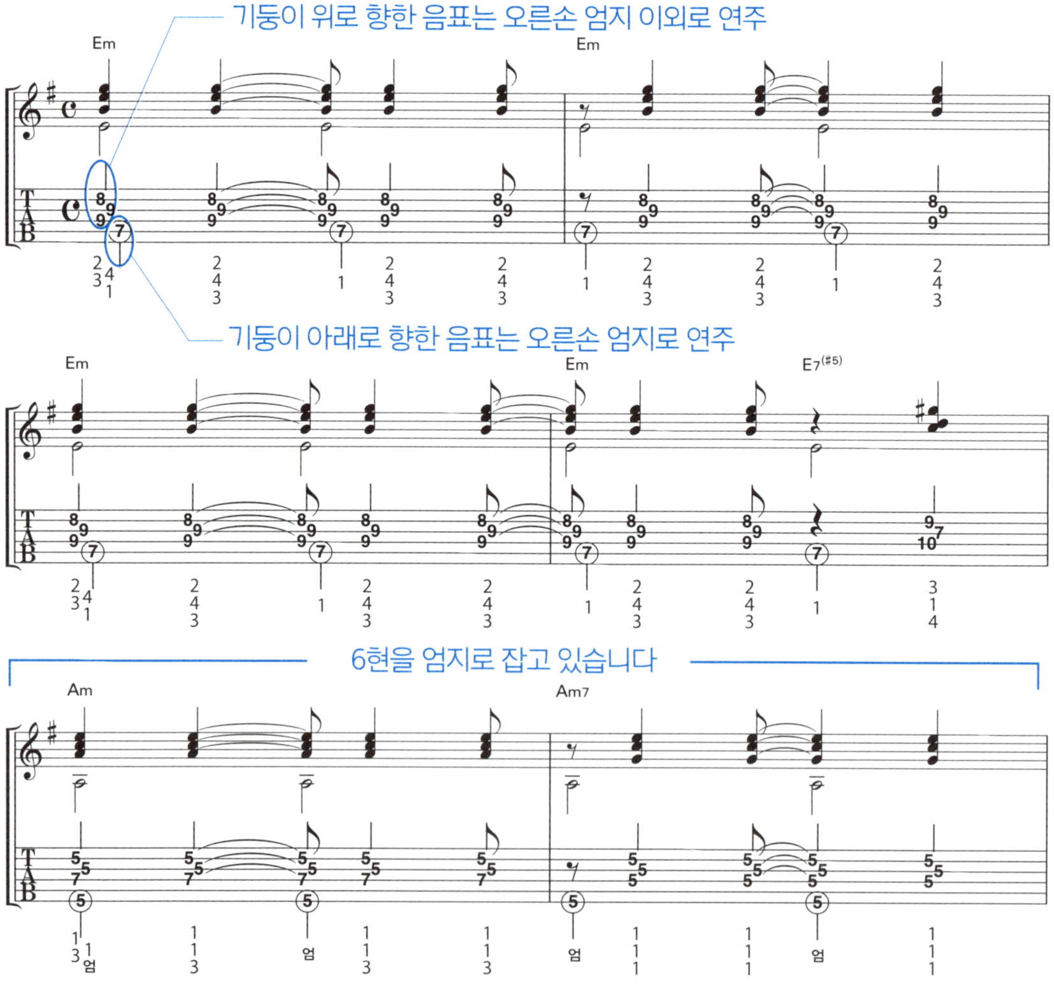

※ 전개에 맞춰 기본 폼의 운지를 바꿨습니다.

이 페이지에 등장하는 코드 진행의 패턴

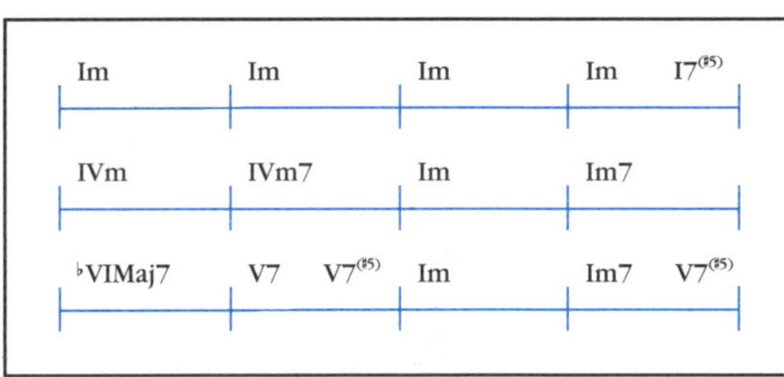

제3장의 제목인 "가이드 톤"을 쉽게 설명하면 "코드 구성음 중에서 특히 중요한 음"입니다. "그럼 중요하지 않은 음도 있냐?"는 질문이 빗발칠 것 같은데, 코드 구성음에는 우선순위가 있습니다. 우선순위가 높은음은 3rd와 7th인데 이 2개가 코드의 성격을 결정하는 음이기 때문입니다.

3rd가 단3도냐 장3도냐에 따라 마이너 코드인지 메이저 코드인지가 결정되고, 7th가 장7도인지 단7도인지에 따라 메이저 세븐스 코드인지 도미넌트 세븐스 코드인지가 결정됩니다. 즉 반대로 말하면 코드의 대략적인 성격을 결정하기 위해서는 가이드 톤만 있으면 충분하다는 것인데, 이와 같은 이유를 근거로 "루트와 가이드 톤"만으로 이루어진 보이싱(화음구성)도 코드 워크에 있어서 자주 사용됩니다.

예를 들어 6현에 루트를 두고 가이드 톤인 3rd와 7th만을 추가한 보이싱(화음을 쌓는 순서)으로 메이저 세븐스 코드를 치는 경우에는 아래의 2개의 운지가 일반적입니다. 루트가 C음인 CMaj7인 경우 가이드 톤은 E음(3rd), B음(7th)입니다.

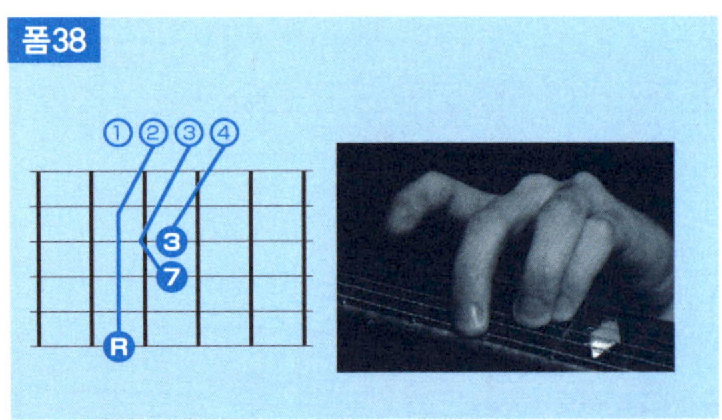

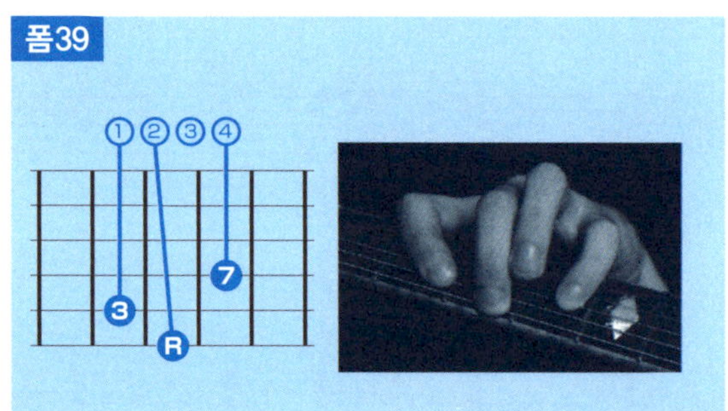

5현에 루트를 두는 메이저 세븐스의 경우는 아래 2개와 같은 운지가 됩니다.

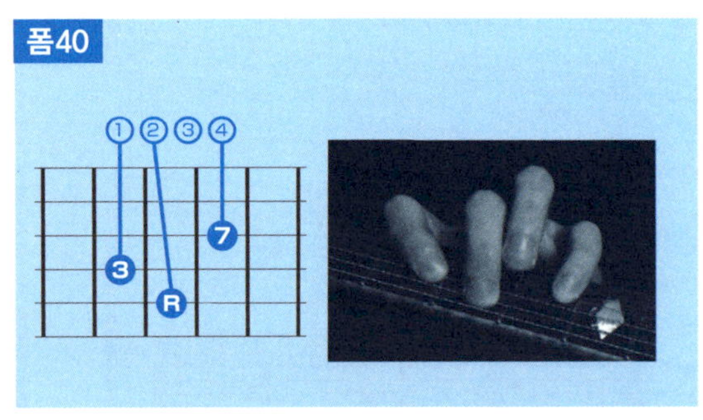

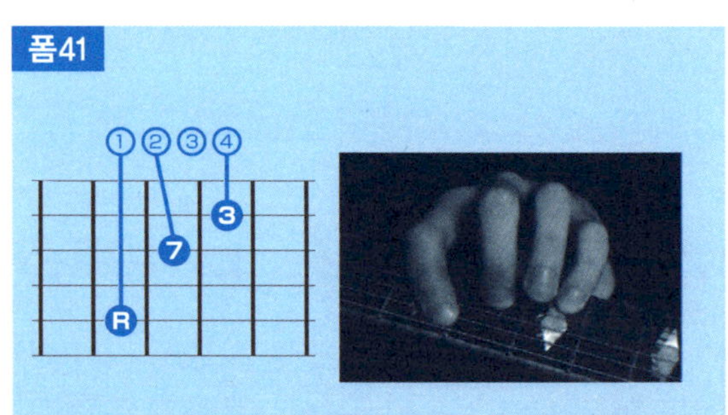

제1장~제2장까지 예에 이어, 왼쪽 페이지의 루트 +가이드 톤 2음의 보이싱 폼을 기반으로 다른 종 류의 코드를 만들어 봅시다.

※코드네임은 모두 루트가 C음인 경우입니다.

6현 루트+4~3현으로 가이드 톤을 연주하는 폼의 바리에이션

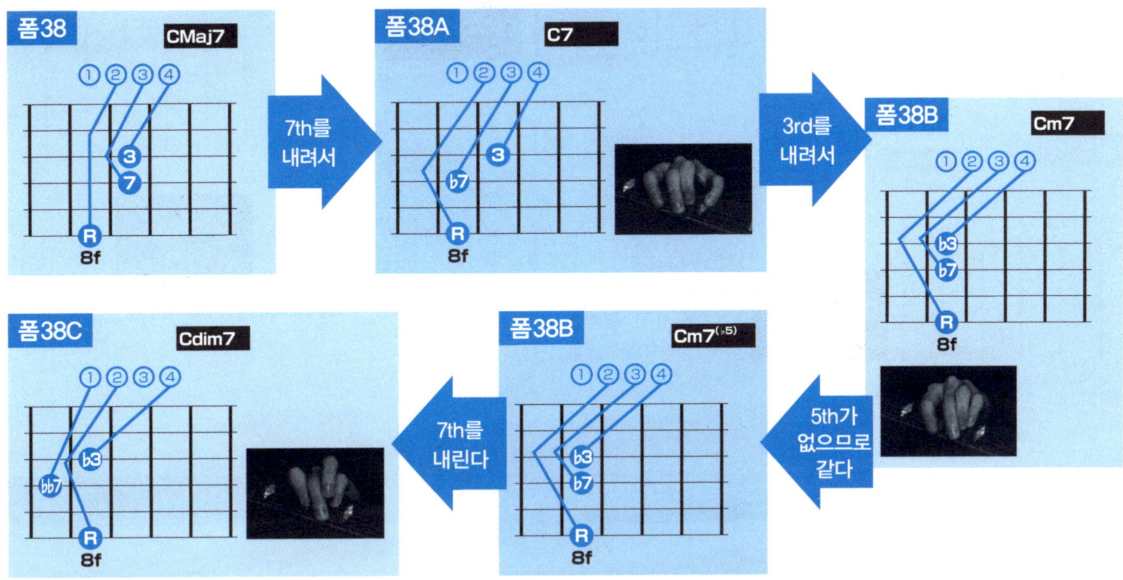

6현 루트+5~4현으로 가이드 톤을 연주하는 폼의 바리에이션

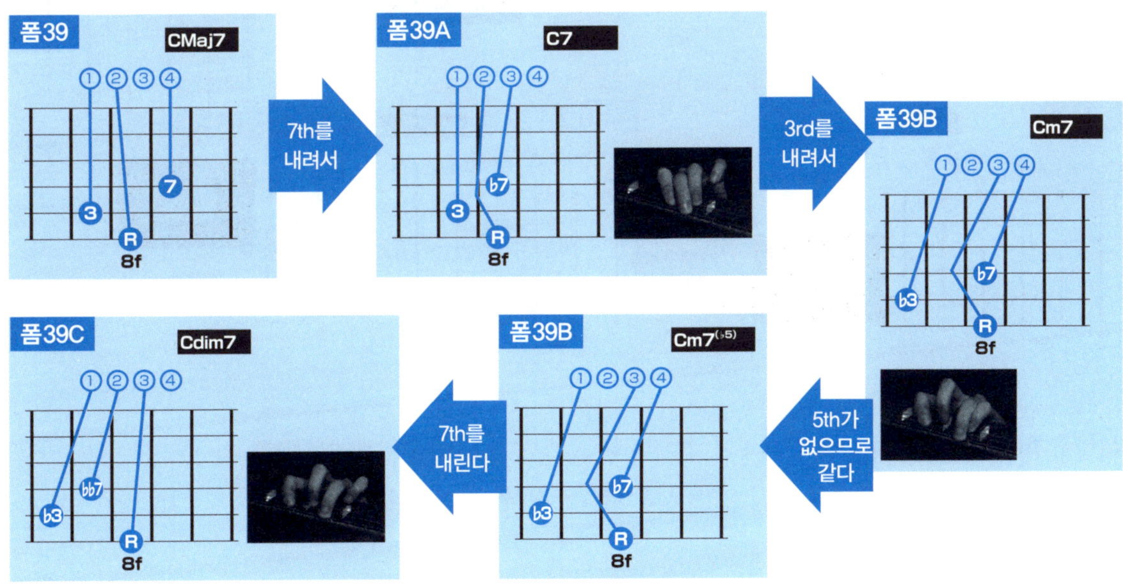

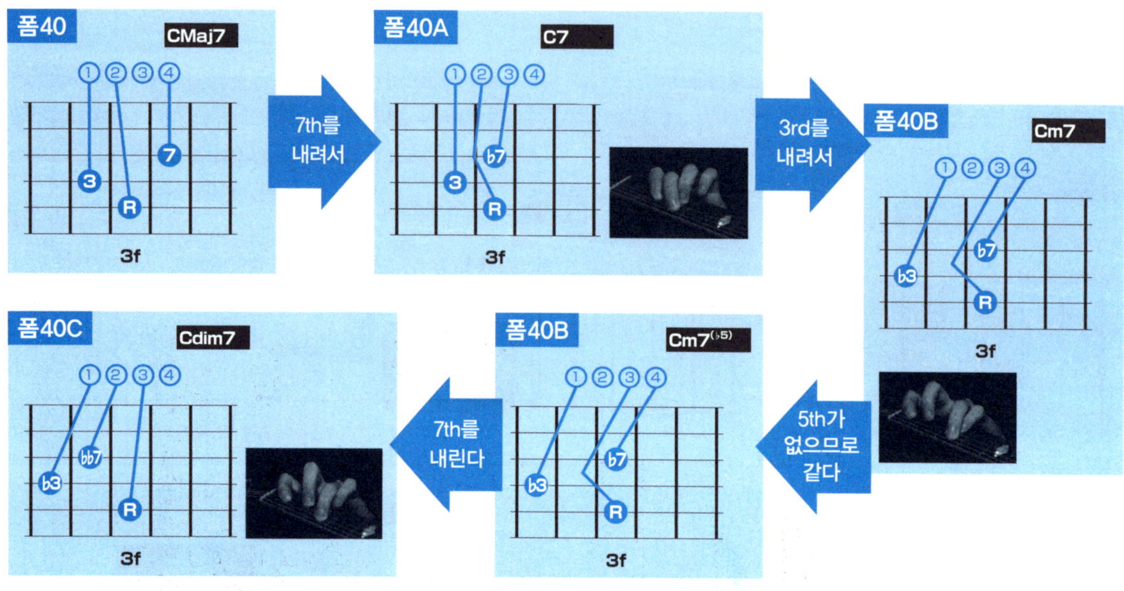

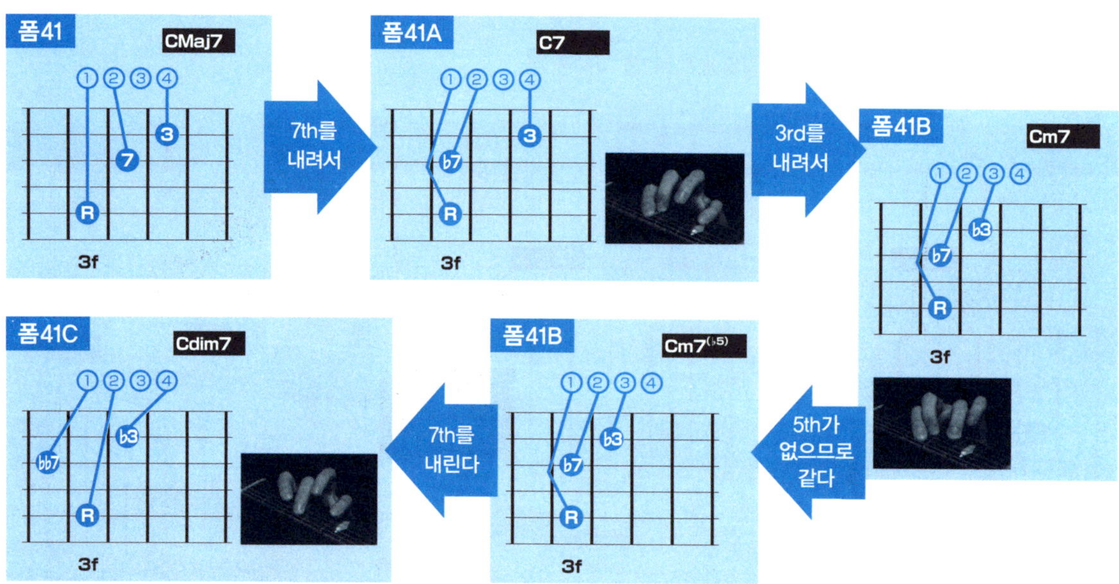

이상이 7th 코드 계열에 관한 루트+가이드 톤 폼입니다. 앞서 설명한 7th 계열 폼을 기반으로 6th 코드, mMaj7 코드의 루트+가이드 톤 폼도 만들어 봅시다(77~78p).

Maj7th→6th로(장7도를 장6도로) 루트+가이드 톤 폼

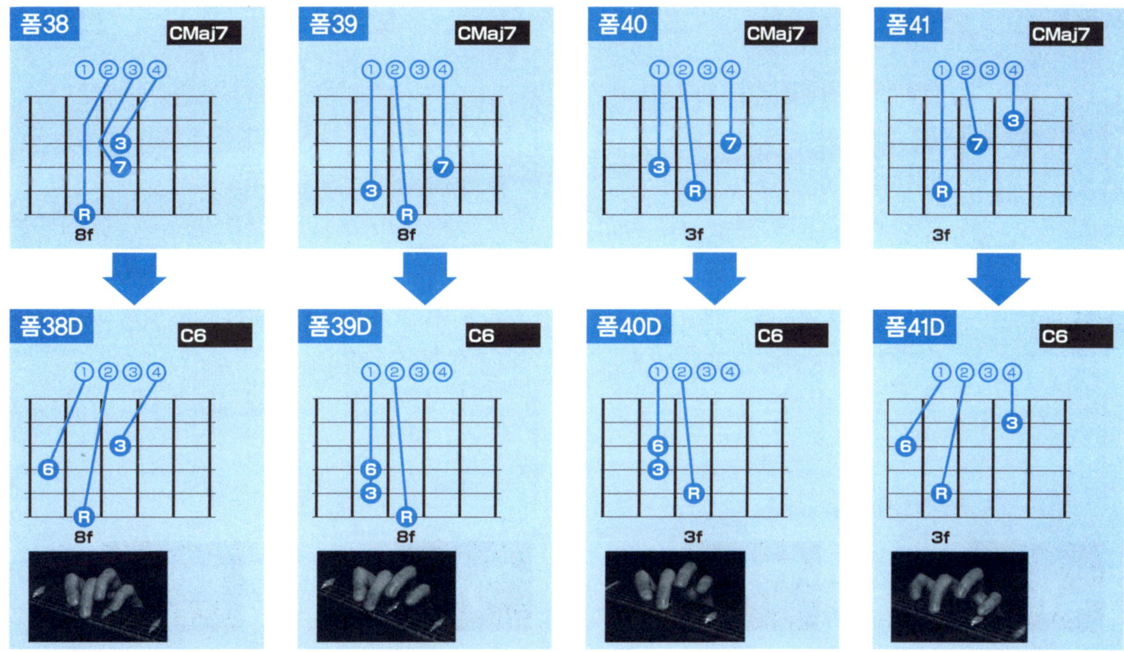

m7th→m6th로(단7도를 장6도로) 루트+가이드 톤 폼

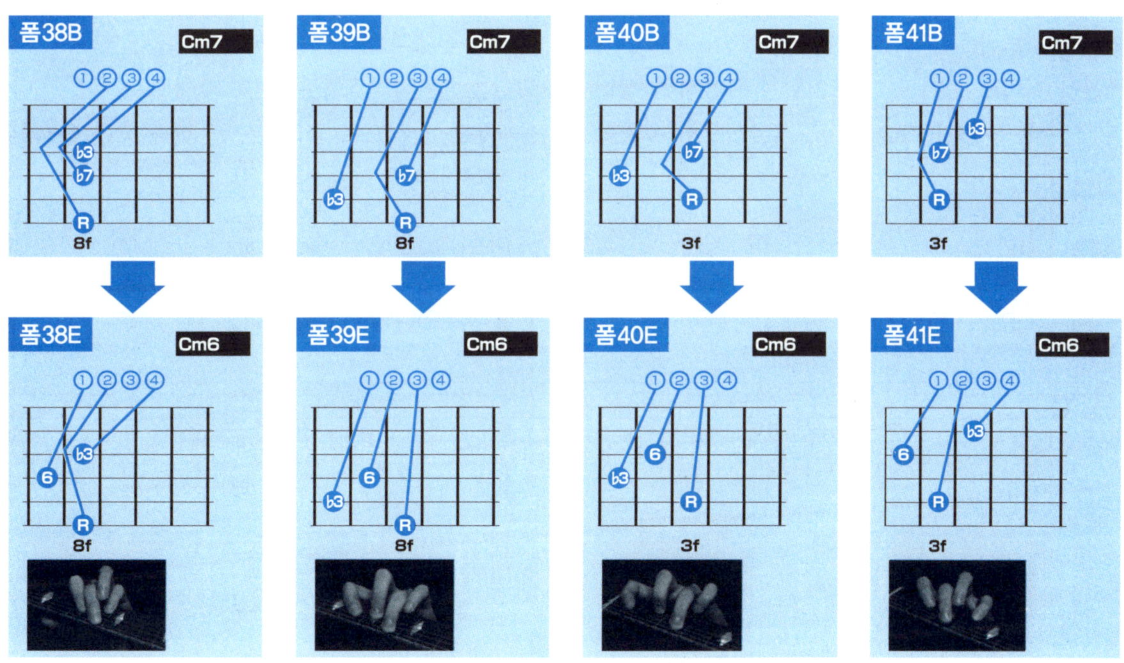

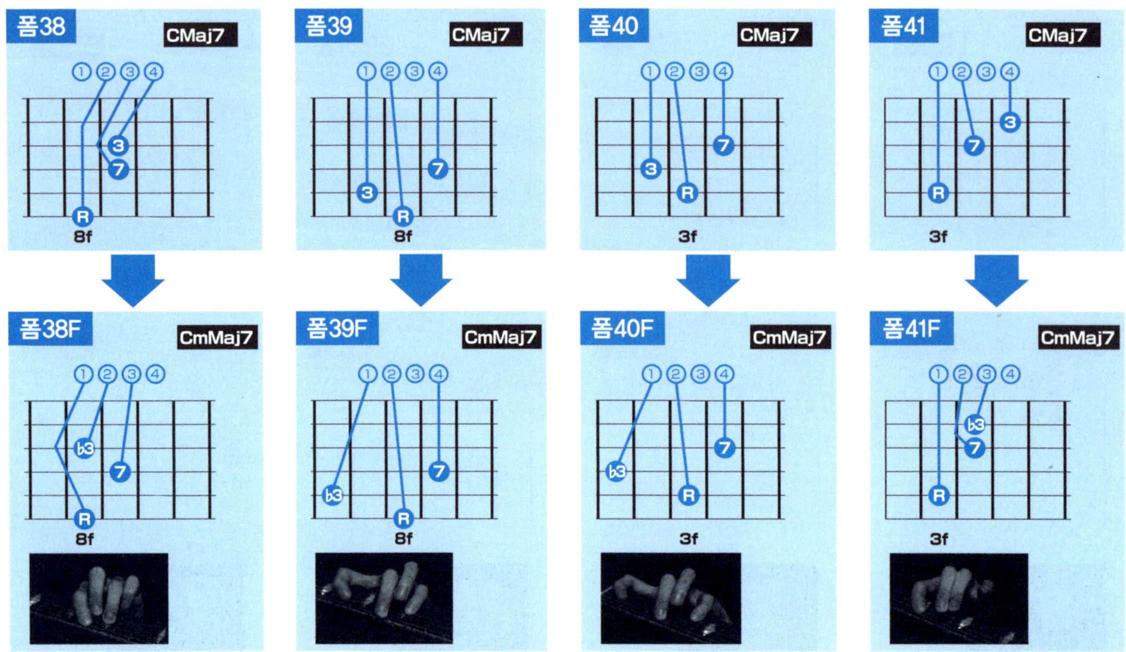

가이드 톤 폼의 연주 예

가이드 톤을 4~3현 폼으로 통일하면 연주가 편해진다

6현이 루트건 5현이 루트건 간에 상관없이 4현과 3현에 가이드 톤이 있는 보이싱을 사용하면 정리된 느낌의 연주가 가능하므로 적극적으로 활용합시다.

블루스 진행의 I7 – IV7 – V7 등의 진행에서 이 보이싱을 선택하면 3현과 4현의 가이드 톤 부분이 반음~온음 간격으로 슬라이드한 것과 같은 움직임이 됩니다(아래 악보 참조).

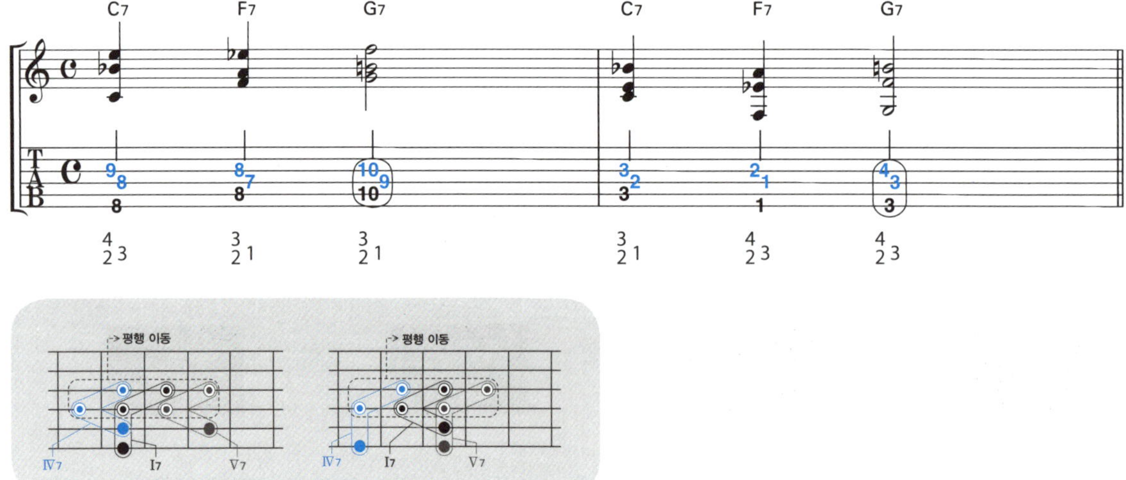

재즈와 블루스의 턴 어라운드에도 자주 사용되는 보이싱

루트+가이드 톤의 3음에 의한 보이싱은 특히 스윙 재즈와 블루스에서 자주 볼 수 있는데 퍼커션과 같은 느낌으로 박자를 또박또박 연주하는 경우에 많이 사용됩니다.

턴 어라운드(블루스 진행 마지막 부분)에도 자주 사용되는 원 식스 투 파이브(다이아토닉 코드의 IMaj7 – VIm7 – IIm7 – V7) 진행으로 연주하면 아래와 같은 진행이 됩니다.

루트+가이드 톤은 텐션 사운드와 궁합이 잘 맞는다

코드 톤이 정리되어 있어서 깔끔하게 들리기 때문에 이펙터를 사용해서 연주하는 경우가 많은 하드록이나 헤비메탈 백킹 등에도 자주 사용되곤 합니다(아래 악보 예).

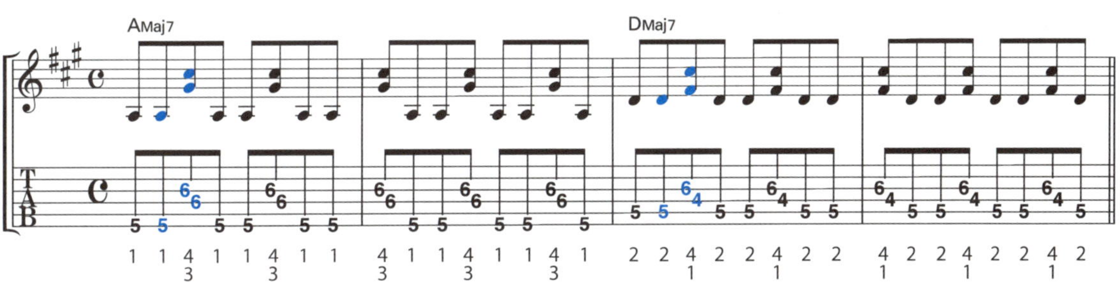

보이싱을 마스터하는 비결!

다양한 보이싱을 창의적으로 생각하는 힘을 기르기 위한 최고의 방법은 바로 "다이어그램을 보지 않는 것!"입니다. 만약 코드 잡는 법을 잊어버려도 7도나 3도를 내려서 다른 폼이나 코드 구성음을 차근차근 떠올려 보시기 바랍니다. 이와 같은 패턴을 반복하면 코드 잡는 법을 익히는 것이 빨라질 뿐만 아니라 코드의 구조 자체를 정확하게 이해할 수 있게 되어 "금방 까먹는 통 암기"에 그치지 않게 됩니다.

3장에서는 6~5현에 루트를 두고 그 위에 가이드 톤만을 추가한 다양한 코드 만드는 법을 소개합니다. 이번에는 기타 연주에 있어서 비교적 잡기 쉬운 일반적인 폼 들만 엄선해서 수록했는데, 이것을 기반으로 스스로 응용하고 생각해 보면 이 외의 다양한 폼을 만들 수 있게 될 것입니다. 꼭 도전해 보시기 바랍니다.

루트+가이드 톤①

3성 보이싱으로 연주하는 스윙 계열의 재즈 블루스

Key=**A**   사용 코드 폼: 38A, 38B, 40A, 40B, 40C

이 스케일의 완성 포인트

Key=A의 스윙 리듬의 재즈 블루스 진행으로 이번에는 루트+가이드 톤의 3성 보이싱으로 각 코드로 연주합니다. 3음만 잡고 그 외의 현은 왼손가락을 대서 뮤트합니다. 템포가 조금 빠른 트랙이므로 피킹이 쳐지지 않도록 주의가 필요합니다.

2, 4박에서 1, 3박보다 손목을 더 빨리 움직여서 타악기 같으면서 분명하고 날카로운 톤을 만들어 연주하면 완벽한 스윙감을 표현할 수 있을 것입니다. 추천하는 참고 기타리스트는 프레디 그린인데, 빅 밴드에서의 정확한 리듬 연주는 그를 "빅 밴드 기타의 선구자"의 대열에 올려놓았습니다.

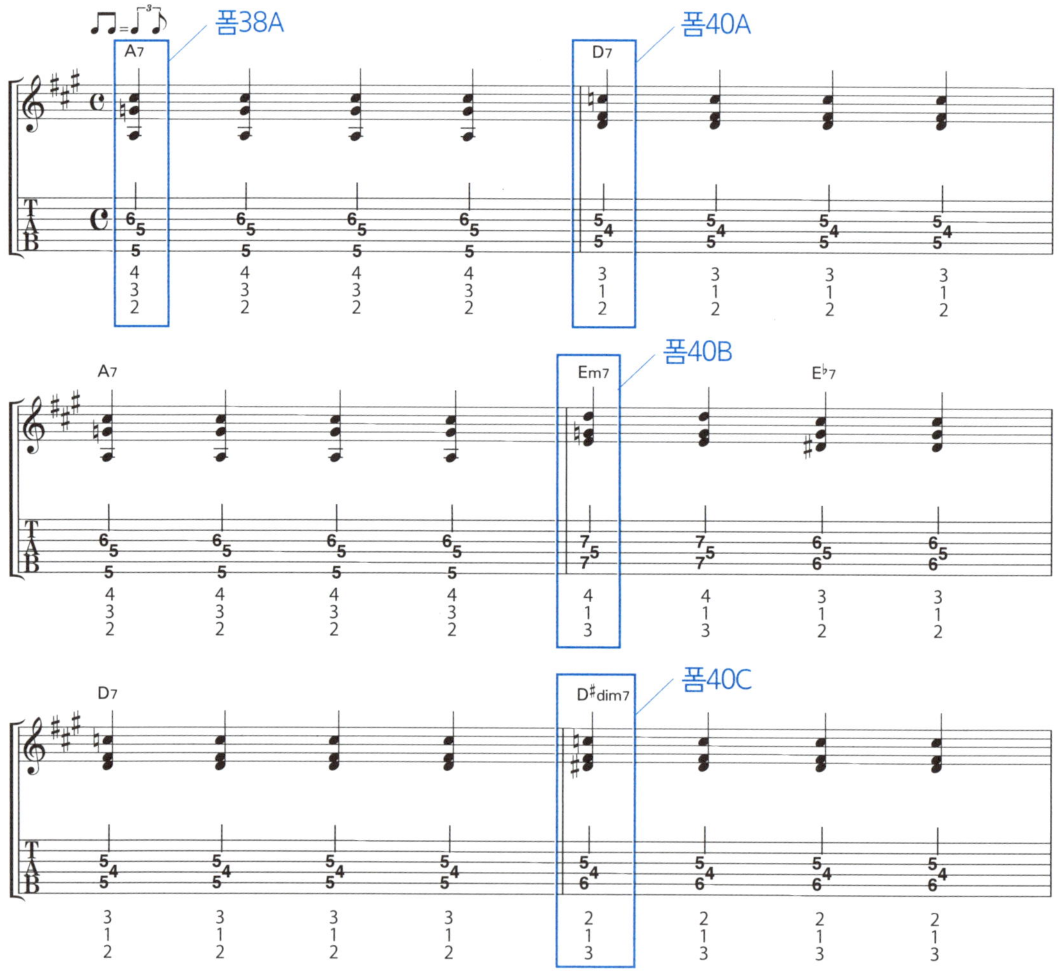

→ 블루스 진행 12마디로 익히는 코드 폼과 백킹 24

이 페이지에 등장하는 코드 진행의 패턴

I7	IV7	I7	Vm7 ♭V7
IV7	♯IVdim7	I7	IIIm7 ♭III7
IIm7	♭II7	I7 VI7	IIm7 V7

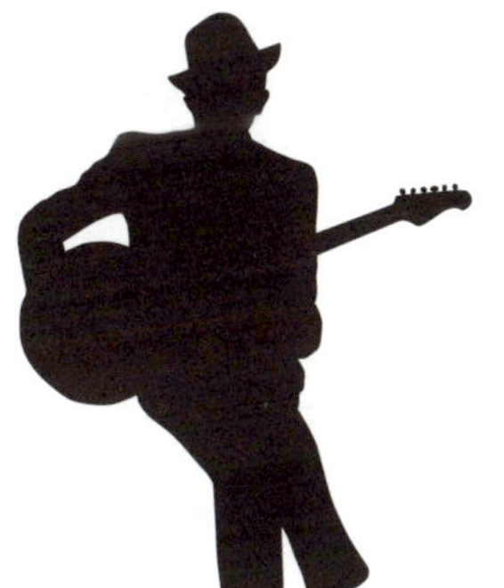

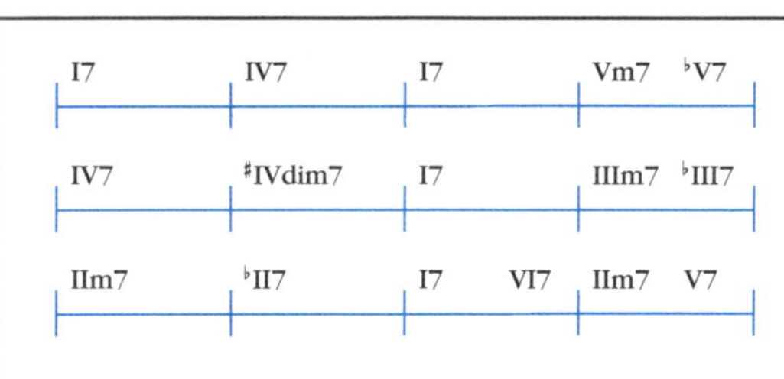

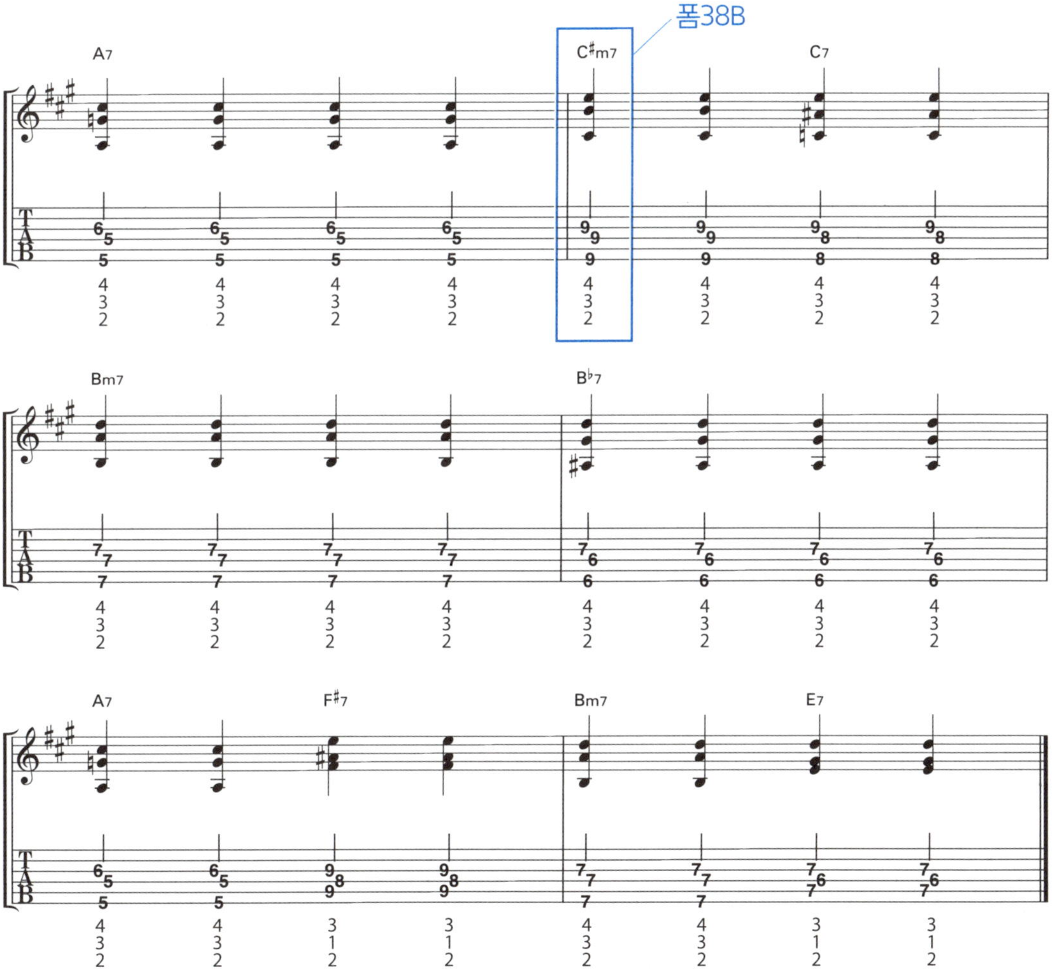

폼38B
A7
C♯m7
C7
Bm7
B♭7
A7
F♯7
Bm7
E7

루트+가이드 톤②

3성 보이싱으로 연주하는 변형 메이저 블루스

Key=**E** 〈사용 코드 폼: 38, 38A, 38B, 40, 40A, 40B〉

이 스케일의 완성 포인트

Key=E의 변형 메이저 블루스입니다. 리듬은 앞의 패턴과 마찬가지로 스윙이고 코드 진행은 메이저 블루스를 기반으로 편곡을 추가해서 팝적인 느낌이 듭니다. 6마디의 Am7(IVm7)은 서브 도미넌트 마이너라고 불리는 기능을 가진 코드인데 앞서 살펴본 메이저 블루스 패턴에도 몇 번 등장한 적 있는 인상적인 코드입니다. 이것은 메이저 키에 마이너 키에서 차용한 코드를 사용한 것인데, 독특한 마이너적인 느낌과 함께 토닉으로 돌아가는 것을 돕는 기능을 가지고 있습니다. 더 이상의 이론적인 설명은 생략하도록 하고, 이 코드상에서 솔로나 멜

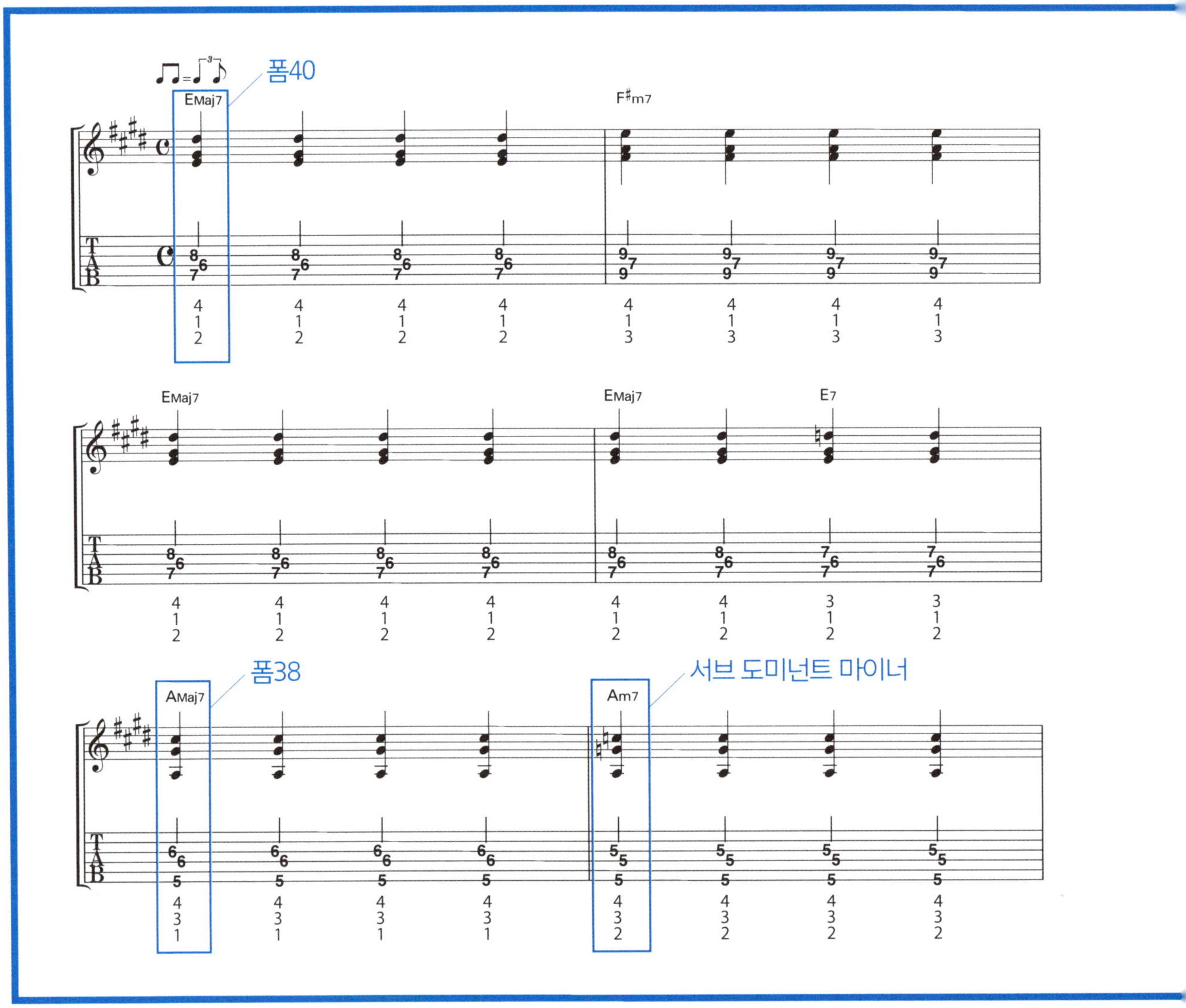

→ 블루스 진행 12마디로 익히는 코드 폼과 백킹 25

로디를 연주할 때는 도리안 스케일을 사용한다는 것만은 꼭 기억해 두시기 바랍니다.

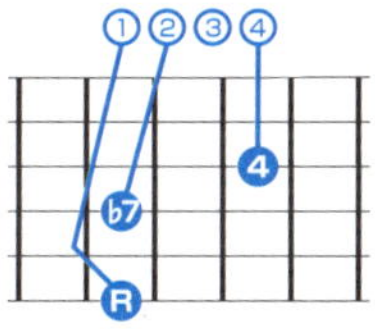

코드 표기

□7sus4

턴 어라운드(12마디)에서 도미넌트 세븐스 코드를 sus4로 바꾼 □7sus4가 등장합니다. 참고로, 이론상 메이저 세븐스 코드를 sus4로는 바꿀 수 없으므로 ○Maj7sus4와 같은 코드는 존재하지 않습니다.

이 페이지에 등장하는 코드 진행의 패턴

IMaj7	IIm7	IMaj7	IMaj7 I7
IVMaj7	IVm7	IIIm7	VI7
IIm7	V7	IMaj7	V7sus4 V7

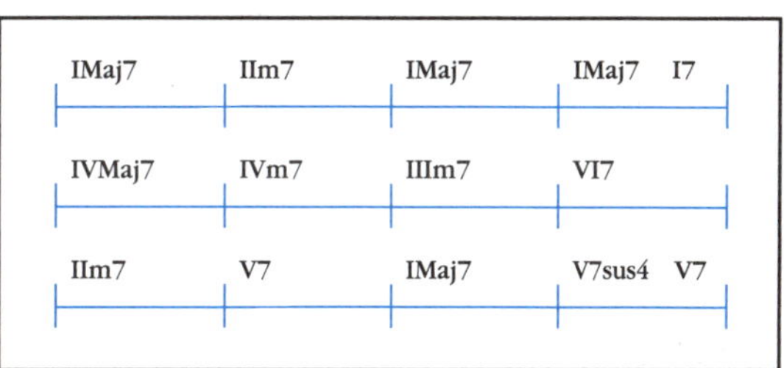

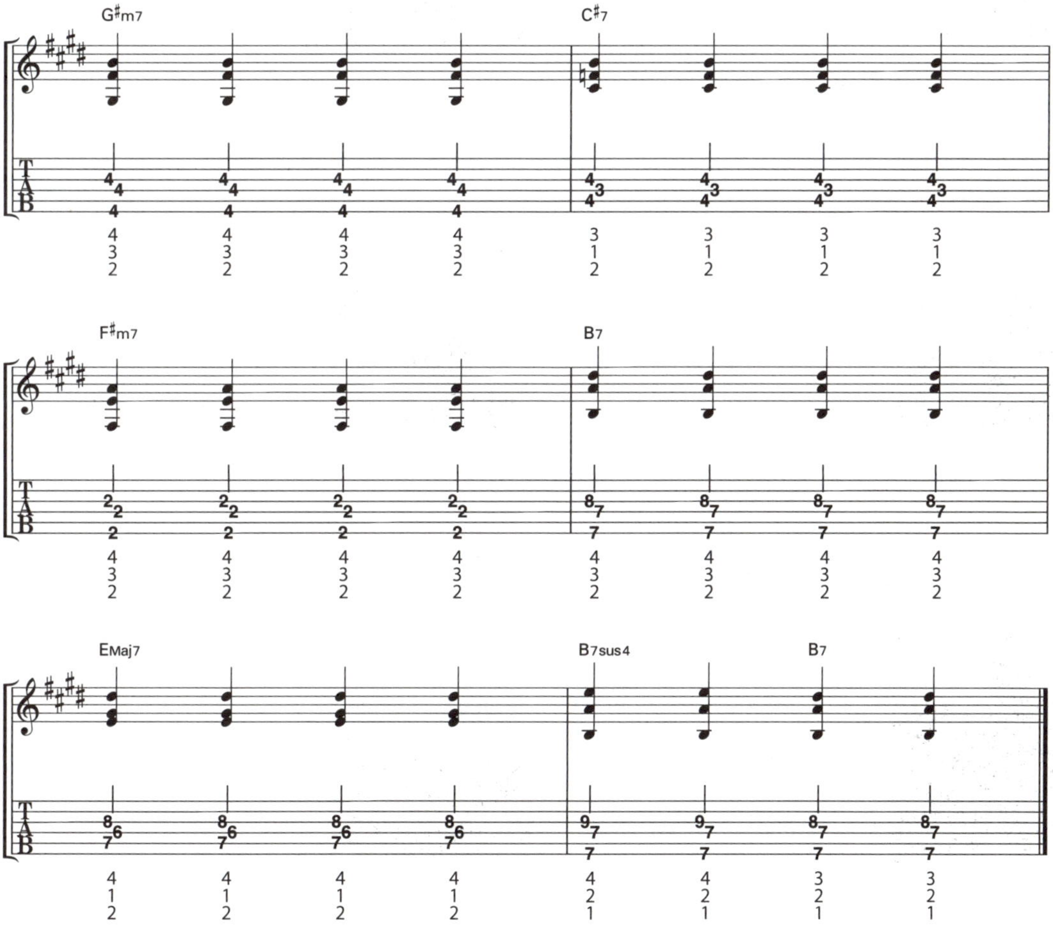

멋지고 세련된 코드 연주와 백킹을 익히기 위해 들어야 할 6장의 앨범

Tuck & Patti 턱 앤 패티
『Chocolate Moment』

항상 탑 노트가 컨트롤 된 아름다운 코드 백킹으로 보컬인 패티를 받쳐주는 턱 앤드레스의 연주. 보컬과의 듀오 편성이므로 기타 연주도 잘 들리기 때문에 강력추천!

Albert King & Stevie Ray Vaughan 알버트 킹/스티비 레이 본
『In Session』

이 앨범은 알버트 킹과 스티비 레이 본이라는 명 블루스 기타리스트 두 명의 멋진 연주를 수록한 CD로 다양한 스타일의 블루스 백킹을 들을 수 있습니다.

Robben Ford 로벤 포드
『Keep On Running』

음악적으로는 일관되게 "블루스"…… 지만 역시 로벤 포드. 그만의 범상치 않은 프로급 기타 연주와 편곡에 의한 다양한 곡들이 수록되어 있습니다.

Chic 칙
『The Very Best Of Chic』

코드 컷팅의 명수라고 하면 나일 로저스. 칙 시절의 연주가 수록된 이 앨범에서도 텐션을 잘 사용한 "세련된 컷팅"의 좋은 본보기를 들을 수 있습니다.

Joe Pass with Herb Ellis 조 패스/허브 앨리스
『Joe's Blues』

두 재즈 기타 명인의 연주를 함께 들을 수 있는 명반. 그들이 각자 백킹을 시작으로 멜로디 & 솔로로 자유자재로 연주를 바꿔 가는 모습은 그야말로 신의 경지! 당신의 "백킹"의 개념을 재정립해 줄 것입니다.

T-Bone Walker 티 본 워커
『Very Rare』

말년의 앨범으로 그의 전성기 시절과 같은 기타 연주를 들을 수 있는 것은 아니지만 멋진 혼 섹션과 멜로디적인 백킹이 참고가 될 것입니다. 명곡 『Stormy Monday』도 수록되어 있습니다.

제4장에서는 탑 노트 보이싱에 관해 마스터 하도록 합니다.

앞장까지는 코드를 만드는 기본적인 방법이 "코드를 구성하는 음 중에서 루트를 가장 낮은 위치에 두고 코드를 만들어 가는 방법"이었는데 탑 노트 보이싱은 "코드 구성음 중 가장 높은 음을 기준으로 코드 보이싱을 만드는" 방법입니다. 탑 노트(최고음)는 복수의 음을 이용해서 코드를 쳤을 때 울리는 음 중에서 가장 귀에 잘 들리기 때문에, 이 탑 노트를 컨트롤하면서 보이싱하는 방법을 마스터하면 더욱 멜로디컬한 코드 연주가 가능해질 것입니다.

크로스 보이싱과 오픈 보이싱

탑 노트 보이싱을 살펴보기에 앞서 알아 두어야 할 지식으로 클로즈 보이싱과 오픈 보이싱이 있습니다. 클로스 보이싱은 코드의 구성음 모두가 1옥타브 범위 내에 가깝게 배치된 것이고, 1옥타브 이상의 넓은 음역에 걸쳐 구성음이 배치된 것을 오픈 보이싱이라고 합니다.

크로스 보이싱

예를 들어 C 메이저 코드를 3성으로 연주하는 경우, 아래의 악보와 같은 보이싱이 가능합니다.

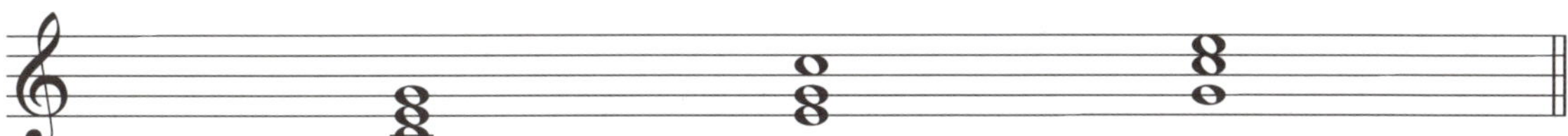

왼쪽에 있는 것은 루트가 가장 낮은 음으로 되어 있는 보이싱인데 이것이 "기본형"입니다.

이에 대해 두, 세 번째와 같이 구성음의 장3도와 완전5도음이 가장 낮은 음으로 되어 있는 보이싱을 "전위형"이라고 합니다(영어로는 inversion). 전위형은 각각의 탑 노트도 바뀐다는 점에 주목하시기 바랍니다.

클로스 보이싱에서는 이 전위를 이용해서 탑 노트를 컨트롤합니다. 코드를 전위한 경우, 울림 자체는 바뀌지만, 코드의 기능은 그대로 유지됩니다. 위의 악보의 3개의 보이싱을 기타로 연주하면 다음과 같습니다.

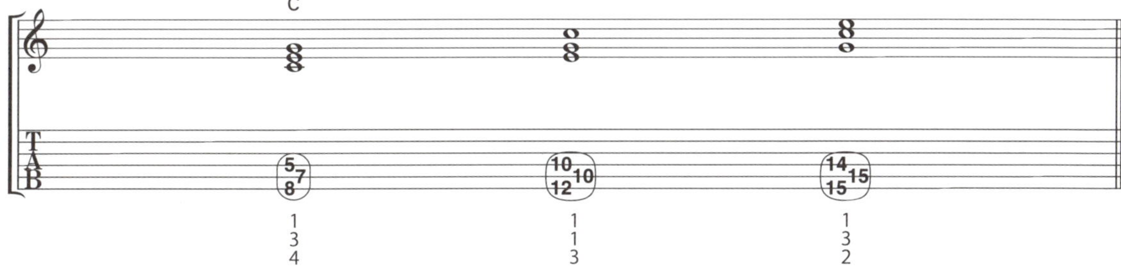

또 제1장에서 살펴본 것처럼 3도와 5도음을 바꿔서 다른 코드(Cm, Cdim)를 만들어 봅시다.

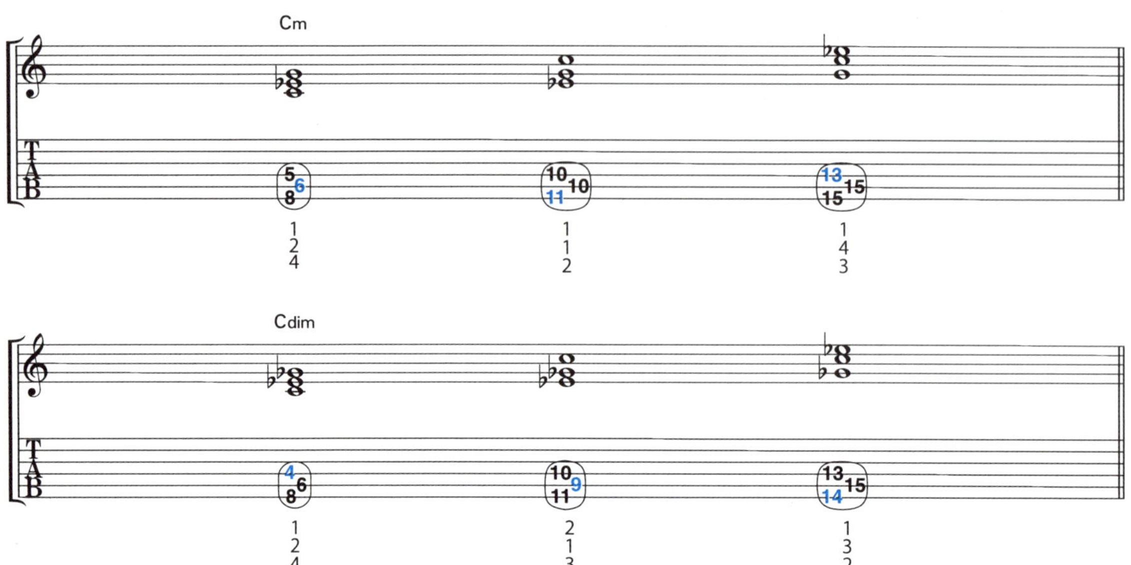

그럼 C메이저 코드의 각 보이싱을 포지션별로 연주해 봅시다.

우선 6, 5, 4현에서 연주할 수 있는 폼을 잡은 후, 각각 같은 포지션(5프렛 전후의 범위 내)으로 "저음현 쪽의 음을 생략 & 고음현 쪽에 생략한 음을 추가"하는 형태로 전위해 가면서 익히면 좋을 것입니다. C메이저 코드(3음)를 예로 살펴보면 아래의 악보와 같습니다.

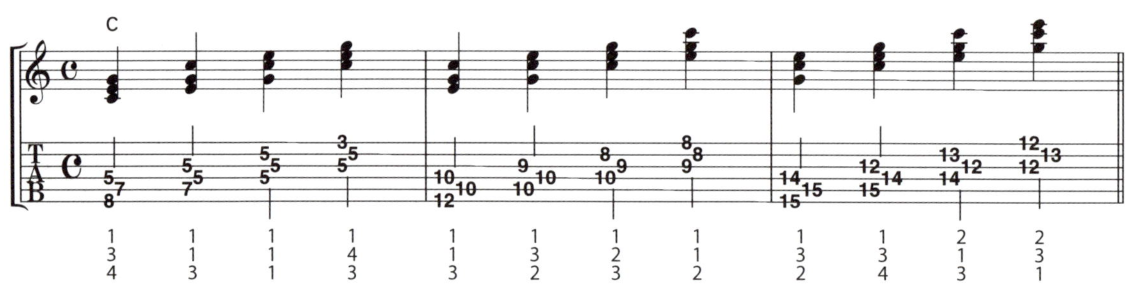

전위할 때마다 탑 노트가 바뀌기 때문에 각 폼에서 어떤 음이 탑 노트인지 충분히 이해하고 정리해 두면 다루기가 쉬워질 것입니다. 참고로 아래의 악보와 같이 한 개의 보이싱도 각 현 중 어느 곳에 탑 노트를 두느냐에 따라(코드의 옥타브만 다른 형태는 무시한다 치고) 4개의 운지 패턴이 있습니다.

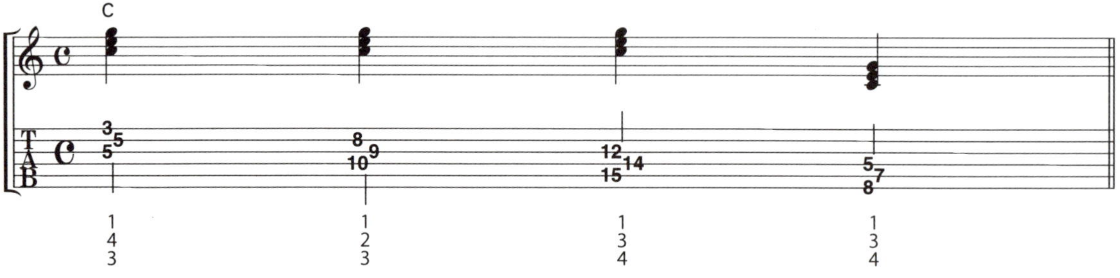

연주를 하다 보면 멜로디 라인과 기타 백킹의 탑 노트가 중복돼서 방해하는 경우가 있는데 탑 노트 보이싱에 대한 지식이 있다면 이와 같은 상황을 피할 수 있게 됩니다.

예를 들어 아래와 같은 멜로디에 붙이는 단순한 코드 백킹을 생각해 봅시다.

이때 아래와 같은 보이싱으로 백킹하면 멜로디와 백킹의 탑 노트가 중복되어 버리기 때문에(악보의 파란 부분) 음이 필요 이상으로 강조되는 경우가 생깁니다.

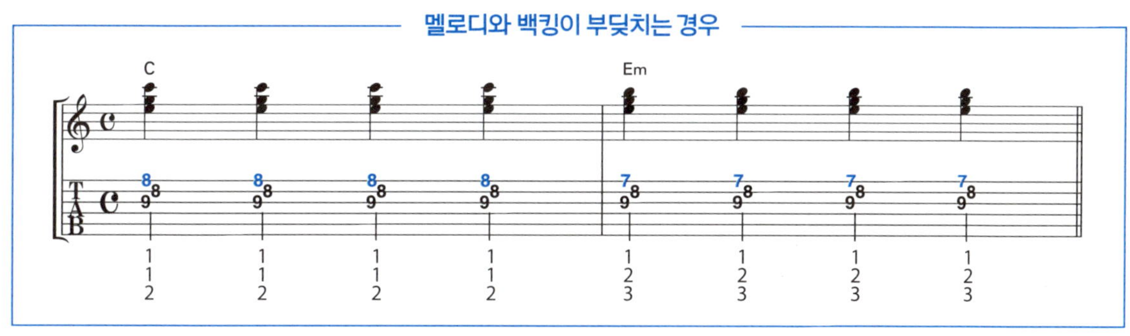

이 경우 아래와 같은 보이싱을 선택하면 "음의 중복"을 피할 수 있습니다.

하지만 보컬리스트가 "첫 음 잡기가 너무 힘들다!"고 하는 경우에는 멜로디 첫 음의 가이드를 제시하는 차원에서 일부러 멜로디 음을 탑 노트로 한 보이싱으로 코드를 치기도 합니다. 이와 같은 순발력을 라이브나 레코딩 현장에서 발휘할 수 있다면 많은 도움이 될 것입니다.

클로스 보이싱을 이용한 4노트의 코드를 살펴봅시다. 예를 들어 CMaj7을 클로스 보이싱 4성으로 연주하는 경우 아래의 악보와 같은 4개의 보이싱이 가능합니다.

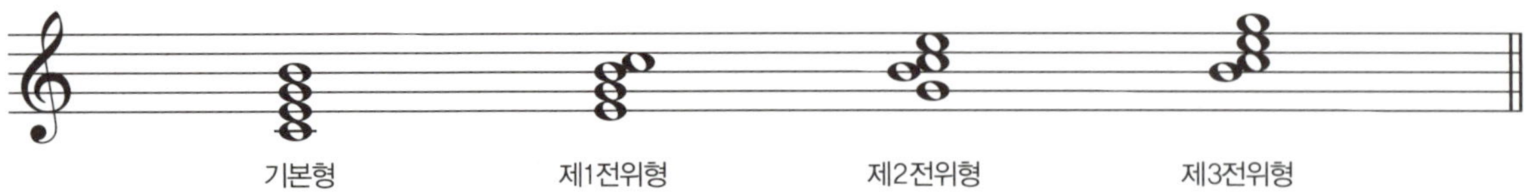

첫 번째는 루트가 가장 낮은음에 위치한 보이싱입니다. 트라이어드의 경우와 마찬가지로 이것을 "기본형"이라고 하고 장3도나 완전5도, 장7도를 가장 낮은 음에 배치한 나머지 보이싱을 "전위형"이라고 합니다. 이것들을 기타의 타브 악보로 살펴보면 아래의 악보와 같습니다.

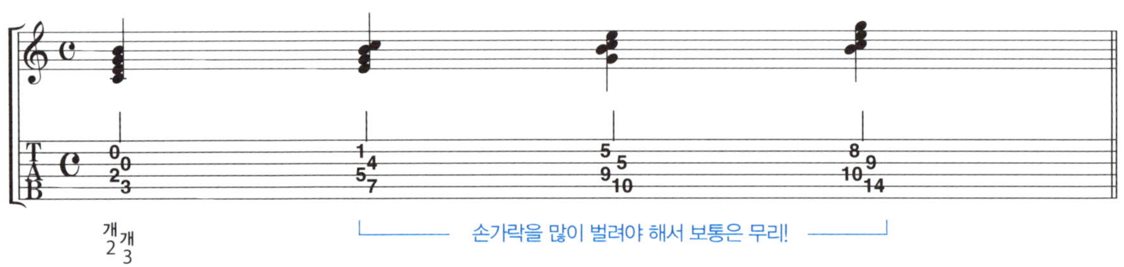

왼쪽부터 기본형, 제1전위형, 제2전위형, 제3전위형입니다.

이것들을 탑 노트별로 구분해서 칠 수 있으면 된다고 말하고 싶지만, 트라이어드 폼과 달리 기본형 이외에는 손가락을 많이 벌려야 하므로 기타 연주가 매우 어려워집니다.

이처럼 기타 연주 상의 세븐스 코드의 클로스 보이싱은 왼손을 많이 벌려야 하는 폼이 많아서 실제 연주에서 사용하기 불편한데, 이 문제를 해결해 주는 것이 바로 오픈 보이싱입니다.

오픈 보이싱

기타로 오픈 보이싱을 잡을 때는 "드롭2"와 "드롭3"라는 방법이 일반적으로 사용됩니다.

"드롭2"는 클로스 보이싱의 두 번째 성부(위에서 두 번째 음), "드롭3"는 세 번째 성부(위에서 세 번째 음)를 1옥타브 낮춰서 새로운 보이싱을 만드는 데 두 가지 모두 우선 클로스 보이싱부터 생각해 보아야 한다는 것이 포인트입니다.

오픈 보이싱으로 만들어가는 과정의 예를 몇 가지 들어보겠습니다. 루트를 탑 노트에 배치한 CMaj7을 만든다는 가정하에 클로스 보이싱의 여러 가지 형태 중에서 루트를 탑 노트로 하는 제1전위형을 만들어 봅시다(아래의 악보와 다이어그램: 위의 타브 악보의 5~2현에서 잡는 폼을 4~1현으로 바꾼 것입니다).

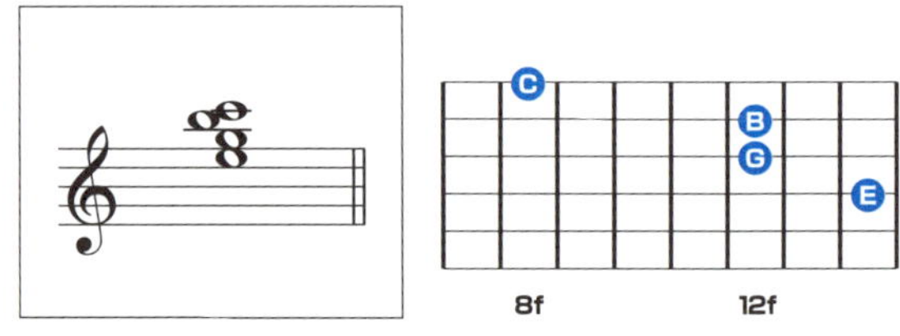

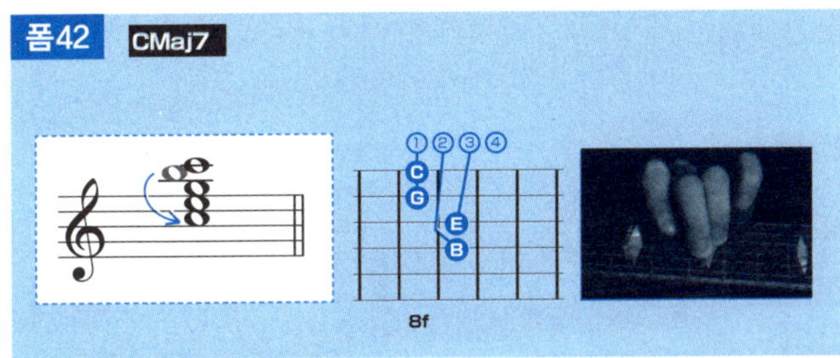

이대로는 가로로 너무 넓어서 잡기 힘들기 때문에 드롭2의 오픈 보이싱으로 바꾸어 보도록 하겠습니다. 위에서 두 번째의 2현 B음을 1옥타브 내리고(4현 9f으로 잡는다) 4현의 E음을 3현으로, 3현의 G음을 2현으로 잡으면(이현동음) 왼쪽 폼이 됩니다.

연주하기가 훨씬 편해졌죠? 그럼 하나 더 만들어 보겠습니다. 이번에는 5음(완전5도)을 탑 노트에 배치한 CMaj7을 만드는데 클로스 보이싱 폼에서 5음이 탑 노트인 제3전위형을 선택해서 2현에 탑 노트를 배치한 상태를 유지하며 잡아 봅시다.

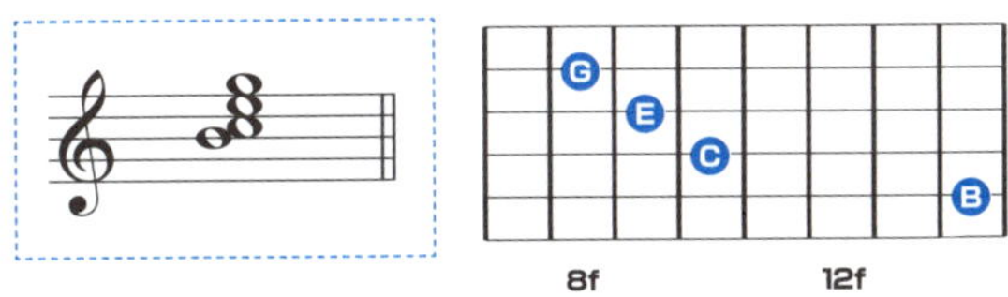

역시 이대로는 잡기가 매우 힘듭니다. 이번에는 위에서 3번째의 4현 C음을 1옥타브 내려서(6현 8f) 드롭3에 의한 오픈 보이싱을 만들고 5현 14f의 B음을 4현 9f에 오게 하면 왼쪽과 같은 운지가 됩니다.

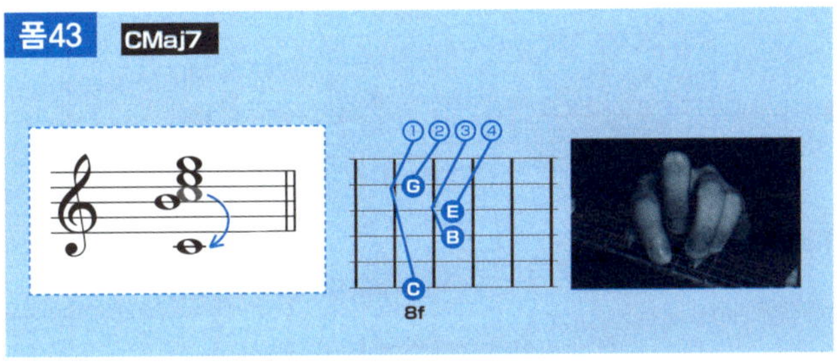

편곡 분야에는 드롭2와 드롭3 외에도 "드롭2 & 4"와 "스프레드 보이싱"이라는 것이 있는데, 이런 다양한 방법을 사용하면 많은 양의 보이싱을 만들 수 있게 됩니다. 다양하게 시도해 볼 가치는 있겠지만 이번에는 기타 연주에 있어서 더욱 일반적인 것들만 추려서 살펴보았고 이것들을 정리한 것이 아래의 표입니다(드롭2와 드롭3 중에서 더 사용하기 편한 것을 선택했습니다).

1현 루트가 탑 노트인 경우	드롭2	2현 루트가 탑 노트인 경우	드롭3
1현 3rd가 탑 노트인 경우	드롭2	2현 3rd가 탑 노트인 경우	드롭2
1현 5th가 탑 노트인 경우	드롭2	2현 5th가 탑 노트인 경우	드롭3
1현 7th가 탑 노트인 경우	드롭2	2현 7th가 탑 노트인 경우	드롭2

표의 1현, 2현과 같은 표기는 탑 노트를 어떤 현으로 칠 것인가에 관한 것인데 이 선택 역시 보이싱에 있어서 중요한 요소가 될 것입니다. 우선 표의 모든 보이싱을 CMaj7으로 잡을 수 있도록 연습합시다! 익숙해진 후에는 제1장을 응용해서 구성음을 바꾸어 가며 다른 종류의 코드를 만드는 것도 도전해 봅시다. 각 보이싱으로 다이아토닉 코드를 순서대로 쳐보는 연습방법도 매우 효과적입니다.

89p 표의 모든 보이싱에 관한 몇 개의 코드 예를 아래에 소개합니다. 꼭 참고하시기 바랍니다.

탑 노트 폼 A 1현 루트가 탑 노트인 경우에 드롭2를 사용한 것

탑 노트 폼 B 1현 3rd가 탑 노트인 경우에 드롭2를 사용한 것

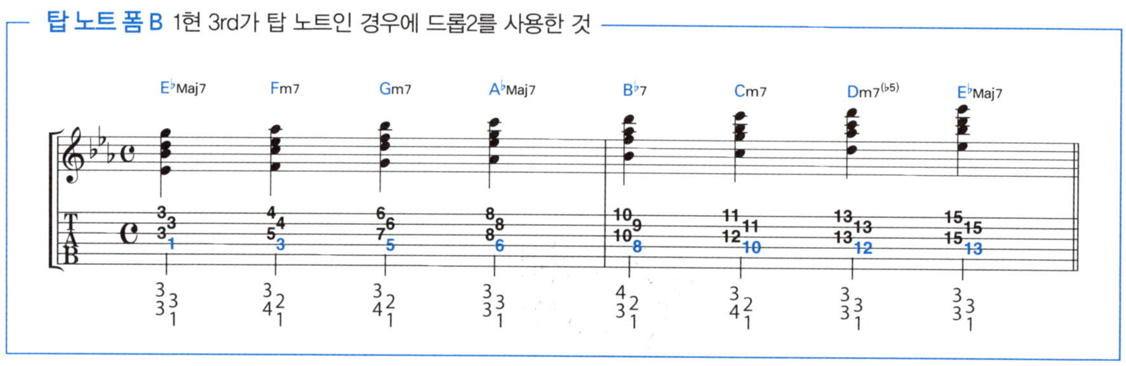

탑 노트 폼 C 1현 5th가 탑 노트인 경우에 드롭2를 사용한 것

탑 노트 폼 D 1현 7th가 탑 노트인 경우에 드롭2를 사용한 것

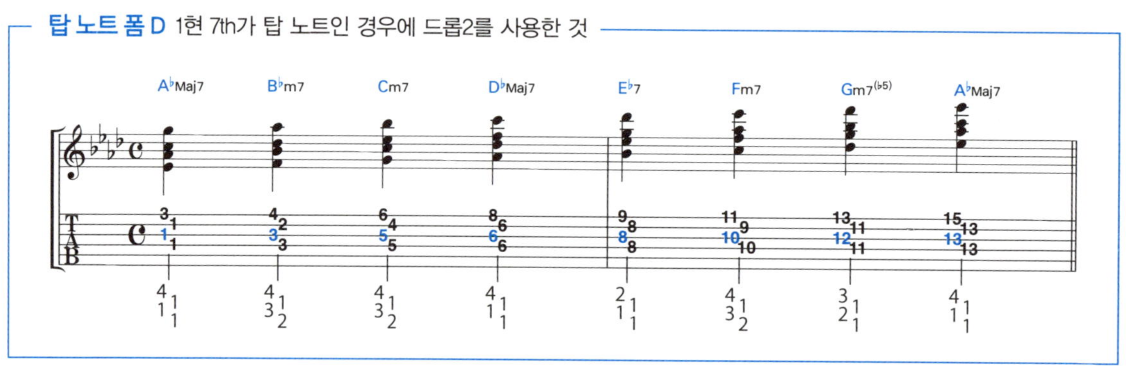

※ 타브 악보의 파란 숫자는 루트음입니다.

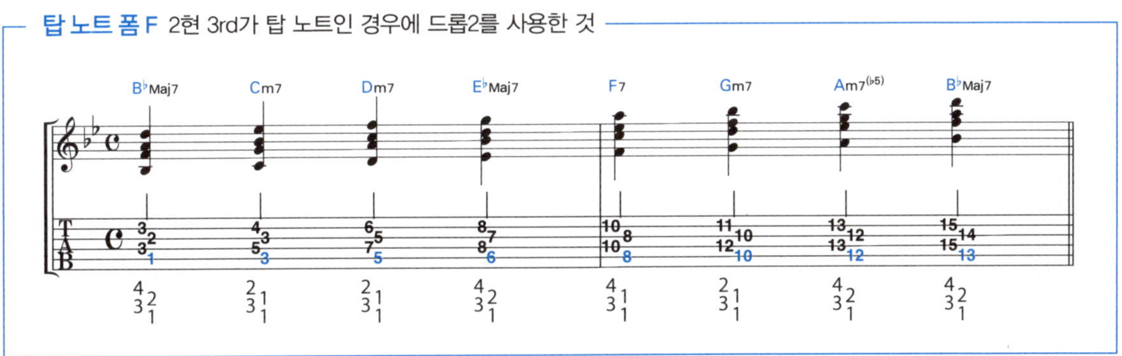

탑 노트 보이싱①

1현 메인의 탑 노트 보이싱으로 연주하는 셔플

Key=**A**   사용 코드 폼: **탑 노트 폼 A~D**

이 스케일의 완성 포인트

탑 노트 보이싱을 사용한 백킹 패턴으로 Key=A 의 셔플입니다(2마디 1패턴으로 되어 있습니다). 여기에서 3코드는 기본적으로 탑 노트를 1현 5f~7f 부근(A7은 루트인 A음이 탑 노트, D7은 5th인 A음이 탑 노트, E7은 5th인 B음이 탑 노트)

에서 연주하며 통일성을 유지하는데, 중간중간 고음 쪽 보이싱을 연주해서 풍성한 사운드 효과를 만듭니다.

마지막 11마디부터 12마디에 걸친 프레이즈는 턴어라운드 프레이즈라고 불리는 곡(코드 진행)의 처음으로 돌아가기 위한 프레이즈인데, 블루스에서

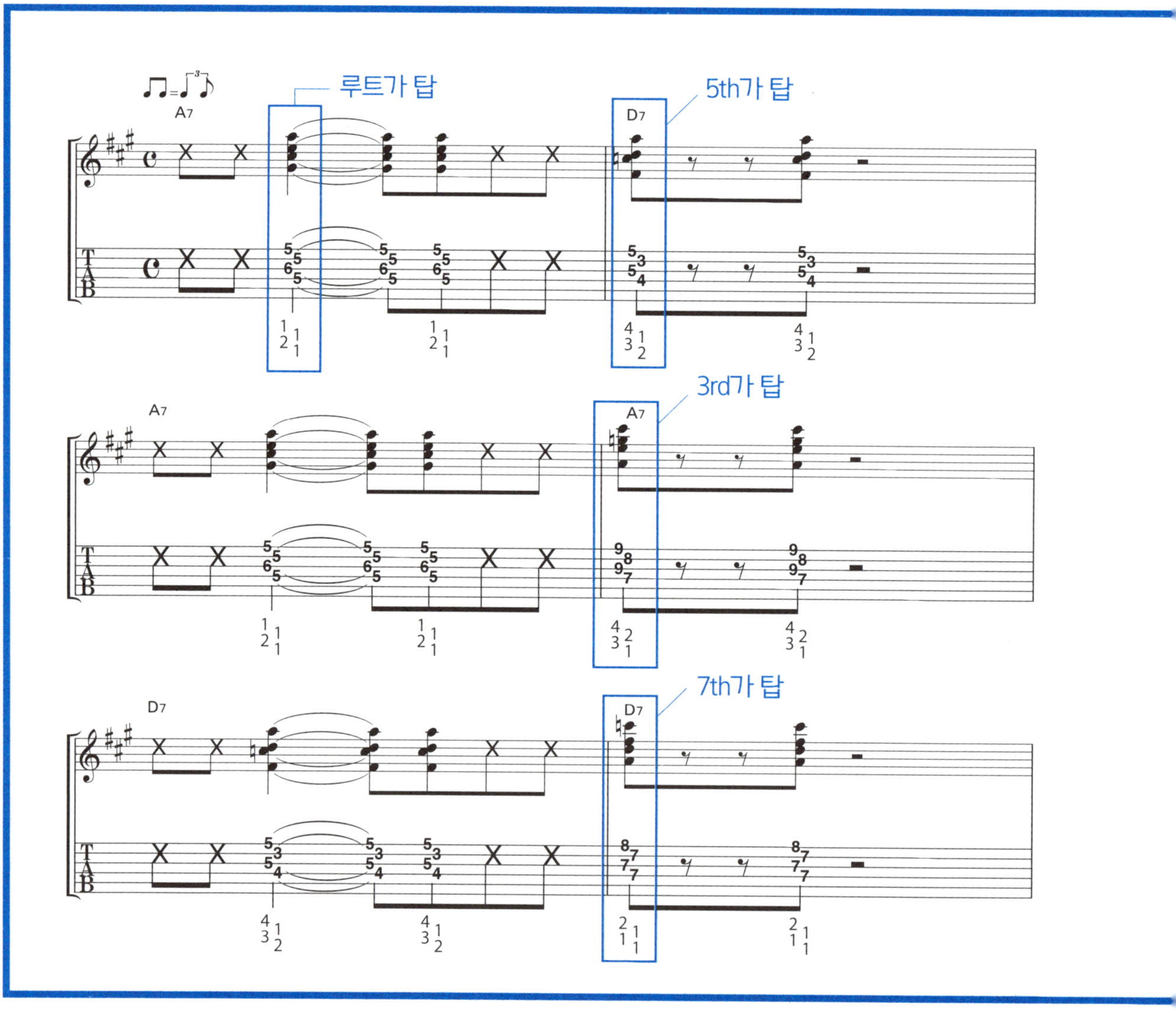

→ 블루스 진행 12마디로 익히는 코드 폼과 백킹 26

자주 사용되는 정형화된 프레이즈가 몇 개 있으므로 함께 익혀 두시기 바랍니다.

이 페이지에 등장하는 코드 진행의 패턴

Ⓘ

I7	IV7	I7	I7
IV7	IV7	I7	I7
V7	IV7	I7	I7 V7

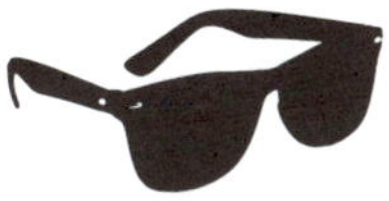

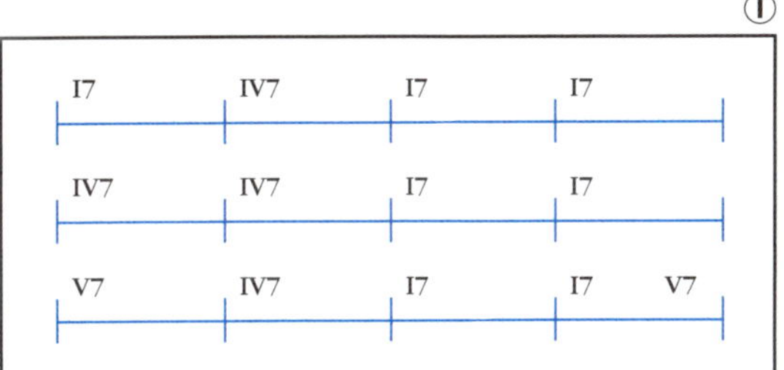

※ Ⓘ : 이 알파벳이 표기되어 있는 것은 같은 코드 진행입니다.

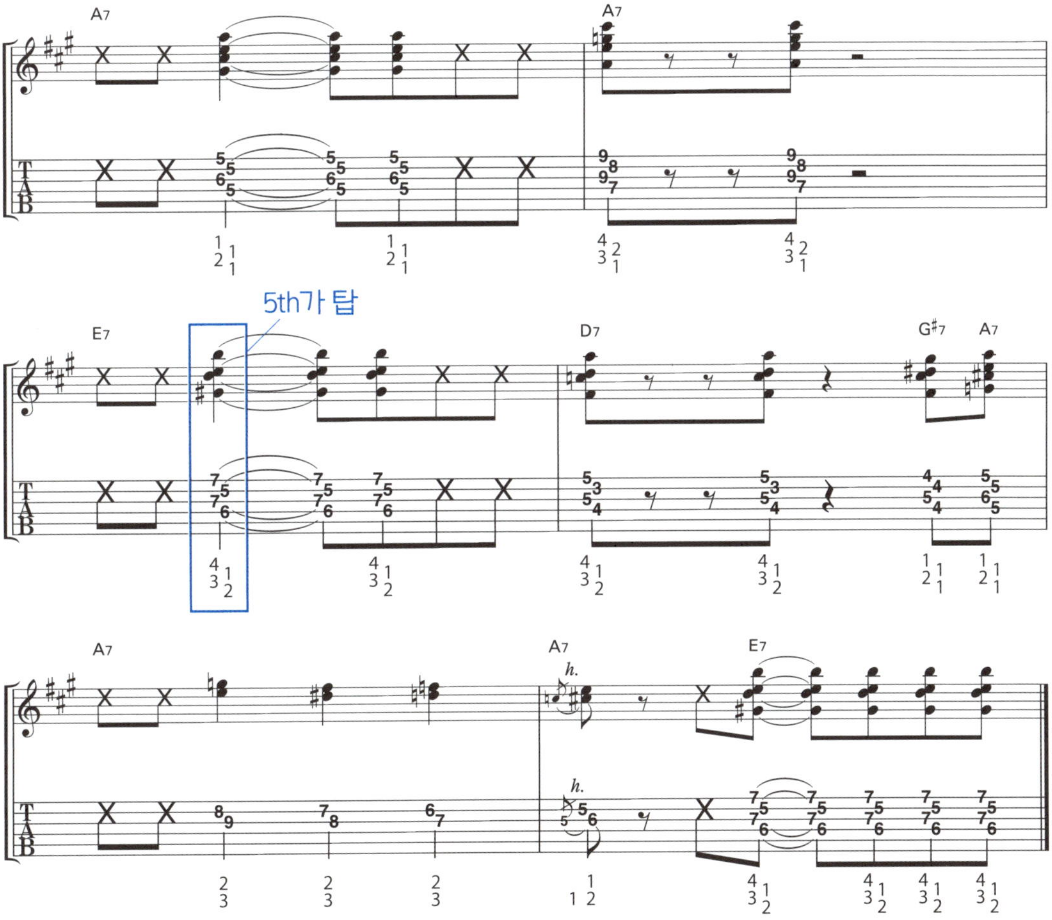

탑 노트 보이싱②
2현 메인의 탑 노트 보이싱으로 연주하는 셔플

Key=**A** 　사용 코드 폼: **탑 노트 폼 A, C, E, F, G**

이 스케일의 완성 포인트

Key =A의 셔플 백킹 패턴입니다. 얼핏 보면 5&6현 루트의 7th 코드로 단순하게 연주하는 것처럼 보이지만 모든 보이싱은 탑 노트로부터 아이디어를 얻은 것입니다. 즉, 2현 5f~7f E 부근의 탑 노트 보이싱을 기본으로 연주하며 멜로디를 만들 때는 1현 5f 부근의 탑 노트 보이싱을 사용하는 방법을 사용했습니다. 8마디에서는 특히 멜로디적인 느낌을 살렸는데 이 라인은 블루스 기타 연주에서 자주 볼 수 있는 전형적인 프레이즈이므로 익혀두면 좋습니다. 단, 이와 같은 프레이즈를 익힐 때는 프렛 위치를 무조건 외우지 말고 "A7의 3rd가 탑 노트인

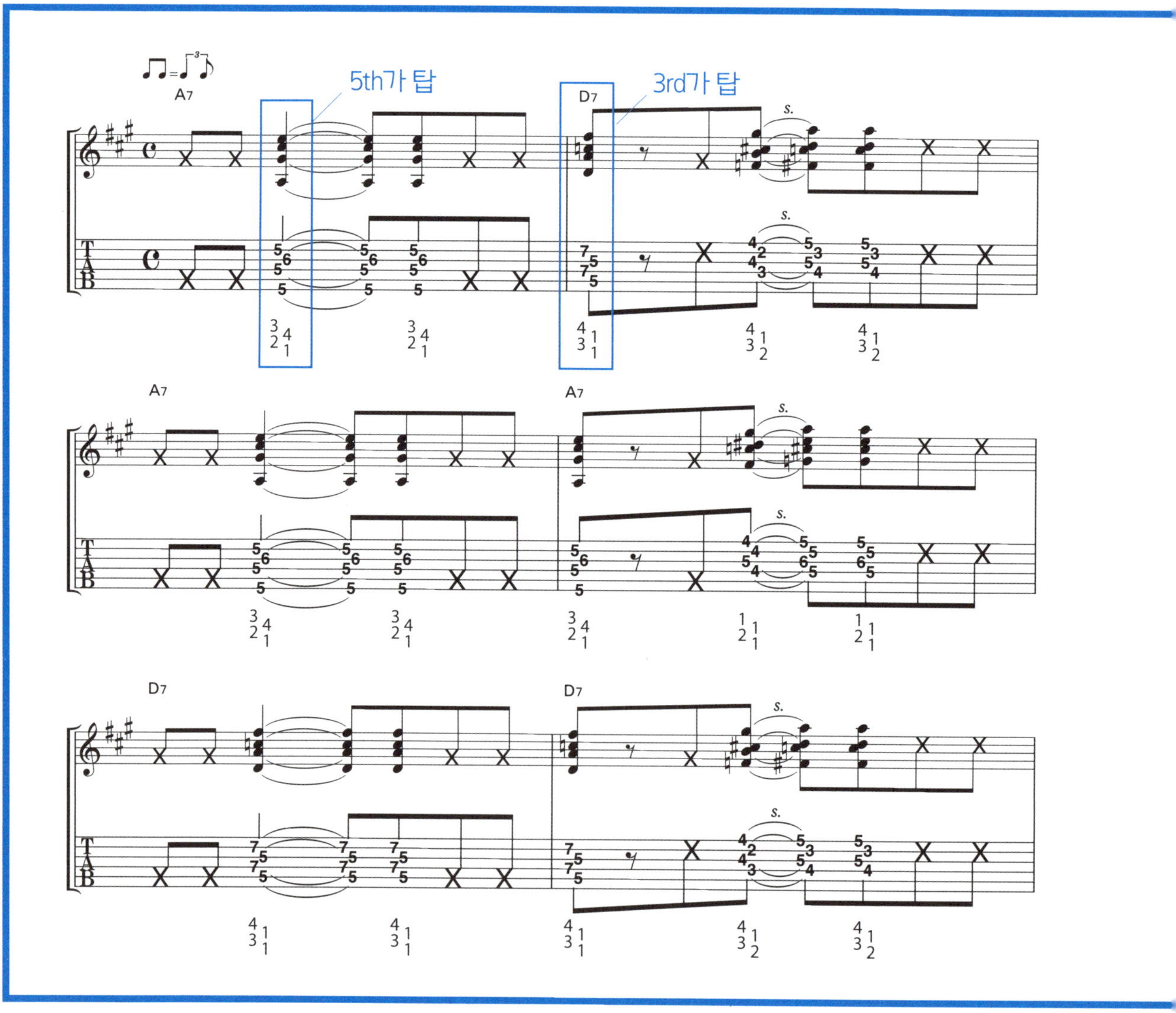

→ 블루스 진행 12마디로 익히는 코드 폼과 백킹 27

보이싱 →4도 위 D의 트라이어드(경과음) →A의 완전5도+단7도+증9도(블루 노트) 화음의 증9도를 해머링을 이용해서 장3도로 →A7의 루트를 탑 노트로 친다."와 같이 자세한 구조를 분석, 이해하는 식으로 접근하면 나중에 응용할 때도 효과적일 것입니다.

이 페이지에 등장하는 코드 진행의 패턴

Ⓘ

I7	IV7	I7	I7
IV7	IV7	I7	I7
V7	IV7	I7	I7 V7

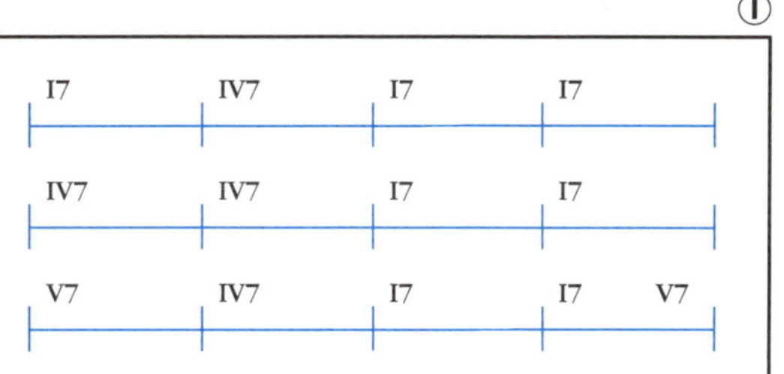

※ Ⓘ : 이 알파벳이 표기되어 있는 것은 같은 코드 진행입니다.

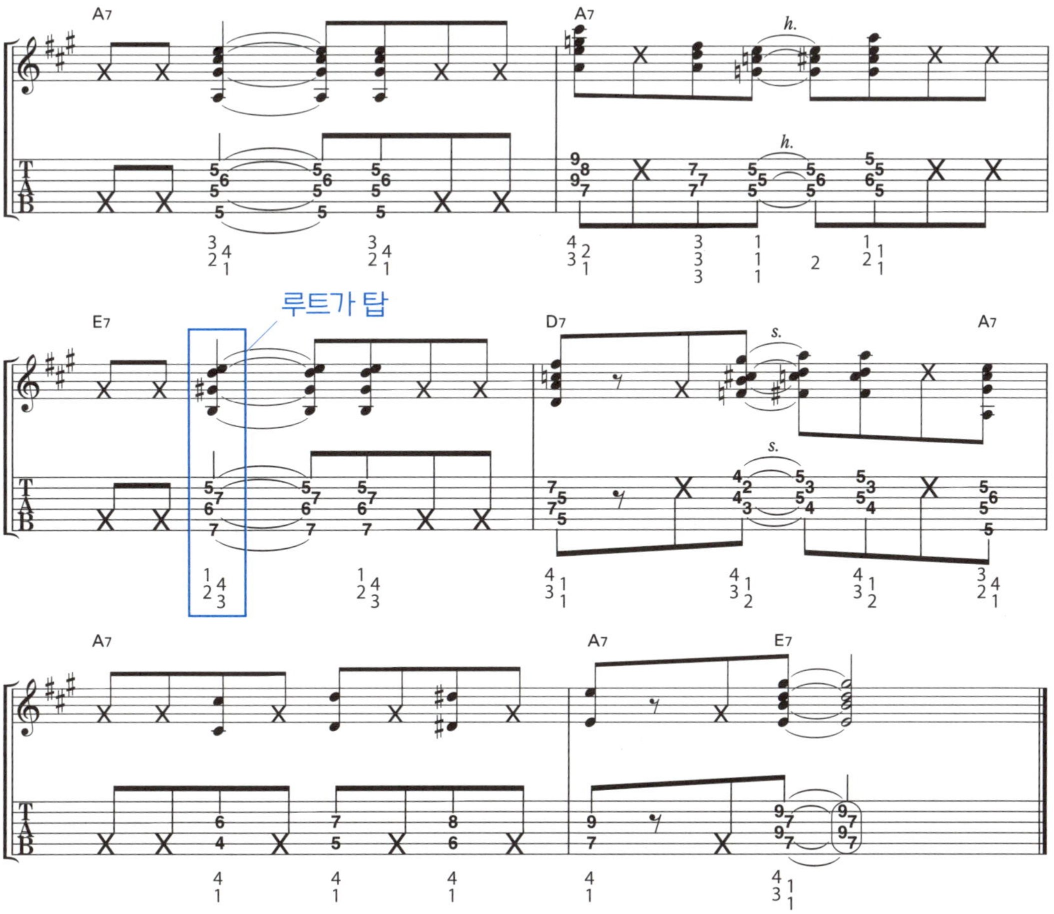

QR Track 28

탑 노트 보이싱③

탑 노트 보이싱으로 연주하는 펑크 블루스

Key=E 사용 코드 폼: 탑 노트 폼 A, B, C, D, E, G, H

이 스케일의 완성 포인트

16비트의 펑크 블루스로 Key=E입니다. 이번에는 각각의 보이싱을 탑 노트 보이싱으로 통일하는 방법이 아닌, 다양한 탑 노트 보이싱의 음의 고저를 이용한 멜로디 연주를 시도해 보았습니다.

이 백킹은 2마디가 1패턴인데 스타카토 느낌으로 연주해서 음의 순발력을 표현하시기 바랍니다.

마지막의 턴 어라운드 프레이즈는 고음부는 반음씩 하행하고 저음부는 반음씩 상행하는 재미있는 진행으로 되어 있습니다. 이 프레이즈도 블루스 연주에서 자주 사용되는 것 중 하나이므로 익혀 둡시다.

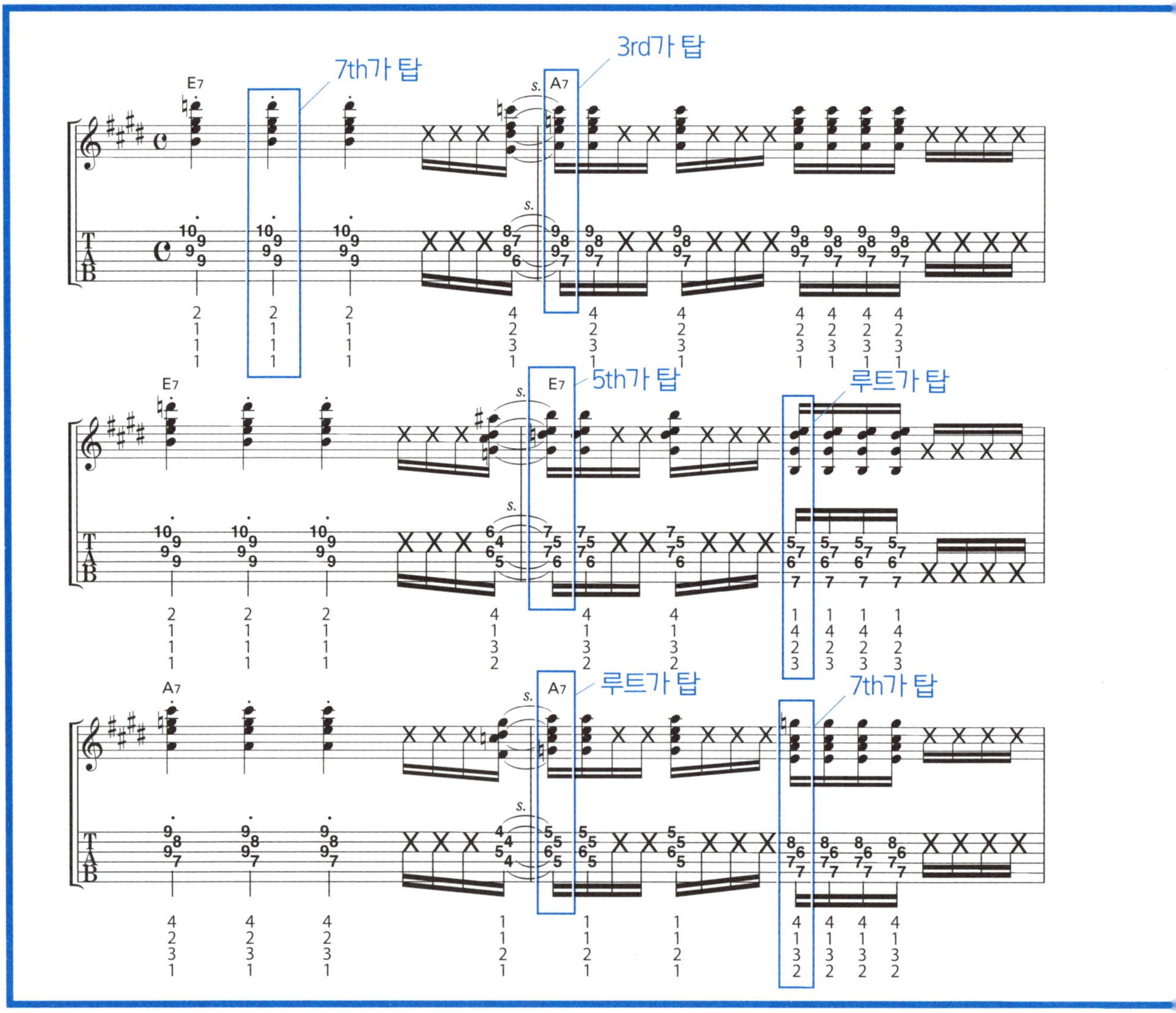

→ 블루스 진행 12마디로 익히는 코드 폼과 백킹 28

이 페이지에 등장하는 코드 진행의 패턴

Ⓘ

I7	IV7	I7	I7
IV7	IV7	I7	I7
V7	IV7	I7	I7 V7

※ Ⓘ : 이 알파벳이 표기되어 있는 것은 같은 코드 진행입니다.

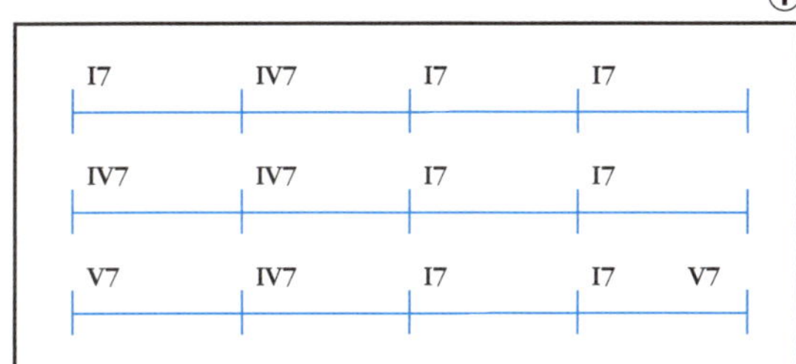

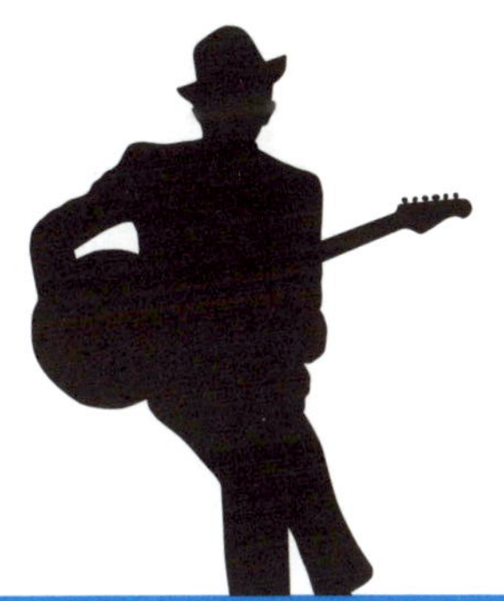

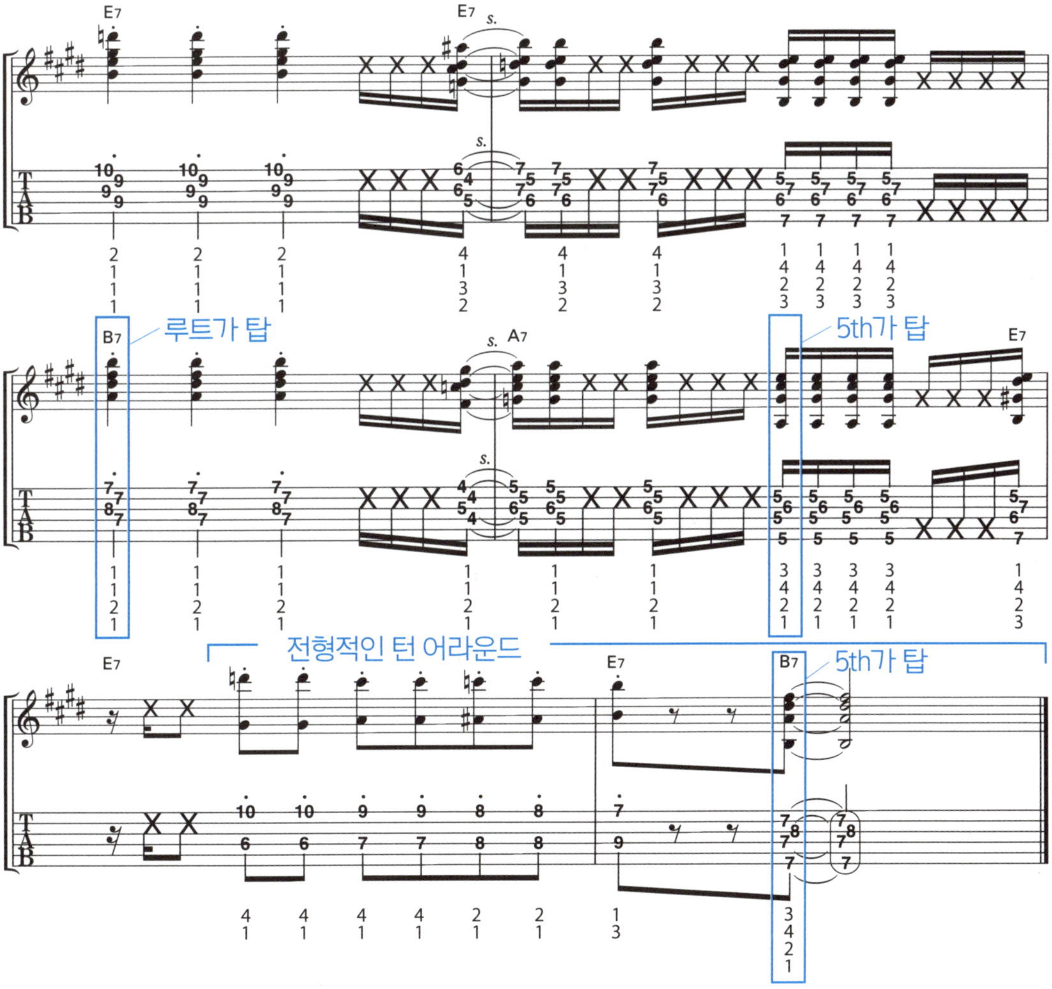

탑 노트 보이싱으로 연주하는 마이너 펑크 블루스

Key=**Am**

사용 코드 폼: **탑 노트 폼 A, B, C, D, F, H**

이 스케일의 완성 포인트

앞 페이지 패턴의 마이너 블루스 버전으로 Key는 Am입니다.

이 패턴과 같은 분위기의 명곡이 많은데, 예를 들어 두비 브라더스의 『Long Train Runnin』은 16비트의 마이너 블루스 진행으로 된 명곡 중 하나입니다. 한편에서는 코드 컷팅, 다른 한편에서는 반음 프레이즈와 같이, 두 대의 기타로 역할을 분담해서 연주한 좋은 본보기가 되는 백킹을 들을 수 있습니다.

컷팅의 명수를 꼽으라고 하면 Chic의 기타리스트인 나일 로저스와 Earth wind & fire의 알 멕케이,

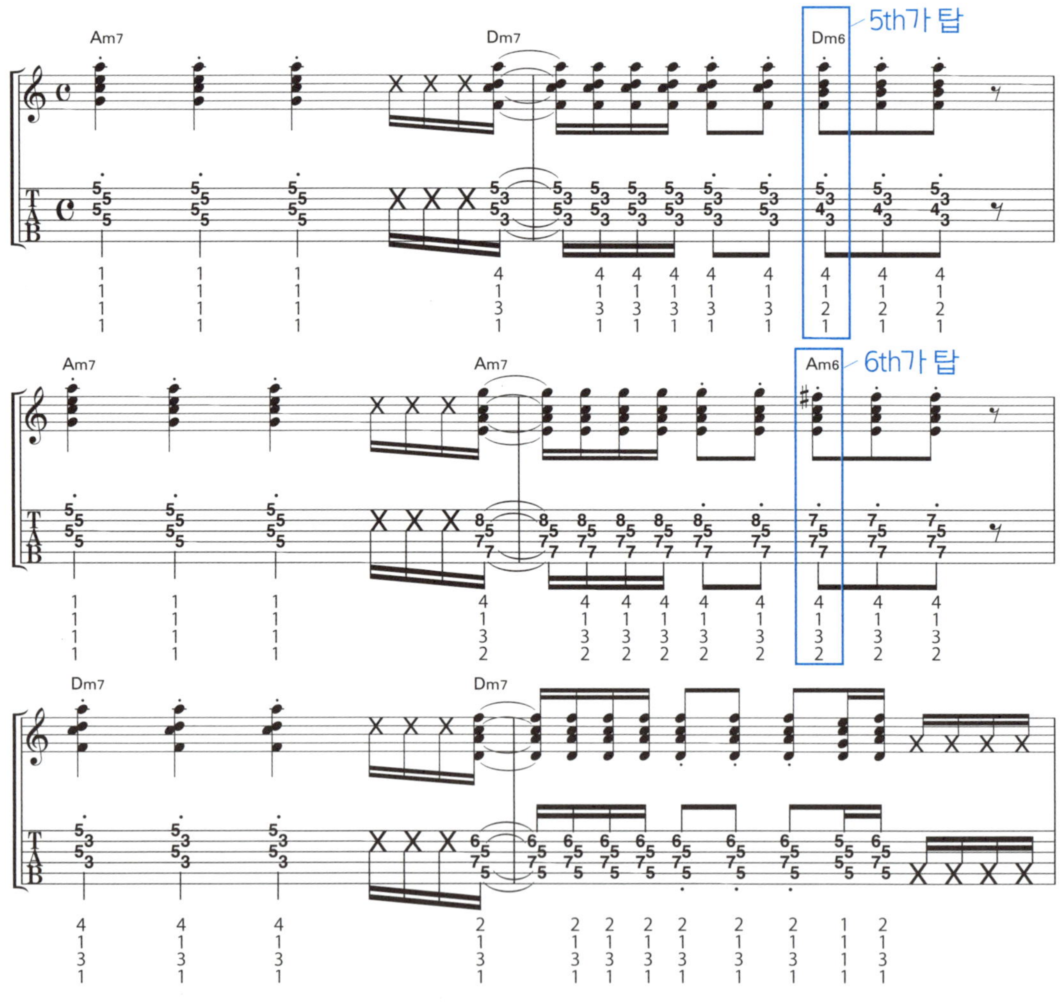

블루스 진행 12마디로 익히는 코드 폼과 백킹 29

Incognito의 장 폴 "블루이" 모닉 등이 있는데 이들의 연주도 참고로 꼭 들어보시기 바랍니다.

코드 표기

□m6 5th가 탑인 경우

코드 표기

□m6 6th가 탑인 경우

이 페이지에 등장하는 코드 진행의 패턴

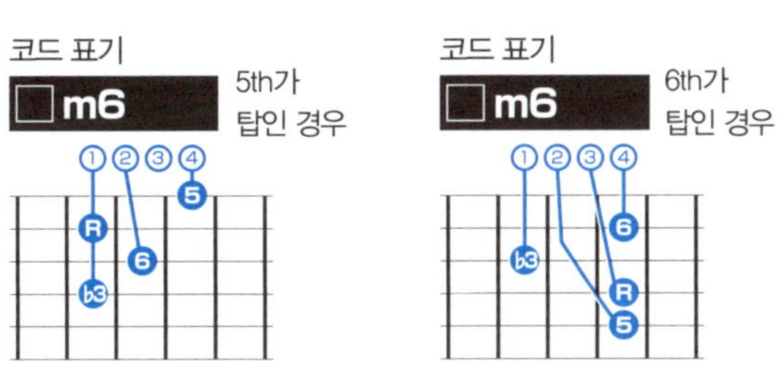

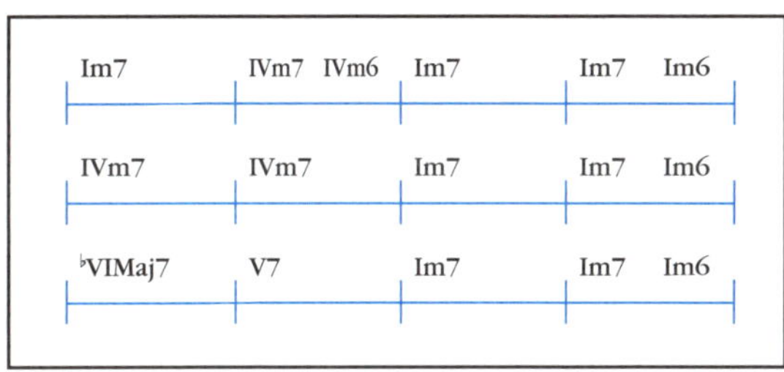

Im7	IVm7 IVm6	Im7	Im7 Im6
IVm7	IVm7	Im7	Im7 Im6
♭VIMaj7	V7	Im7	Im7 Im6

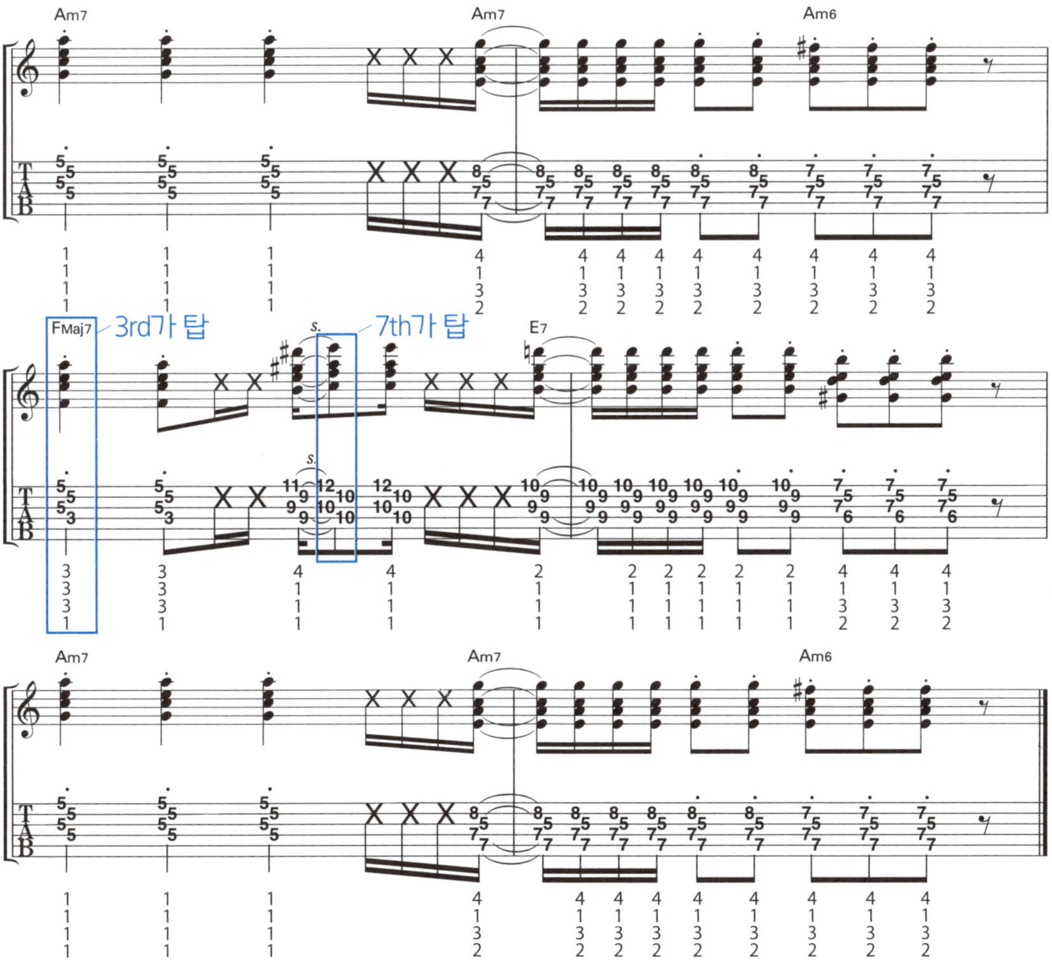

이번에는 텐션 코드에 대해 마스터합니다. 이 텐션 코드라고 하는 것은 7th 계열의 코드에 "텐션"이라는 음을 더해서 코드의 울림을 더 풍부하고 다채롭게 하거나 재즈적으로 만드는 것입니다. 음에 두께감도 더해지는데 이것은 코드 플레이를 정복하려고 하는 "프로급 코드 워크가 목표인 기타리스트"에게 있어서 가장 신경 쓰이는 부분일 것입니다. 지금까지 이상으로 어려운 단어가 많이 나오겠지만, 완전히 이해할 수 있을 때까지 여러 번 읽어보고 반드시 마스터 하시기 바랍니다! 일단 "텐션"에 대해 간단하게 살펴보겠습니다. 보통 "코드"라는 것은 3도 간격의 음정으로 음을 쌓은 4화음까지

의 것을 말합니다. 예를 들어 CMaj7의 경우, 코드 톤은 1도인 C음, 3도인 E음, (또 3도 위의)5도인 G음, (또 3도 위의)7도인 B음인데, 이상의 4음으로 구성된 화음이 됩니다. 그러나 마지막 7도인 B음 위에 또 3도씩 음을 쌓아 올린다고 생각해 봅시다. 이렇게 하면 7도의 3도 위에 9도(9th)인 D음, 9도의 3도 위에 11도(11th)인 F음, 11도의 3도 위에 13도(13th)인 A음을 쌓게 되는데 이 음들이 바로 "텐션"입니다. 단, 이 9, 11, 13도 음은 1옥타브 내려서 생각하면 각각 2, 4, 6도와 같은 음입니다. 즉, 텐션이란 기본 코드 톤(코드의 기본 구성음인 1, 3, 5, 7도의 음) 이외의 음이라고 할 수 있습니다.

피해야 할 음인 "어보이드 노트"

그러나 한마디로 "텐션"이라고 해도 9, 11, 13도의 모든 음을 항상 사용할 수 있는 것은 아닙니다. 예를 들어 9도음에는 ♭9th, 9th, #9th 등 여러 종류가 있는데 어느 코드에서 어느 9도음이 사용할 수 있고, 어느 9도음이 사용 불가능한지 알아야 할 필요가 있습니다. 이때 판단 기준은 해당 코드상에서 사용할 수 있는 스케일이 됩니다. 그럼 C메이저 스케일상의 다이아토닉 코드를 예로 설명해 보겠습니다. 첫 번째 다이아토닉 코드는 CMaj7입니다. 앞서 설명한 대로 9도(9th)인 D음, 11도(11th)인 F음, 13도(13th)인 A음이 텐션에 해당하는데 이 중에는 코드 톤과 부딪쳐서 울림이 탁해지거나 그 코드 본래의 기능 자체를 해치는 음이 있습니다. 이런 음을 "어보이드 노트"라고 합니다. 어보이드는 "피하다"라는 의미이기 때문에 어보이드 노트는 "피해야 할 음"인 것입니다.

"어보이드 노트"는 다음 2가지로 정의할 수 있습니다.

정의1: 코드 톤의 반음 위에 있는 음은 피한다

앞의 CMaj7을 기준으로 생각해 보면 11도(11th)인 F음이 CMaj7의 코드 톤인 E음의 반음 위에 있는 음이기 때문에 11도는 어보이드 노트가 됩니다.

정의2: 코드 톤의 3도와 트라이톤(증4도 음정)인 음은 피한다

CMaj7의 텐션(9, 11, 13도)에는 이 정의2에 해당하는 음이 없으므로 상관없지만, 그 외의 다이아토닉 코드에서는 2번째 코드(IIm7 : I가 CMaj7인 경우 Dm7)의 3도와 텐션인 13도(13th)가 트라이톤입니다. 예를 들어 IIm7이 Dm7인 경우에는 3도인 F음과 텐션인 13도(13th) B음이 트라이톤이므로 Dm7상의 B음은 어보이드 노트가 됩니다.

그럼 정의1을 근거로 CMaj7의 11도 음은 사용할

수 없기 때문에(Key가 C인 경우) CMaj7에 추가할 수 있는 텐션은 9도(9th)인 D음과 13도(13th)인 A음이 됩니다.

이처럼 "사용할 수 있는 텐션"을 "어베일러블 텐션 (available tension)"이라고 합니다.

아래의 표는 모든 다이아토닉 코드에 대해 사용할 수 있는 음인 "어베일러블 텐션"과 피해야 할 음인 "어보이드 노트"를 나타낸 것입니다.

	IMaj7	IIm7	IIIm7	IVMaj7	V7	VIm7	VIIm7(♭5)
어베일러블 텐션	9th 13th	9th 11th	11th	9th ♯11th 13th	9th 13th	9th 11th	11th ♭13th
어보이드 노트	11th	13th	♭9th ♭13th		11th	♭13th	♭9th

재즈적인 사운드 "얼터드 텐션"

지금까지 다이아토닉 스케일상에서 텐션을 살펴보았는데, 그럼 CMaj7의 다이아토닉 스케일상에 없는 ♭9th인 D♭, ♯9th인 D♯, ♯11th인 F♯, ♭13th인 A♭ 등의 음들은 어디서 온 것인지 궁금해하는 분들이 계실 것입니다.

이 음들은 "얼터드 텐션"이라고 합니다. 이것은 "도미넌트"라고 불리는 기능을 가진 코드, 즉 "도미넌트 코드"에 사용되는 경우가 많은 텐션인데 특히 재즈 연주에서 매우 자주 등장합니다. 이 "도미넌트 코드"는 불안정하고 독특한 울림을 가지고 있는 코드인데 다이아토닉 코드상에서는 5번째인 V7(C Key의 다이아토닉 코드의 경우 G7)가 이에 해당합니다.

이 얼터드 텐션은 블루스 코드 진행상에서도 등장합니다. 기본적인 블루스 코드 진행은 보통 이 □7 코드(세븐스 코드)만으로 구성되어 있습니다. 이 "도미넌트 코드"상에 "얼터드 텐션"을 추가하면 더욱 재즈적이고 블루지한 분위기를 연출할 수 있습니다. 아래의 악보를 연주해 보고 □7 + 얼터드 텐션의 울림을 확인해 보시기 바랍니다.

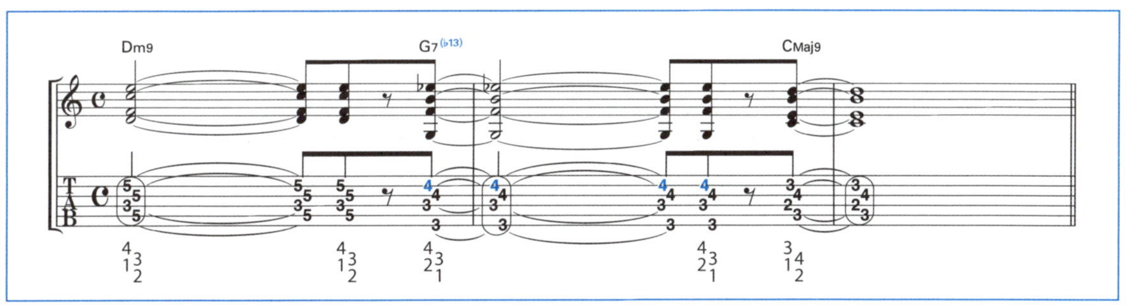

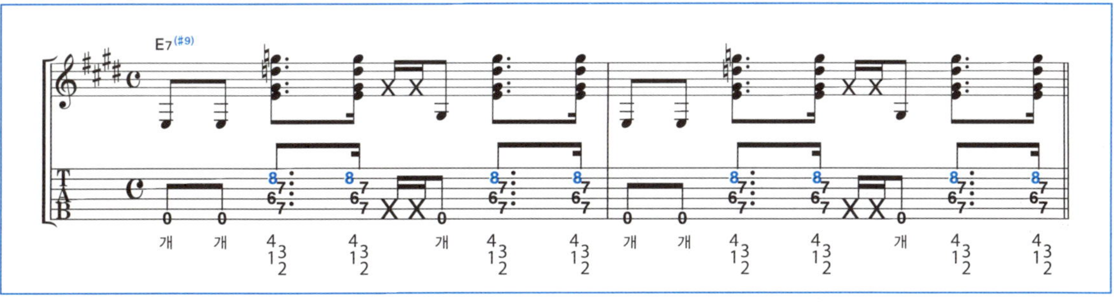

※ Dm9, CMaj9 등의 코드 표기에 관해서는 102p 참조

또 한가지 보충 설명해야 하는, 지금까지의 설명에서는 아직 다루지 않은 음이 있습니다. CMaj7상에서 코드 톤(C, E, G, B), 정의1의 어보이드 노트(F), 정의2의 어보이드 노트(없음), 어베일러블 텐션(D, A), 얼터드 텐션(D♭, D#, F#, A♭)을 순서대로 다시 정리하면 C, D♭(C#), D, D#(E♭), E, F, F# (G♭), G, A♭(G#), A, B음이 등장했고, 남은 한 개가 CMaj7 상의 ♭7th(단7도)에 해당하는 B♭(실제 음은 A#과 같음)입니다. 이 ♭7th음은 이론적으로는 "텐션"이 될 수 없다고 되어 있습니다. 루트부터 음정이 7th에 해당하는 음은 메이저(장7도)이건 마이너(단7도)이건 텐션으로 분석하지 않습니다.

디미니쉬 코드의 텐션

디미니쉬 코드의 텐션은 조금 특수한데 이하의 조건을 충족하는 음들이 이에 해당합니다.

조건: 각 코드 톤의 온음 위의 음들 중에서 해당 Key의 다이아토닉 스케일상의 음

예를 들어 Key＝C상에 등장하는 C#dim7 코드의 구성음은 C#, E, G, B♭이고 각각의 온음(1음) 위의 음은 D#, F#, A, C입니다. 이 4개의 음 중에서 다이아토닉 스케일상의 음을 선택하면 단13도(♭13th)인 A음과 장7도(7th)인 C음이 텐션이 됩니다.

※ 때에 따라서 다른 해석도 존재합니다.

텐션 코드의 표기에 관해

잠시 텐션 코드의 표기에 관해 살펴보겠습니다. CMaj7 코드(IMaj7)에 9th의 텐션이 추가된 경우 코드네임은 7 대신 9을 붙여서 CMaj9이라고 표기하는 것이 일반적입니다(101p 참조). 마찬가지로 Cm7 코드에 9th의 텐션이 추가된 경우에는 Cm9, C7 코드에 9th의 텐션이 추가된 경우에는 C9과 같이 표기합니다. 또 13이 추가된 경우의 표기는 CMaj13이 됩니다. 여기서 주의해야 할 점은 이처럼 텐션을 표기하는 경우, 기본적으로 해당 코드에는 그 숫자보다 적은 숫자의 텐션이 이미 포함되어 있다는 것이 전제조건이 됩니다. 즉 CMaj13의 경우에는 9th, 11th, 13th음이 포함되어 있다는 것인데 어베일러블 텐션만 사용 가능하므로 CMaj7의 어보이드 노트인 11th는 포함되지 않습니다. 또 9th, 11th를 포함하지 않고 13th만 포함하고 싶은 경우에는 CMaj13과 같이 표기하지 않고 괄호를 사용해서 CMaj7(13)과 같이 표기하면 연주자가 알아보기 쉬운 표기가 될 것입니다.

텐션 코드 보이싱의 규칙

텐션 코드를 만들 때 기본이 되는 방법은 제4장의 탑 노트 보이싱의 내용을 토대로 합니다. 하지만 무작정 코드 보이싱을 만들다 보면 비실용적인 보이싱을 만드는 경우가 생기기 때문에 어느 정도 규칙을 정해 놓고 취급하도록 합시다.

규칙① 우선 4화음 보이싱으로 만든다
규칙② 가이드 톤은 생략하지 않는다
규칙③ 로우 인터벌 리미트에 주의한다

또 처음 들어보는 용어가 등장했는데 모든 규칙은 결국 "코드의 울림을 아름답게 하는 것"이 최종 목표라는 것만 명심하면 됩니다.

그럼 우선 규칙①의 "4음 보이싱으로 만든다"를 살펴보면, 이것은 텐션 만드는 법을 쉽게 이해하기 위한 "편의상"의 규칙에 불과합니다. 코드의 구성음이 3음 이하이면 텐션의 울림을 충분히 표현할 수 없고, 5음 이상이면 기타의 악기 구조상 운지가 불가능한 패턴이 늘어나기 때문에

※ 위의 「디미니쉬 코드의 텐션」의 예로 C#dim7을 사용한 것은 Key＝C에서의 패싱 디미니쉬(다이아토닉 코드 사이를 연결하는 디미니쉬)로 제일 먼저 꼽을 수 있는 것이 C와 D 사이(C#)의 코드이기 때문입니다.

4음으로 만듭니다. 물론 실제 연주상에서는 2음, 3음, 5음, 6음으로 구성된 보이싱도 자주 등장합니다. 이 부분에 대해서는 제6장 이후의 실전 프레이즈에서 더 자세히 살펴보도록 하겠습니다.

규칙②의 "가이드 톤"은 앞서 설명한 것과 같이 "3rd(3도)"와 "7th(7도)"를 의미하는데 코드의 성격을 결정하는 중요한 음들입니다. 따라서 원칙적으로 이번에는 가이드 톤, 즉 3rd와 7th를 생략하지 않기로 하겠습니다. 반대로 말하면 "루트"와 "5th(※)"는 코드의 성격에 대한 결정권이 없으므로 "생략해도 된다"는 말이 됩니다. 물론 실제 연주에서는 앞서 살펴본 add9 코드의 경우와 마찬가지로 때에 따라 가이드 톤을 omit(생략)하기도 합

니다. 또 텐션을 효과적으로 울리게 하려고 일부러 가이드 톤을 omit하는 경우도 있습니다. 예를 들어 13th를 텐션으로서 효과적으로 사용하기 위해 7th를 생략하는 방법은 실제 연주에서 자주 사용합니다(이 경우 결과적으로 6th 코드가 됩니다).

※ m7(♭5) 코드와 dim 코드에서는 「5th」도 코드의 성격에 있어서 매우 중요한 음이지만 이것들은 특수한 코드로 취급하기 때문에 이론적으로 5th는 가이드 톤으로 분류하지 않습니다.

규칙③에는 "로우 인터벌 리미트"라는 용어가 등장하는데 이것은 "음역이 낮아질수록 화음의 울림이 탁해지는 현상"에 대응하기 위해 음정별로 사용 가능한 최저음을 정해 놓은 것입니다(아래 표).

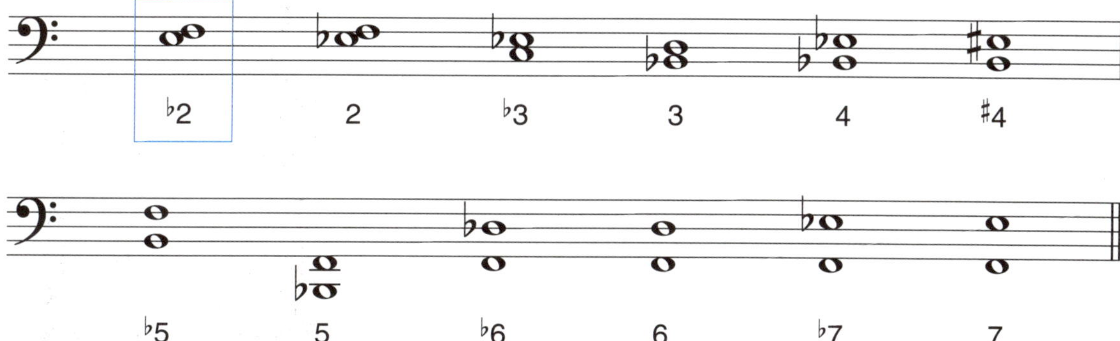

코드 안에 위의 표에 있는 것보다 낮은 음정이 있는 경우에는 주의가 필요합니다(베이시스트가 연주하는 음 포함). 특히 텐션으로 취급되는 음들은 위의 표보다 조금 더 높은 음까지만 사용하는 것이 좋고, 기타 사운드의 특성상 텐션음이 낮으면 울림이 탁해지므로 더욱 각별한 주의가 필요합니다. 보이싱을 만들 때는 가능한 한 높은 음역에 텐션을 배치해야 코드 사운드가 깔끔하게 들리는 결과를 얻을 수 있는데, 텐션음을 4현 이하에 배치하면 코드 종류에 따라서는 울림이 매우 탁해지므로 주의해야 합니다. 하지만 위의 표를 달달 외울 필요는 없습니다.

어디까지나 하나의 기준으로 삼고 주의하되 최종적으로는 "귀"로 판단하는 것이 요구되므로 실제로 연주하고 들어보면서 음역을 선택하도록 합니다. 꼭 낮은 음역이 아니더라도 메이저 세븐스 코드의 루트와 7th나 도미넌트 세븐스 코드의 7th와 텐션 13th는 전위하면 ♭9(반음) 음정이 되기 때문에 어울리지 않는 "불협"화음이 되기 쉽습니다. 이럴 때에는 상황에 따라 어느 음이 필요한지 우선순위를 적절하게 판단해서 다른 음으로 바꿀 필요가 생깁니다. 반복해서 이야기하지만 어느 음을 사용할 것인가, 어느 음정을 선택할 것인가는 결국 본인의 "귀"로 판단해야 합니다.

그럼 몇 가지 구체적인 예를 통해 실제로 텐션 코드를 만들어 봅시다.

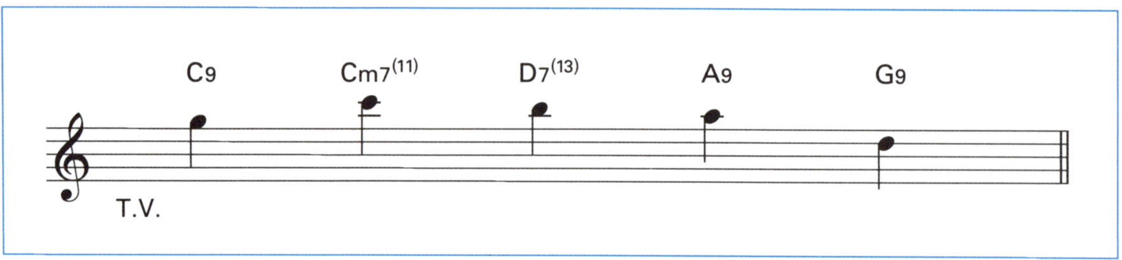

위의 악보의 왼쪽 아래에는 T.V. 라는 글씨가 써 있습니다. 이것은 "악보상의 음을 탑 노트로 해서 표기된 코드를 보이싱하라."는 의미입니다. 실제 연주 현장에서 이 T.V.를 눈여겨보지 않고 오선지의 단음만 연주해 버리면 틀린 연주가 되므로 주의합시다!

그럼 우선 첫 번째의 G음이 탑 노트인 C9 코드를 잡아 봅시다. G음은 C9의 5th음입니다. 따라서 5th가 탑인 C9을 잡으면 되는데 우선 텐션을 무시하고 5th가 탑인 C7 코드를 생각해 봅시다. 이것은 제4장의 탑 노트 보이싱을 만드는 방법을 참고하면 되는데 오른쪽 표와 같습니다.

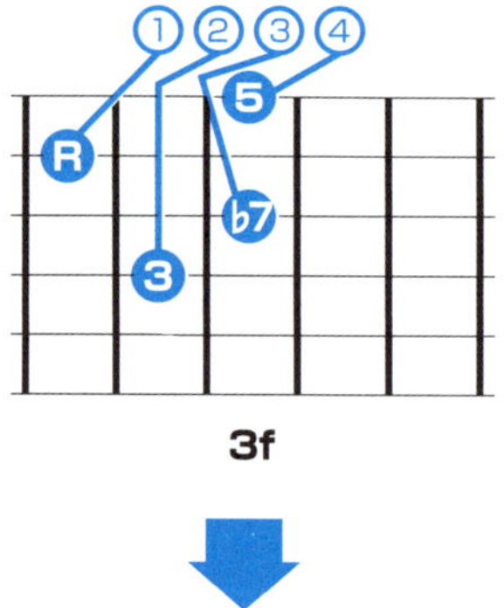

이 4개의 음 중 하나를 바꿔서 C음의 9th인 D음으로 만듭시다. 답은 간단합니다. 루트인 C음 즉, 2현 1f에서 잡고 있는 C음을 1음(2프렛) 올려서 D음으로 바꾸면 되는데 이렇게 하면 오른쪽 표와 같이 됩니다. 이처럼 기본이 되는 코드의 구성음을 바꿔서 텐션을 추가하는 방법을 사용하면 되는데 기본적인 방법은 지금까지의 방법과 같습니다.

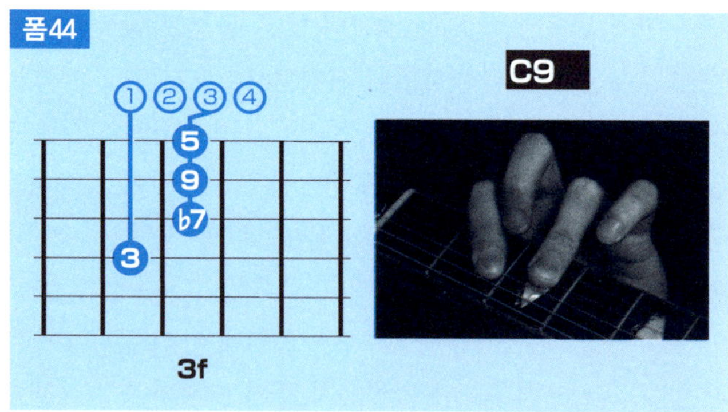

두 번째 코드를 만들어 봅시다. 이번에는
C음이 탑 노트인 Cm7$^{(11)}$입니다. C음은
Cm7의 루트이므로 우선 루트가 탑 노트인
Cm7을 만들어 봅시다.

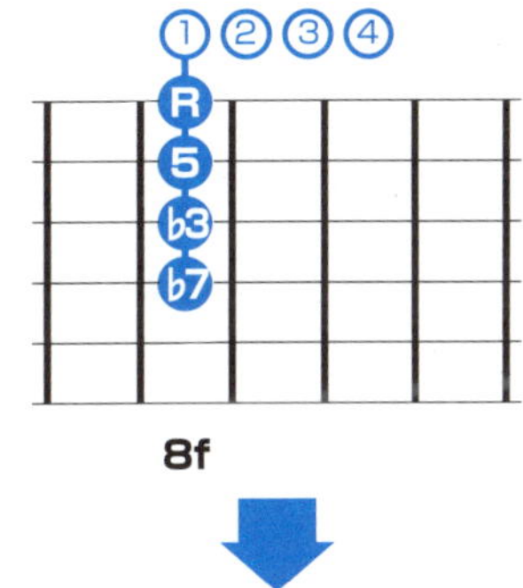

그다음에 C음의 11th인 F음을 만듭니다.
2현 8f의 5th(G음)를 1음(2프렛) 내려서
F음으로 바꾸면 완성됩니다.

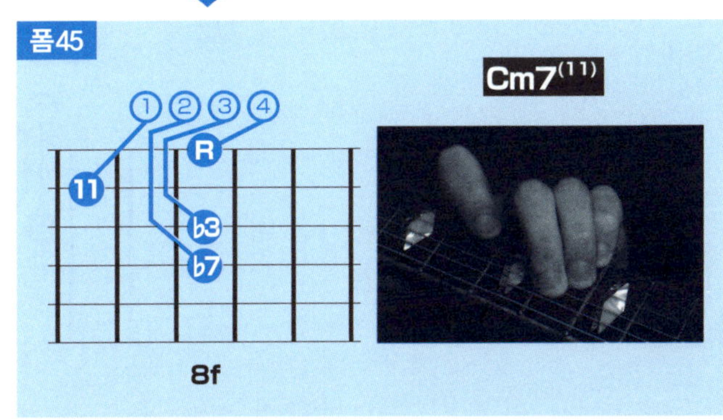

즉, 생략 가능한 루트나 5th음을 텐션인 9th, 11th, 13th로 바꿔서 텐션 코드 보이싱을 완성하는 것입니다.
9th를 만들고 싶다면 루트를 올리고, 11th를 만들고 싶다면 5th를 내리고, 13th를 만들고 싶다면 5th를 올
리는 것이 기본적인 방법입니다.

세 번째는 B음이 탑 노트인 D7$^{(13)}$입니다.
B음=13th가 탑 노트가 됩니다. 앞서 만
들어본 보이싱들과 다른 점은 텐션음이 탑
노트라는 점입니다. 하지만 만드는 방법은
거의 같습니다. 타겟이 13th인데 이것을
만들기 위해 5th를 바꿔야 하므로 D7을
5th가 탑 노트인 보이싱으로 잡은 후

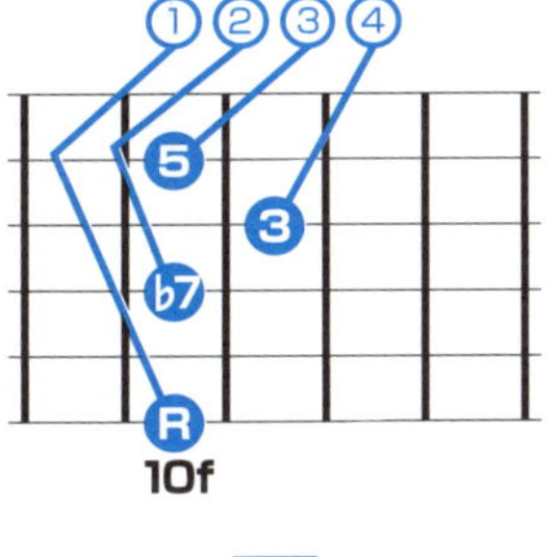

탑 노트인 5th(A음)를 1음 올리면 13th가
탑인 D7$^{(13)}$이 완성됩니다.

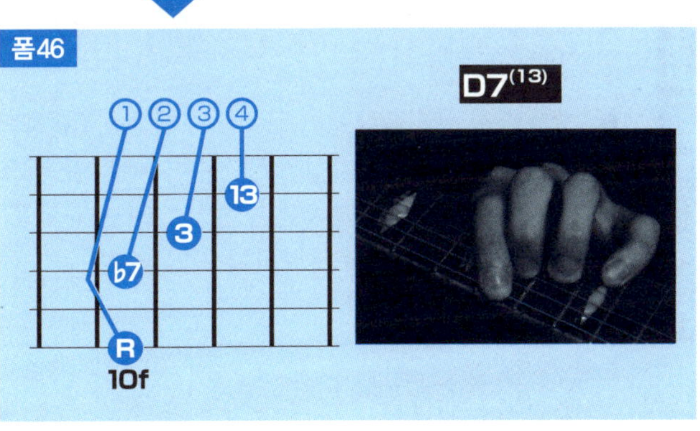

그럼 네 번째의 A가 탑 노트인 A9을 살펴 보겠습니다. 이것 역시 루트가 탑 노트인데 루트를 바꿔서 9th로 만들고 싶지만, 지정된 음이 루트인 데다 루트는 바꿀 수가 없습니다. 따라서 이번에는 루트가 아닌 3rd로 9th를 만들어 봅시다. 일시적으로 3rd가 사라지지만 나중에 다시 잡으면 되므로 우선 루트가 탑 노트인 A7을 생각해 봅시다(오른쪽 표).

다음으로 3현 6f의 3rd(C#음)를 1음 내려서 9th인 B음을 만듭니다.

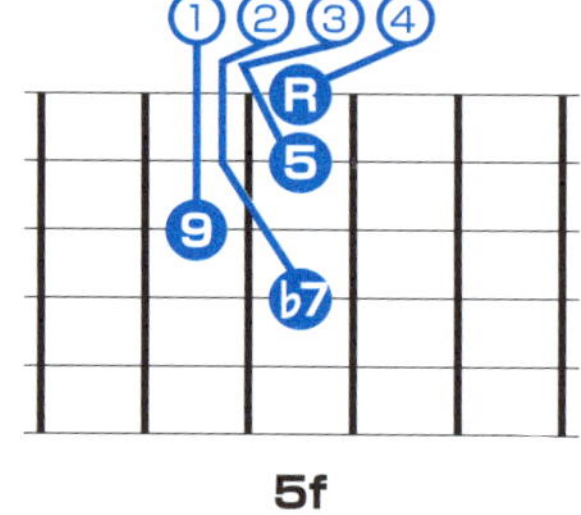

3rd가 사라졌으므로 생략 가능한 음인 5th를 3rd로 바꿔서 잡습니다. 즉 2현 5f의 E음(5th)을 2현 2f인 C#음(3rd)으로 바꾸면 되는데 이렇게 하면 A음이 탑 노트인 A9이 완성됩니다.

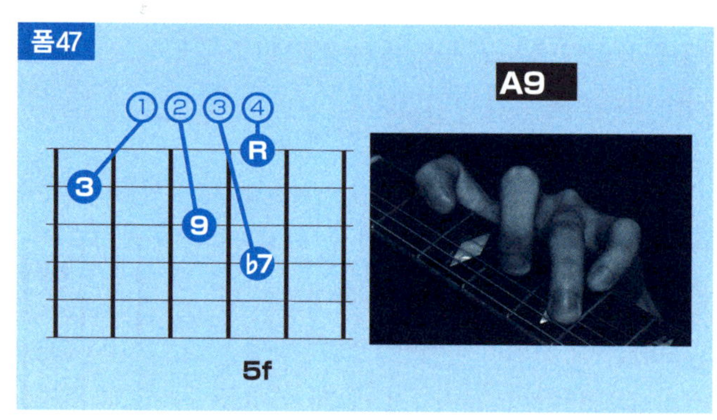

Q 예를 들어 최저음이 C이고 D♯(E♭), G♯(A♭), B♭, D음으로 구성된 코드가 있다면 표기법이 Cm7$^{(\sharp5, 9)}$인가요? Cm7$^{(9, \flat13)}$인가요?

A 질문에서 예로 들어 주신 두 코드는 텐션에 해당하는 음이 어보이드 노트가 되기 때문에 이론상 이와 같은 코드들은 존재하지 않습니다. 굳이 이론적으로 설명할 수 있도록 코드를 inversion해서 다른 관점에서 살펴보면 A♭7$^{(9, \sharp11)(omit\ 7th)}$/C(※)와 같은 코드가 됩니다. 이렇게 하면 일반적인 코드 진행에 존재하는 코드로써 분석할 수 있습니다.

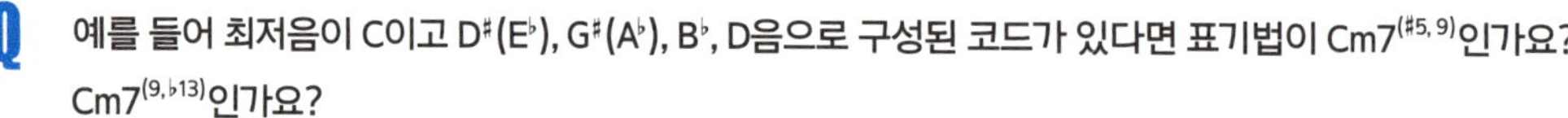

※ 코드 표기에 있어서 베이스 음을 루트 이외의 음으로 하는 경우에는 슬러시(/)에 의한 분수 표기 또는 'on'을 사용해 표기합니다.
예: C코드에서 E음이 베이스음인 경우에는 C/E 또는 C on E로 표기

다섯 번째인 D음이 탑 노트인 G9은 앞에서와 마찬가지로 D음이 G9의 5th이므로, 우선 5th가 탑 노트인 G7부터 생각해 봅시다.

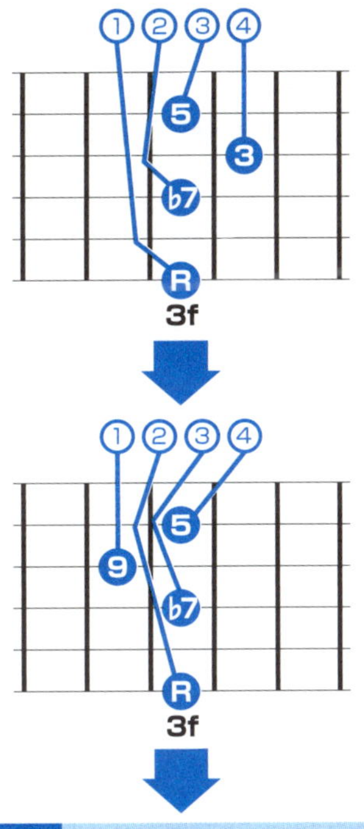

9th를 만들 때 루트음을 올려서 만들고 싶지만 텐션 노트를 이렇게 낮은 음정(6현)으로 가지고 오면 앞서 설명한 대로 울림이 탁해질 가능성이 있으므로 주의해야 합니다. 따라서 이번에는 3현 4f의 3rd(B음)를 1음 내려서 9th인 A음으로 바꿉니다.

3rd음이 사라졌으므로 생략 가능한 루트음을 3rd로 바꾸는데 6현을 3rd로 잡으면 손가락을 많이 벌려야 하므로 이럴 때는 6현이 아닌 5현 2f의 B음을 잡습니다. 이렇게 하면 오른쪽 표와 같이 됩니다.

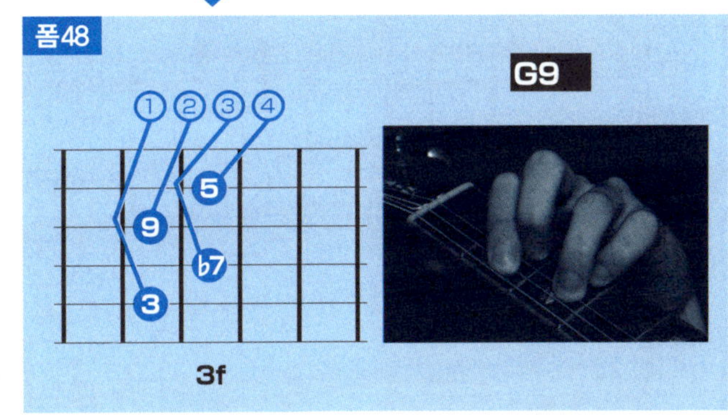

여기서 소개한 방법은 기본이 되는 코드 폼을 1현 탑, 2현 탑 중 어느 것으로 해도 상관없습니다. 운지와 사운드, 앞뒤 코드와의 연결 등을 고려해서 어느 것으로 할지 결정하면 됩니다.

Q 텐션은 왠지 어려운 음 같은데, 재즈를 연주하지 않는 저는 익혀두지 않아도 상관없지 않을까요?

A 텐션을 번역하면 "긴장"인데, 이 긴장감이 단순한 사운드를 풍부하고 멋진 사운드로 만들어 줍니다. 본서에서는 코드상에서의 텐션을 소개했는데 멜로디나 솔로 연주에서도 효과적으로 사용할 수 있습니다. 예를 들어 오자키 유타카의 『I Love You』라는 곡의 도입부 멜로디는 A 코드상에서 5th →9th →3rd로 진행합니다(직접 연주하며 확인해 보시기 바랍니다). 9th인 텐션에서 3rd로 진행하기 때문에 짧은 프레이즈 중에 "긴장과 해결"이 공존하며 심금을 울리는 멜로디가 됩니다. 텐션을 익혀두면 재즈뿐만 아니라 다양한 음악에 활용할 수 있습니다.

브라스 섹션처럼 연주하는 점프 블루스 스타일

Key = **A**

이 스케일의 완성 포인트

Key＝A의 블루스 진행입니다. 케이던스 부분이 투 파이브 진행으로 되어 있고, 턴 어라운드에 I, VI, II, V의 순환 코드 진행을 사용하는 등 재즈적인 요소들이 살짝 엿보이지만, 리듬 자체는 활기찬 셔플입니다. 점프 블루스라고 불리는 빅 밴드 재즈의 영향을 받은 블루스에서 자주 볼 수 있는 스타일인데 이 점프 블루스에는 대부분 브라스 섹션이 포함되어 있습니다. 이번 과제의 백킹 패턴은 이와 같은 브라스 섹션을 모방한 것입니다. 거의 모든 보이싱에 텐션이 포함되어 있으므로 연주하며 그 울림을 익혀봅시다.

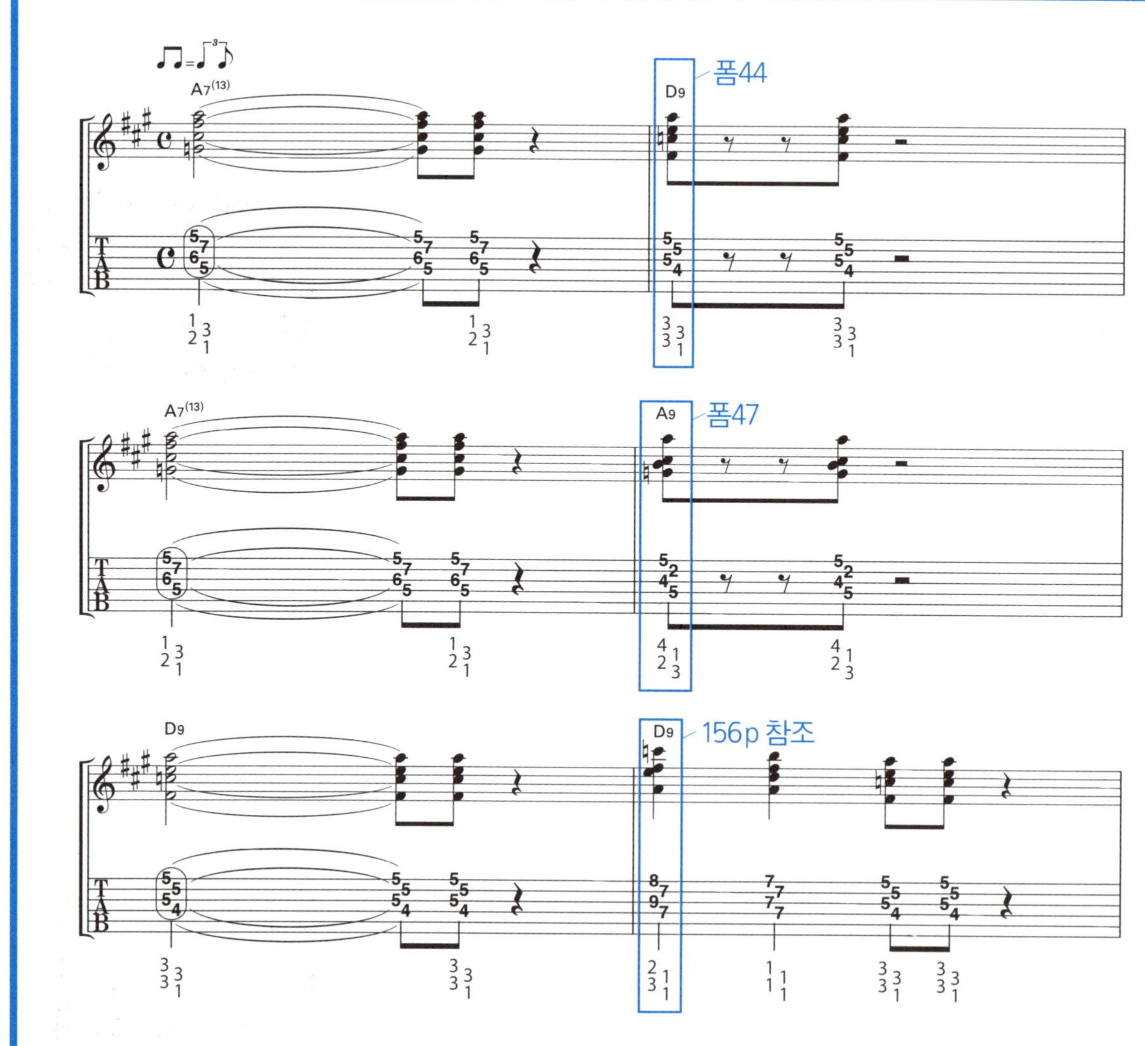

※ 구성음을 분석하기 힘든, 루트가 포함되어 있지 않은 코드 폼들을 156p의 폼과 구성음 표에 수록해 두었으므로 참고하시기 바랍니다.

이 페이지에 등장하는 코드 진행의 패턴

오른쪽의 화성 기호로 표기된 코드 진행은 실제 연주 상황을 대비해서 수록했습니다. 세션 연주 시에는 텐션이 표시되어 있지 않은 악보를 받아서 "어떤 텐션을 넣을지"를 생각해서 연주해야 하는 경우가 많은데 이를 위한 연습용입니다. 제5장 이후의 악보 예와 음원에는 텐션이 많이 포함되어 있는데 텐션을 생략한 "기본 진행"으로 코드를 표기했으므로 각자 악보 상에 표시된 코드에 어떤 텐션을 추가할 수 있는지 생각해 보시기 바랍니다.

※ 제1장의 40~41p 등은 과제 전체가 같은 종류의 코드로 통일된 특수한 경우이기 때문에 add9과 같이 코드를 정확하게 표기했습니다.

I7	IV7	I7	I7
IV7	IV7	I7	I7
IIm7	V7	I7 VI7	IIm7 V7

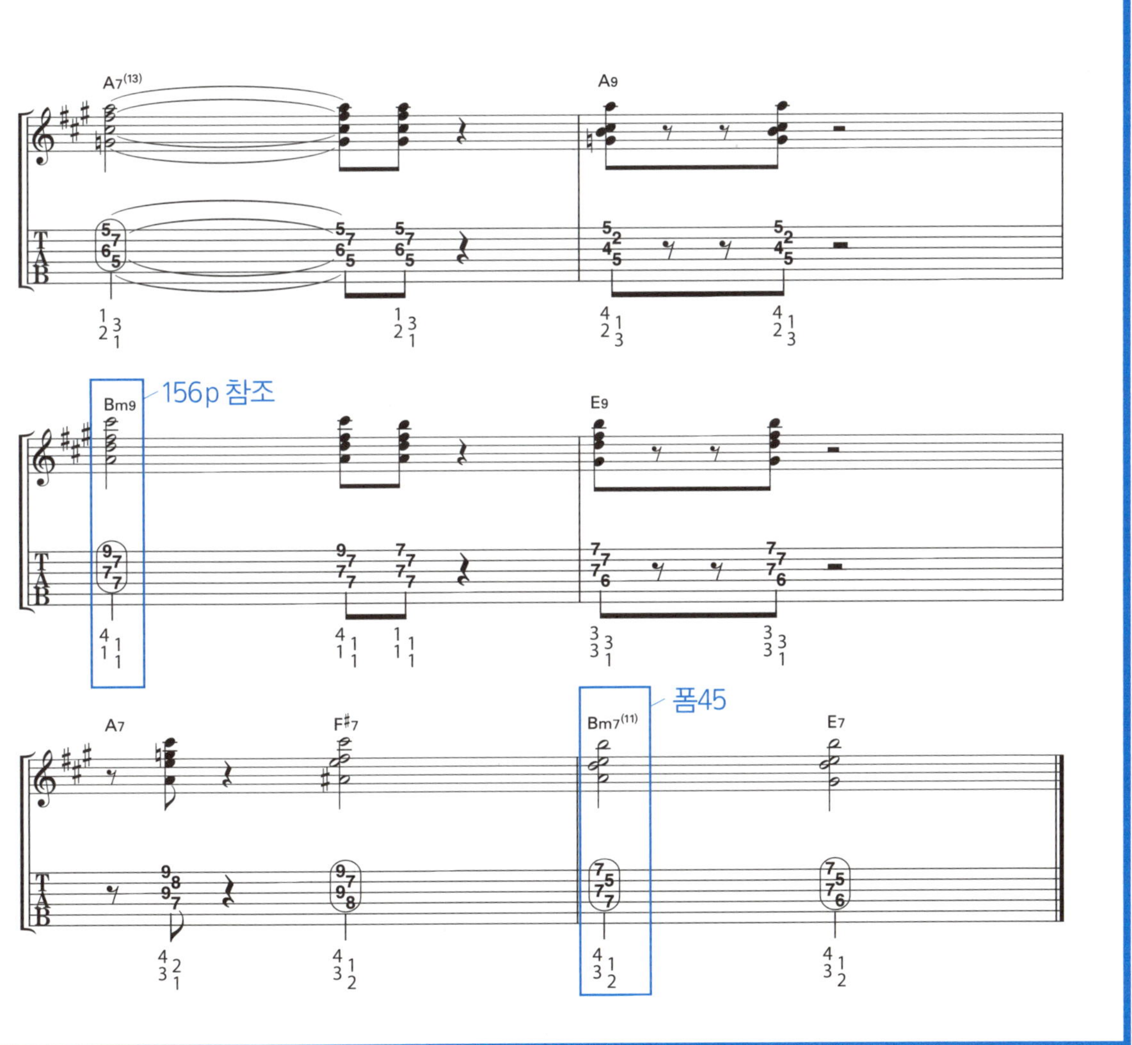

텐션 코드②

낮은 음역에서 텐션 코드를 사용한 점프 블루스

Key=**A**   주된 사용 코드 폼: 48, 탑 노트 폼 E, H

이 스케일의 완성 포인트

앞 페이지의 패턴과 같은 코드 진행과 리듬, Key로 되어 있습니다. 앞 패턴에서는 모든 보이싱의 탑 노트가 1현에 있어서 음역대가 높은 편이었는데, 위에 얹을 멜로디와 솔로를 생각하면 이처럼 낮은 음역에서도 백킹이 가능하도록 연습해 두는 것이 좋을 것입니다. 이번 백킹은 앞 패턴과 마찬가지로 텐션 보이싱으로 구성되어 있는데, 합주 시에 저음역이 베이스와 부딪쳐서 사운드가 별로라고 느껴지는 경우에는 5&6현으로 잡는 부분을 생략해도 됩니다.

대부분의 보이싱은 그대로 연주해도 충분히 코드

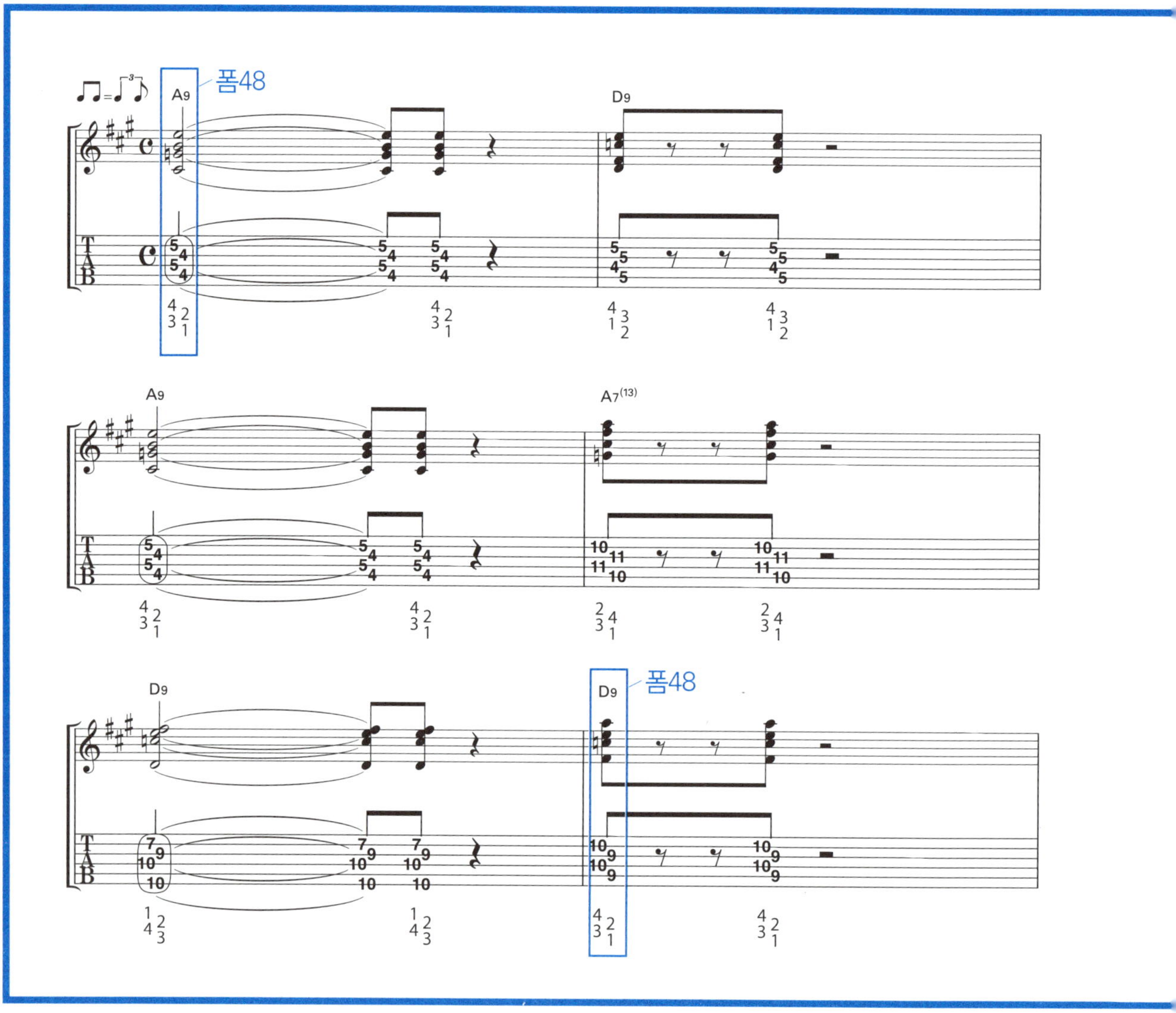

→ 블루스 진행 12마디로 익히는 코드 폼과 백킹 31

사운드(의 기능)가 유지되므로 각자의 필요에 따라 어떻게 연주할지 결정하도록 합니다.

이 페이지에 등장하는 코드 진행의 패턴

I7	IV7	I7	I7
IV7	IV7	I7	IIIm7 VI7
IIm7	V7	I7 VI7	IIm7 V7

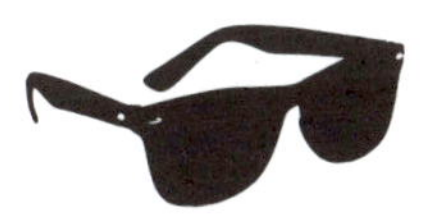

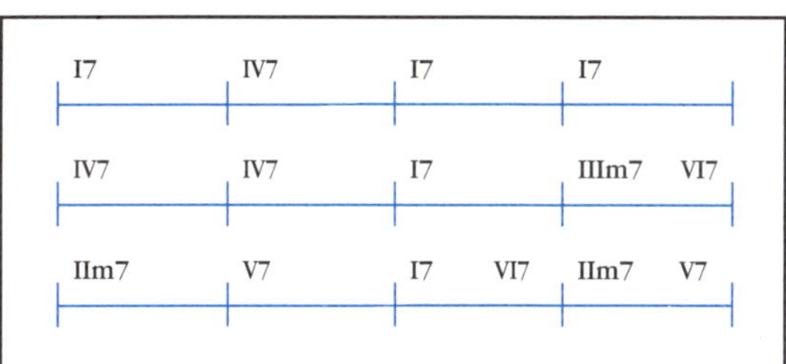

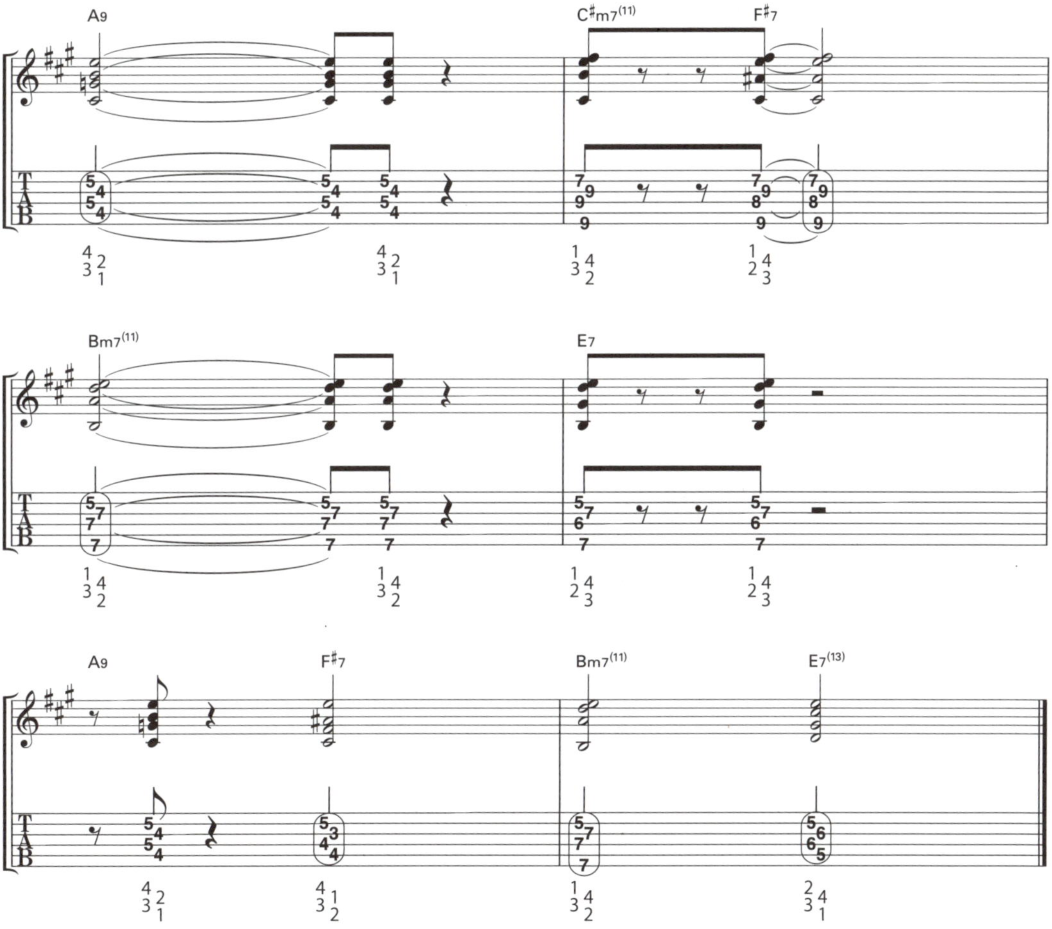

텐션 코드③

대리코드가 등장하는 변형 메이저 블루스 패턴

Key=**E** 주된 사용 코드 폼: 22

이 스케일의 완성 포인트

Key=E의 변형 메이저 블루스 진행을 핑거 피킹으로 연주합시다. 이번 과제는 특히 재즈적인 느낌이 강한데 그 원인은 서브티튜트 도미넌트(Substitute dominant) 코드를 사용했기 때문입니다. 서브스티튜트는 '대리'라는 뜻인데, 코드 진행상의 도미넌트 코드의 대리코드로써 사용이 가능한 도미넌트 코드를 의미합니다. 대신 사용할 수 있는 조건은 가이드 톤이 같아야 한다는 것입니다. 예를 들어 G7의 가이드 톤은 3rd인 B음과 ♭7th인 F음인데 이 두 음이 가이드 톤인 도미넌트 코드는 D♭7(3rd가 F음, ♭7th가 C♭=B음)입니다. 이번 악보 예에서 대리코드에 해당하는 것은 B♭7(#11), F9 입니다. 대리코드를 사용하면 반음 아래로 해결하

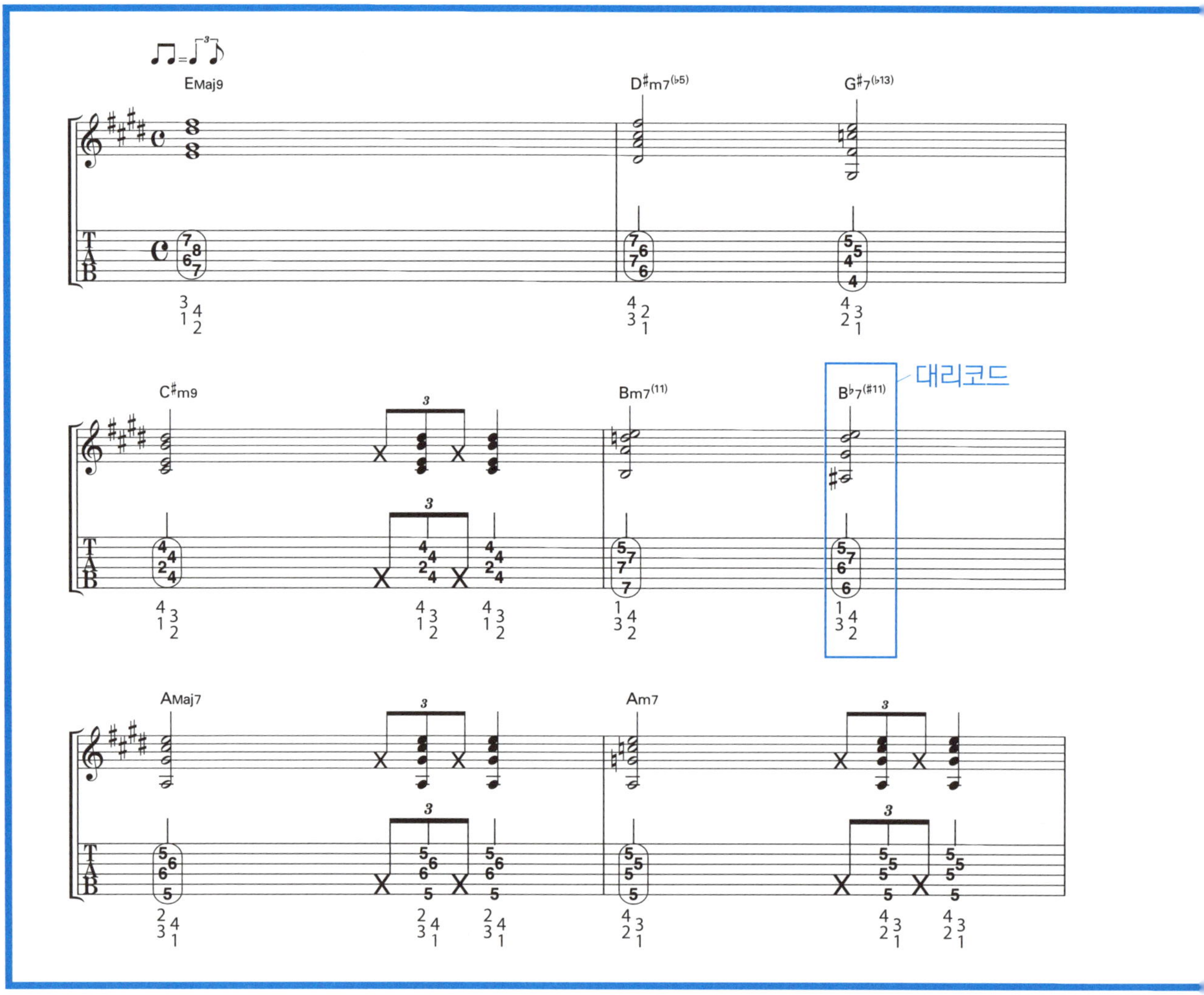

→ 블루스 진행 12마디로 익히는 코드 폼과 백킹 32

는 진행이 만들어지므로 도미넌트 코드가 반음 아래의 다음 코드로 진행하는가를 살펴보면 쉽게 찾을 수 있습니다(「G7 → C」를 대리코드로 바꾸면 「D♭7 → C」와 같이 반음 하행하는 진행이 된다). 이번 패턴에서는 4마디의 B♭7(♯11), 12마디의 F9 두 개가 다음 코드를 향해 반음 아래로 해결/진행 「B♭7(♯11) → AMaj7」「F9 → EMaj9」되므로 대리코드가 됩니다.

이 페이지에 등장하는 코드 진행의 패턴 Ⓙ

IMaj7	VIIm7(♭5) III7	VIm7	Vm7 V♭7
IVMaj7	IVm7	IMaj7	IIIm7(♭5) VI7
IIm7	V7	IMaj7	IIm7 ♭II7

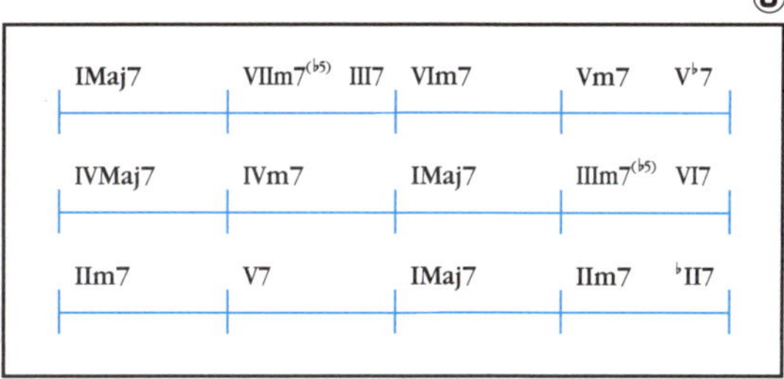

※ Ⓙ : 이 알파벳이 표기되어 있는 것은 같은 코드 진행입니다.

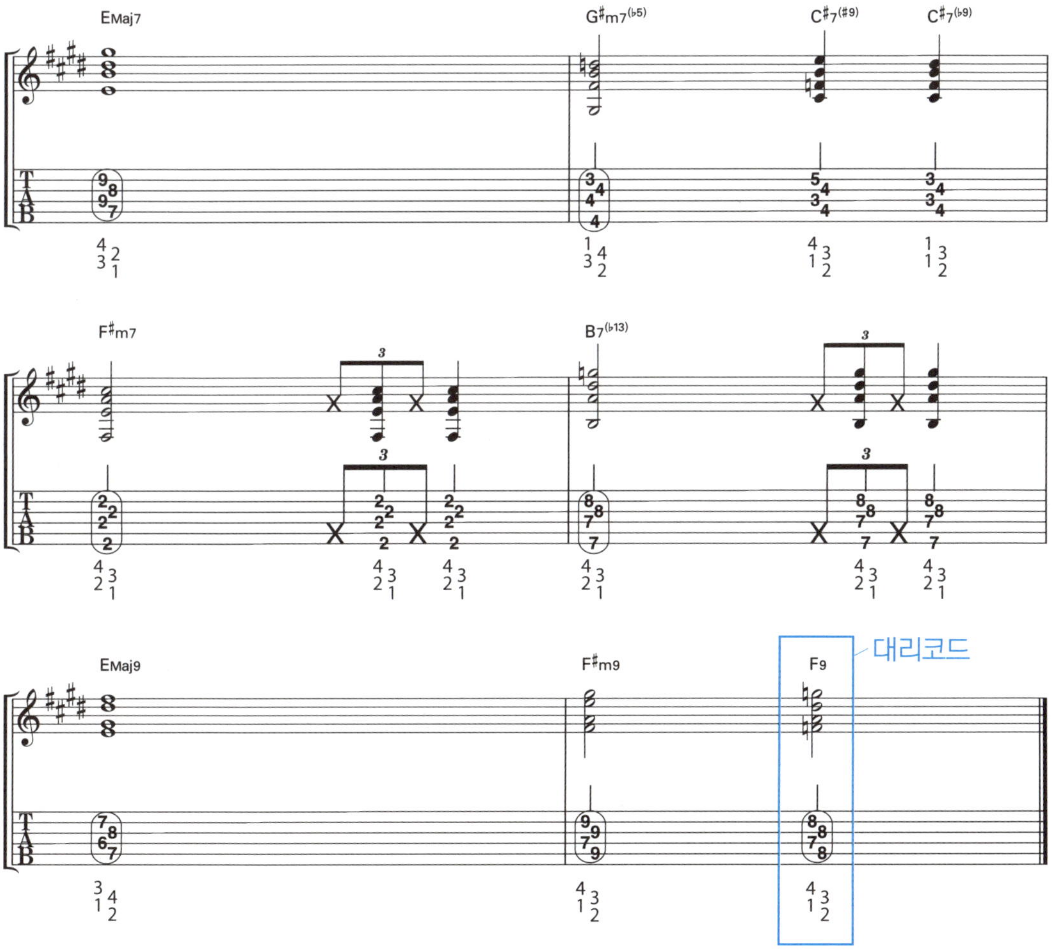

텐션 코드④

1현 탑 노트의 텐션 코드로 통일한 변형 진행

Key=**E**   주된 사용 코드 폼: 156~157p 참조, 44

이 스케일의 완성 포인트

앞 페이지 패턴의 다른 버전입니다. 앞 패턴이 2현 탑 노트 중심의 보이싱과 최저음에 루트를 사용하는, 비교적 이해하기 쉬운 보이싱인 것과 대조적으로 이번에는 1현 탑 노트로 되어 있고 최저음이 루트가 아닌 보이싱이 많습니다.

악보만으로 울림을 확인하기 힘든 경우에는 MR에 맞춰 직접 연주해 보시기 바랍니다. 이처럼 최저음에 루트가 없는 보이싱을 코드네임만 보고도 만들 수 있게 되면 "드디어 파워 코드에서 탈출!"했다는 느낌이 들 것입니다.

코드의 구성을 이해했다면 이제 연습만이 살길입

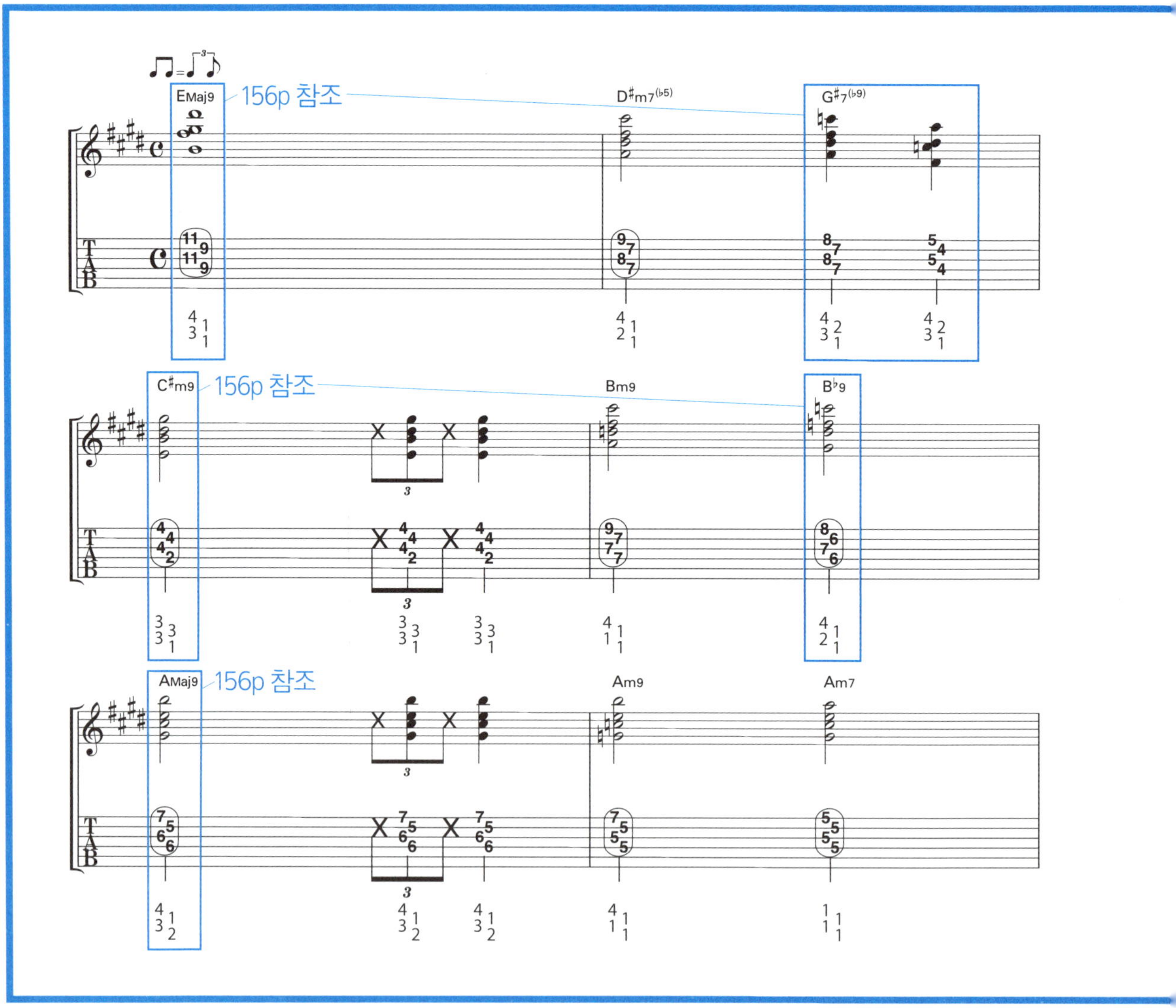

※ 구성음을 분석하기 힘든, 루트가 포함되어 있지 않은 코드 폼들을 156~157p의 폼과 구성음 표에 수록해 두었으므로 참고하시기 바랍니다.

→ 블루스 진행 12마디로 익히는 코드 폼과 백킹 33

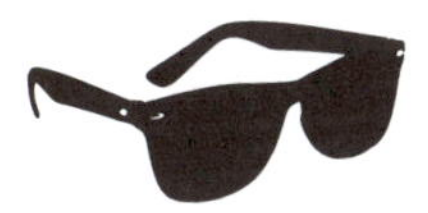

니다! 손버릇이 될 정도로 반복해서 보이싱을 잡아 보도록 합시다.

이 페이지에 등장하는 코드 진행의 패턴

Ⓙ

IMaj7	VIIm7(♭5) III7	VIm7	Vm7 ♭V7
IVMaj7	IVm7	IMaj7	IIIm7(♭5) VI7
IIm7	V7	IMaj7	IIm7 ♭II7

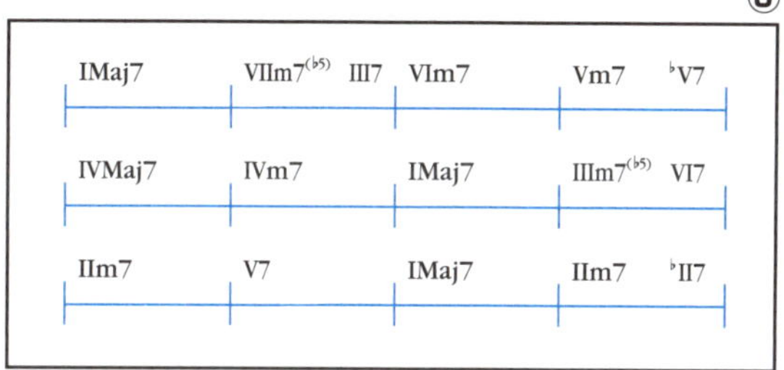

※ Ⓙ : 이 알파벳이 표기되어 있는 것은 같은 코드 진행입니다.

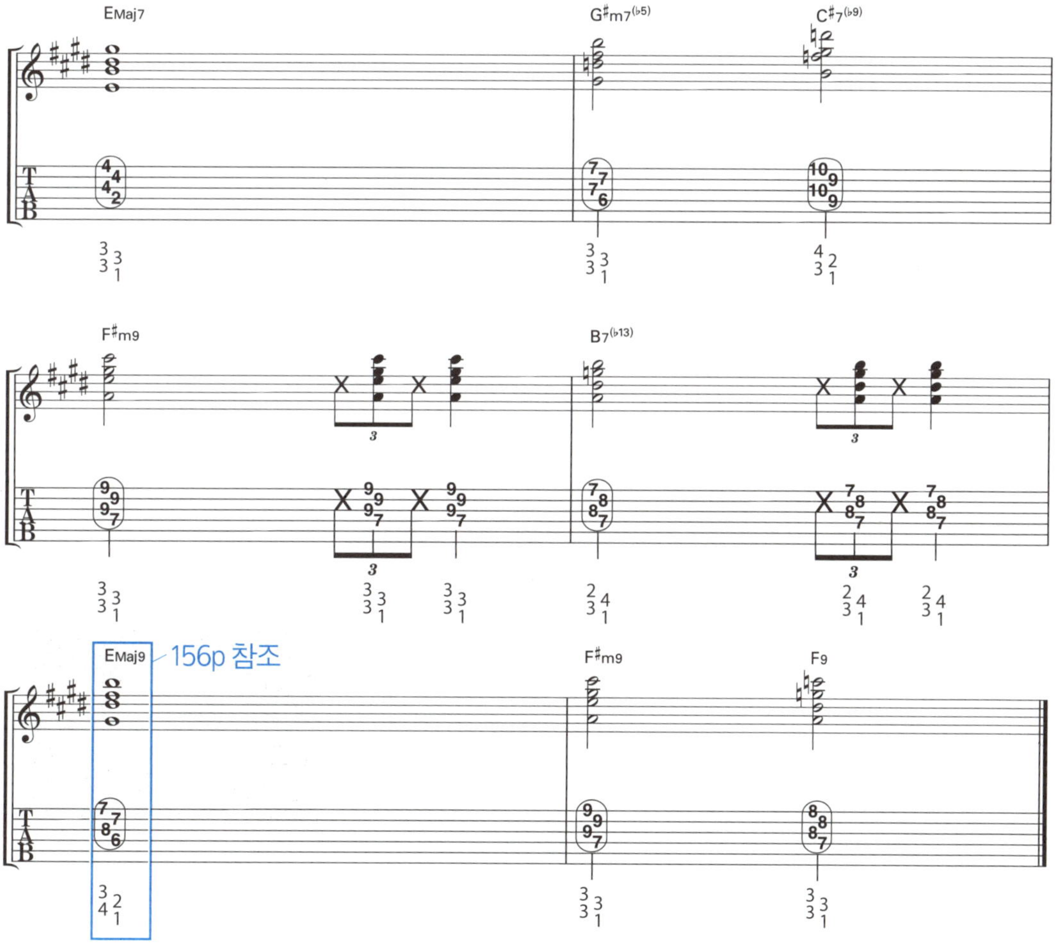

이번에는 2개의 텐션 노트가 포함된 탑 노트 보이싱을 살펴보겠습니다. 규칙①과 ②를 적용하면 루트와 5th는 보이싱 안에 존재하지 않게 됩니다. 이 상태로는 여러분이 알고 있는 범주 내에서는 설명할 수 없는, 코드집에도 없을 것 같은 특이한 코드가 되어 버리는 것이 아닌가 하는 분들도 계실 것입니다. 그러나 코드를 숙지하고 있는 프로 기타리스트에게 있어서는 일반적인 범주 내에 속하는 수준의 내용입니다. 접근방법은 지금까지와 같으므로 특별히 어렵게 생각할 필요는 없습니다.

자꾸 쳐보고 실제 연주에 사용하며 울림에 익숙해지도록 합시다! 앞에서와 마찬가지로 오른쪽 페이지의 악보 예에 지정된 대로 코드 잡는 법을 익혀보겠습니다.

우선 첫 번째는 얼터드 텐션이 포함된 C#음이 탑 노트인 A7$^{(♭9, ♭13)}$인데 3rd가 탑 노트입니다. 3rd가 탑인 A7을 생각해 보면 오른쪽과 같이 됩니다.

이 상태에서 다시 루트를 반음 올려서 ♭9th를 만들면 오른쪽과 같은 형태가 되는데 이것은 3rd가 탑인 A7$^{(♭9)}$입니다.

♭13th가 없으므로 마지막으로 5th를 반음 올려서 ♭13th로 바꾸면 완성됩니다!

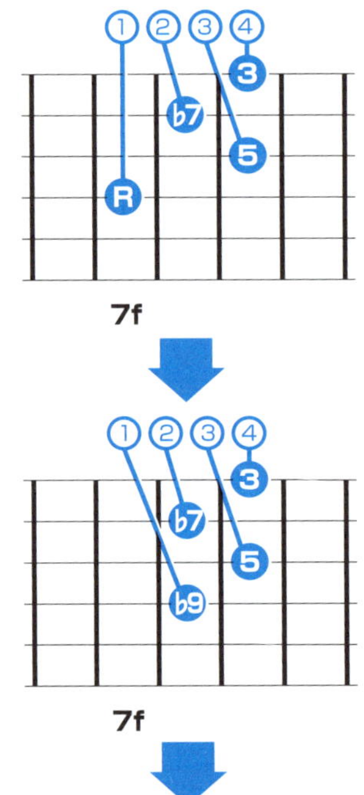

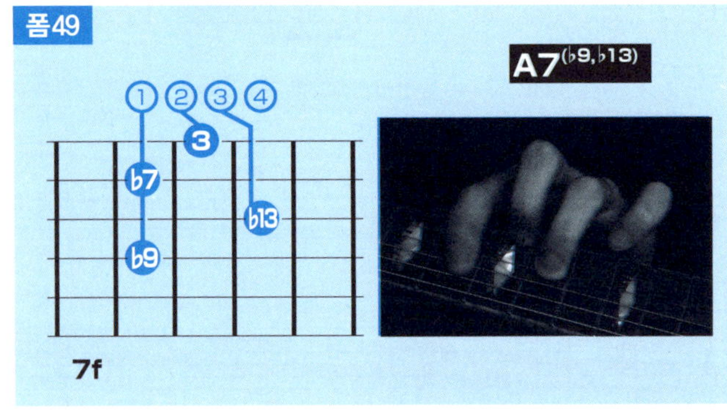

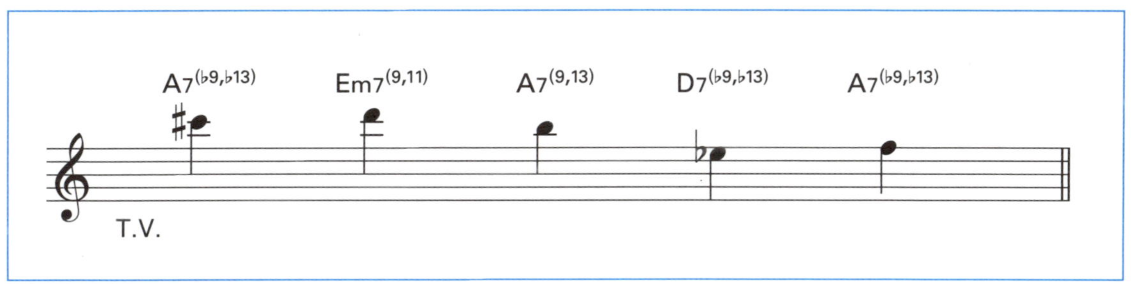

두 번째는 D음이 탑 노트인 Em7$^{(9,11)}$입니다. D음은 E음의 단7도, 즉 7th가 탑 노트가 됩니다. 우선 텐션이 포함되어 있지 않은 Em7을 7th가 탑 노트에 오도록 잡아 봅시다.

루트를 1음 올려서 9th로 바꾸면 오른쪽과 같이 되는데 이것은 Em7$^{(9)}$입니다.

다시 5th를 내려서 11th를 만드는데 이때는 잡기 쉽도록 4현에서 5현으로 이동합니다.

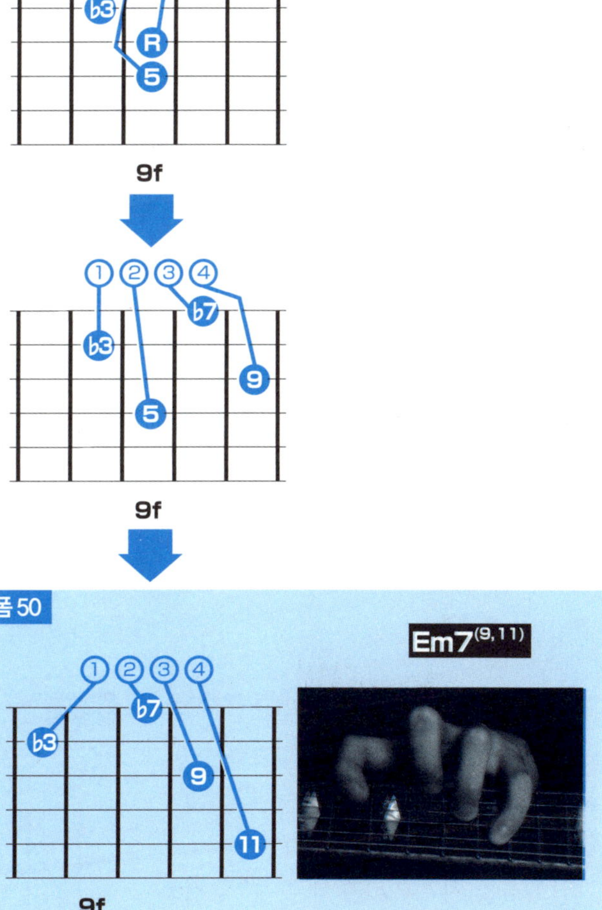

위의 폼의 경우, 베이스를 친다는 느낌으로 6현 개방현의 E음을 치면서 들어보면 이 보이싱이 가진 멋진 울림을 분명하게 느낄 수 있을 것입니다.

다음으로 세 번째의 B음이 탑 노트인 A7$^{(9,}$ $^{13)}$을 만들어 봅시다. 텐션인 B음(9th)이 탑 노트이므로 우선 그 밑의 구성음인 루트가 탑인 A7을 잡습니다.

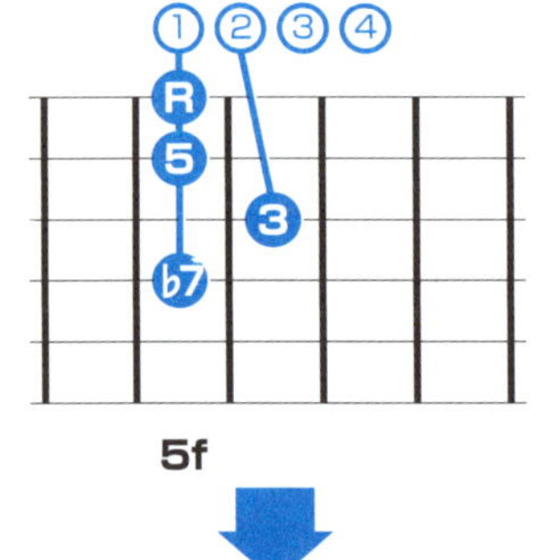

그다음에 루트를 9th로, 5th를 13th로 올리면 9th(B음)가 탑 노트인 A7$^{(9, 13)}$이 완성됩니다.

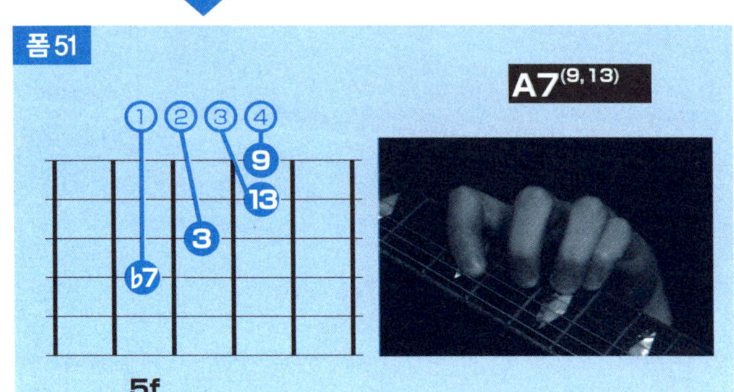

네 번째로 E♭음이 탑 노트인 D7$^{(♭9, ♭13)}$을 만들어 보겠습니다. 탑 노트의 높이상 이것은 필연적으로 2현이 탑 노트가 됩니다. E♭음=♭9th가 탑 노트입니다. 이것은 D7의 "2현 루트 탑으로 한 경우의 드롭2" 폼 부터 생각하는 것이 편할 수도 있습니다. "2

현 루트 탑으로 한 경우의 드롭3"가 더 일반적인 보이싱이기 때문에 제4장의 드롭2와 드롭3 표에는 수록하지 않았지만, 이 "2현 루트 탑/드롭2"의 운지도 기타 연주에 있어서 잡기 쉬운 보이싱이므로 익혀두면 좋을 것입니다.

우선 D7의 "2현 루트 탑/드롭2" 폼을 잡으면 오른쪽과 같이 됩니다.

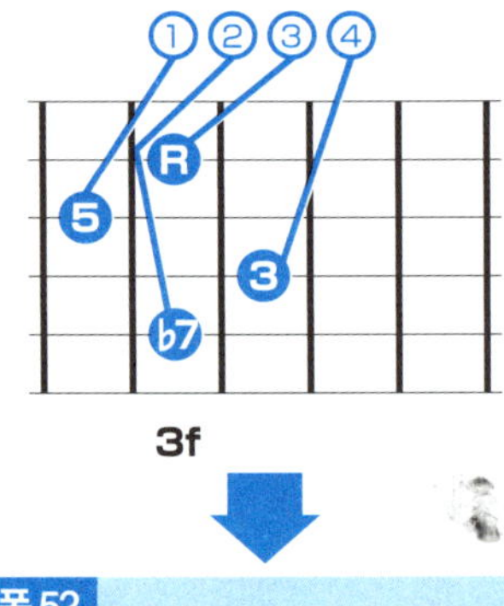

이 상태에서 루트를 ♭9th로, 5th를 ♭13으로 올리면 E♭이 탑인 D7$^{(♭9, ♭13)}$이 완성됩니다. 오른쪽의 완성된 폼만 보면 Cm7$^{(♭5)}$를 잡은 것처럼 보일 수도 있는데, 베이시스트가 루트인 D음을 치면 기타가 D7$^{(♭9, ♭13)}$을 잡고 있는 것이 됩니다.

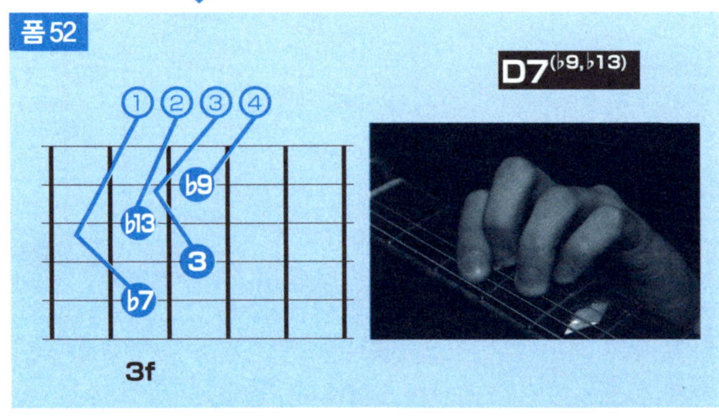

다섯 번째로 탑 노트가 F음인 A7$^{(♭9, ♭13)}$을 만들어 봅시다.

F음＝♭13이므로 ♭13th가 탑 노트가 됩니다. 우선 5th가 탑 노트 폼인 A7을 잡아 봅시다.

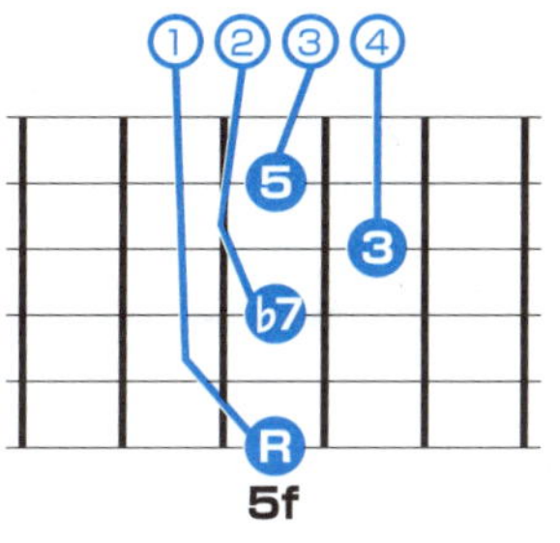

그리고 5th를 반음 올려서 ♭13th를 만듭니다. 이것은 A7$^{(♭13)}$이 됩니다.

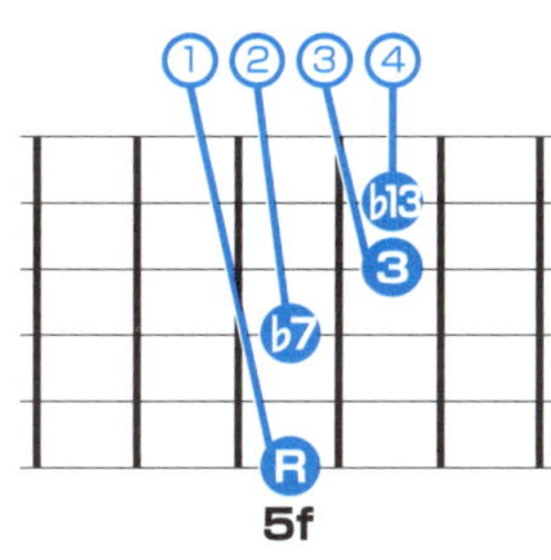

다음으로 ♭9th를 만드는데 6현 루트를 반음 올려서 텐션으로 바꾸면 울림이 탁해질 수 있으므로 3현의 3rd(C♯음)를 ♭9th(B♭음)로 내립니다. 이렇게 하면 오른쪽과 같이 됩니다.

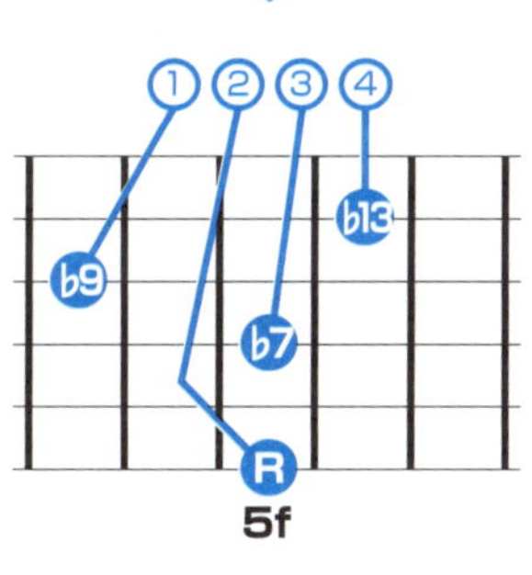

3rd가 사라졌으므로 6현의 루트를 생략하는 대신 5현 4f으로 3rd인 C♯음을 잡으면 완성됩니다.

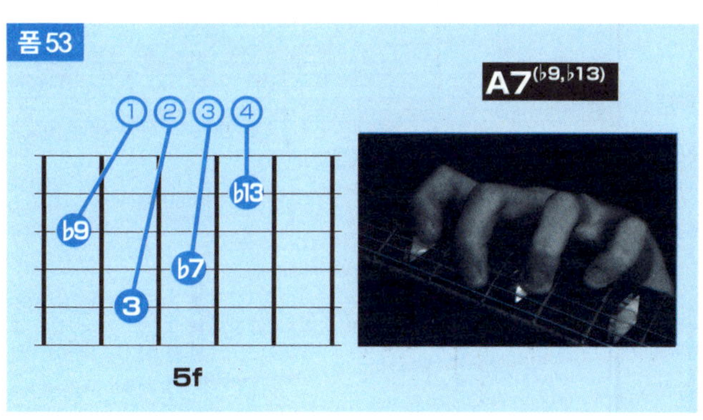

텐션 코드⑤

2개의 텐션을 포함한 코드를 중심으로 한 백킹

Key=**A**   주된 사용 코드 폼: 157p 참조, 44, 51

이 스케일의 완성 포인트

Key＝A의 재즈 블루스입니다. 이번 백킹 패턴은 대부분의 코드 보이싱에 텐션이 포함되어 있는데, 그중 대부분이 2개의 텐션을 동시에 포함하고 있습니다. 그리고 4성 보이싱을 기본으로 하고 있기 때문에 필연적으로 루트와 5th가 생략되므로 MR에 맞춰 연습하며 울림을 잘 들어보시기 바랍니다. 6마디에 나오는 dim7 코드의 같은 음형에 의한 평행이동(1n → 3박 → 4박)은 매우 자주 사용되는 패턴입니다. 포지션 이동과 탑 노트의 진행감을 만드는 수단으로 편리하게 사용할 수 있는 패턴이므로 익혀 두시기 바랍니다.

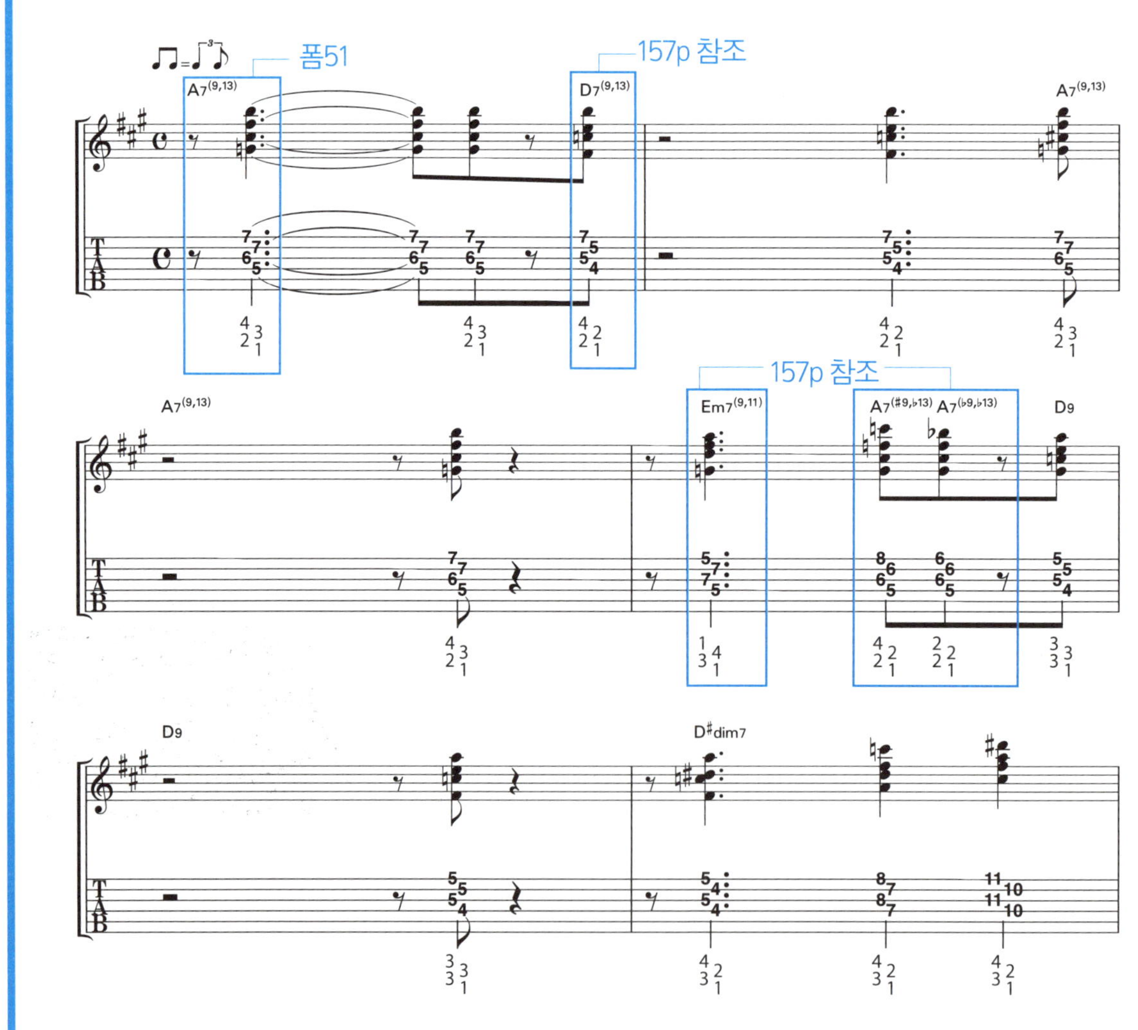

※ 구성음을 분석하기 힘든, 루트가 포함되어 있지 않은 코드 폼들을 157p의 폼과 구성음 표에 수록해 두었으므로 참고하시기 바랍니다.

이 페이지에 등장하는 코드 진행의 패턴

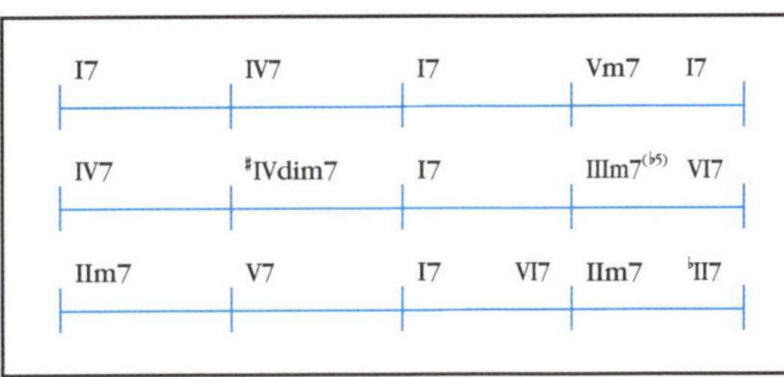

텐션 코드⑥

2개의 텐션을 포함한 2현 탑 노트 보이싱

Key=**E**   주된 사용 코드 폼: 158p 참조, 26, 44, 52, 53

이 스케일의 완성 포인트

Key=E의 재즈 블루스입니다. 전체적으로 보면 앞 페이지 백킹 패턴의 Key가 다른 버전입니다. 따라서 이 패턴도 2개의 텐션을 포함한 보이싱 중심으로 되어 있는데, 1현 탑 중심이었던 앞의 것과 달리 2현 탑 중심의 보이싱으로 되어 있습니다.

1현 탑, 2현 탑을 구분해서 사용할 수 있게 되면 음역대를 컨트롤하기 쉬워지므로 각각 다른 악보 예로 소개했는데 반드시 통일해야 하는 것은 아니고, 두 가지를 섞어서 사용하는 것도 가능합니다. 각각을 편하게 연주할 수 있게 되면 자유롭게 섞어서도 사용해 봅시다. 여기에 등장하는 $C^{\#}7^{(\#9,\flat13)}$

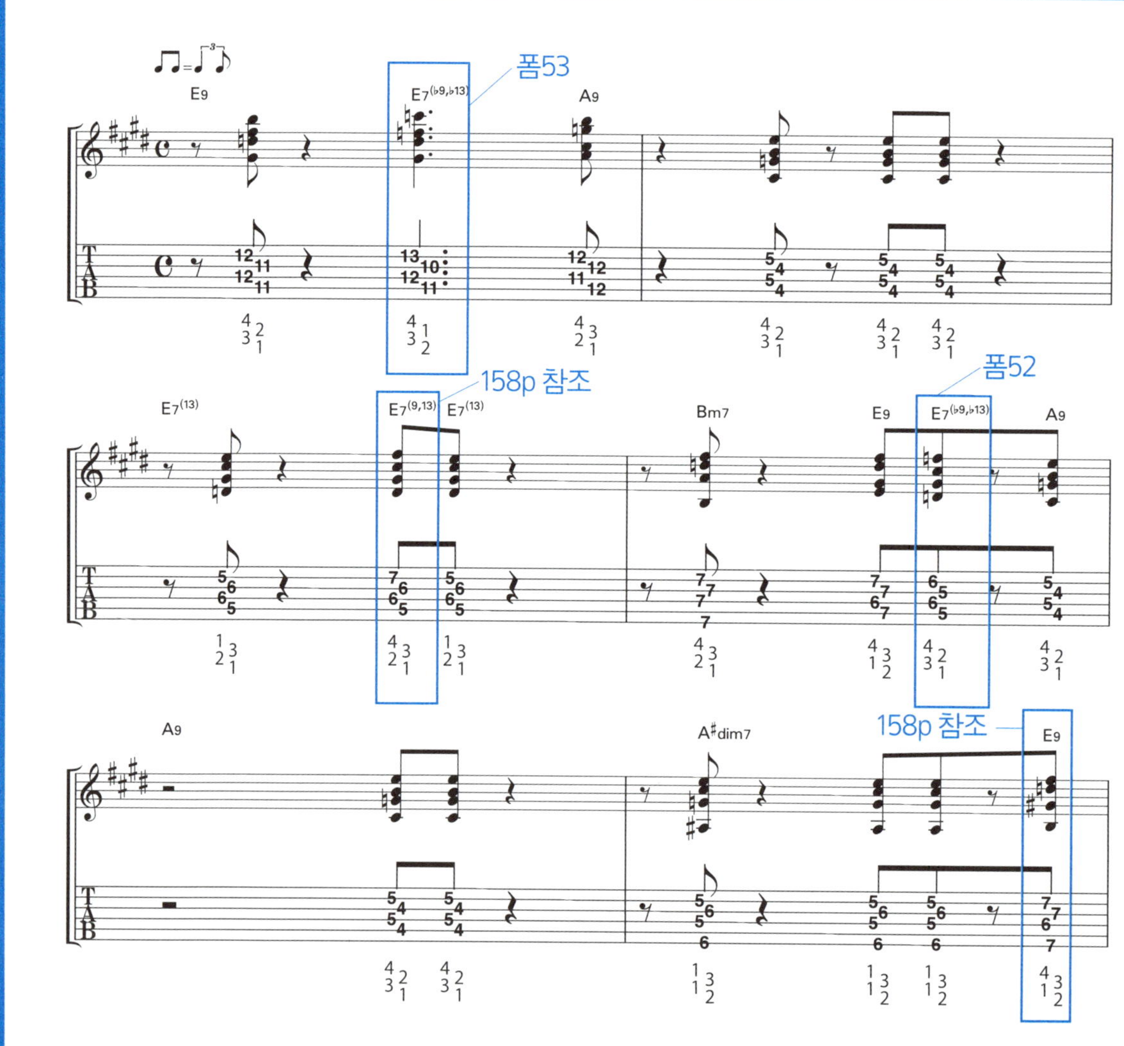

※ 구성음을 분석하기 힘든, 루트가 포함되어 있지 않은 코드 폼들을 158p의 폼과 구성음 표에 수록해 두었으므로 참고하시기 바랍니다.

블루스 진행 12마디로 익히는 코드 폼과 백킹 35

과 G7(9, 13)은 같은 운지(보이싱도 같음)임에도 불구하고 루트의 위치에 따라 코드네임이 바뀝니다. 이것은 매우 흥미로운 부분이므로 주의 깊게 각각의 보이싱을 연주해 보시기 바랍니다.

이 페이지에 등장하는 코드 진행의 패턴

I7	IV7	I7	Vm7 I7
IV7	♯IVdim7	I7	IIIm7(♭5) VI7
IIm7	V7	I7 ♭III7	II7 V7

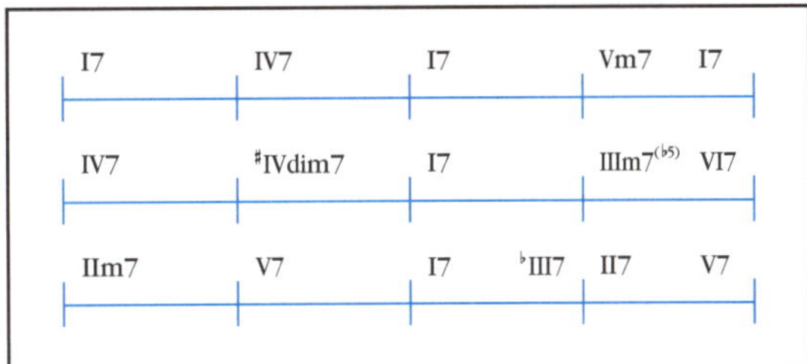

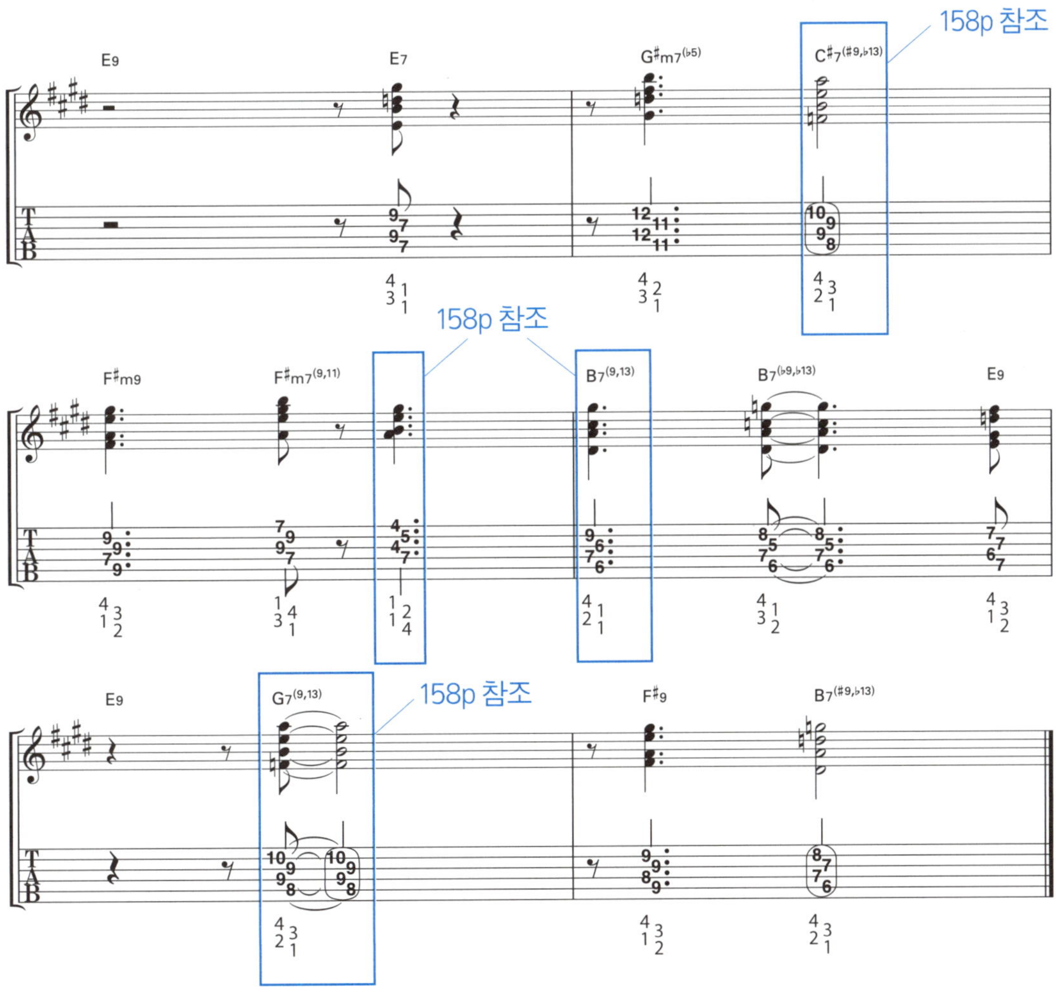

지금까지 살펴본 텐션 보이싱을 활용하면 멜로디적인 백킹 라인을 만들 수 있습니다.

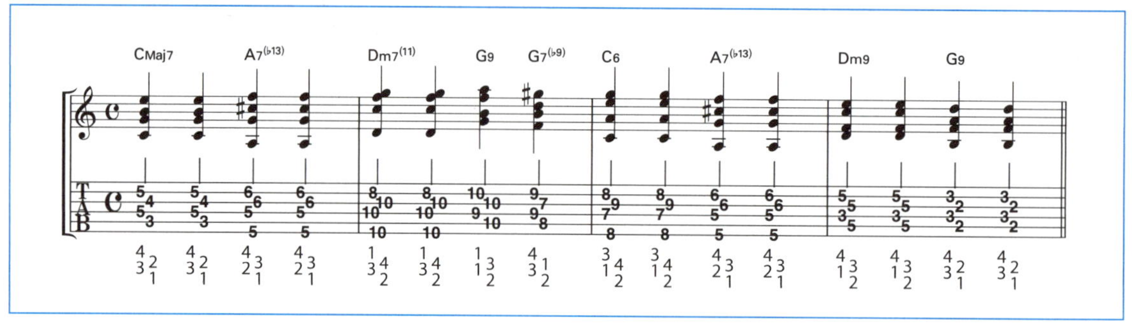

코드가 한 개밖에 없는 원 코드상에서도 복수의 보이싱으로 멜로디적인 라인을 만들 수 있습니다.

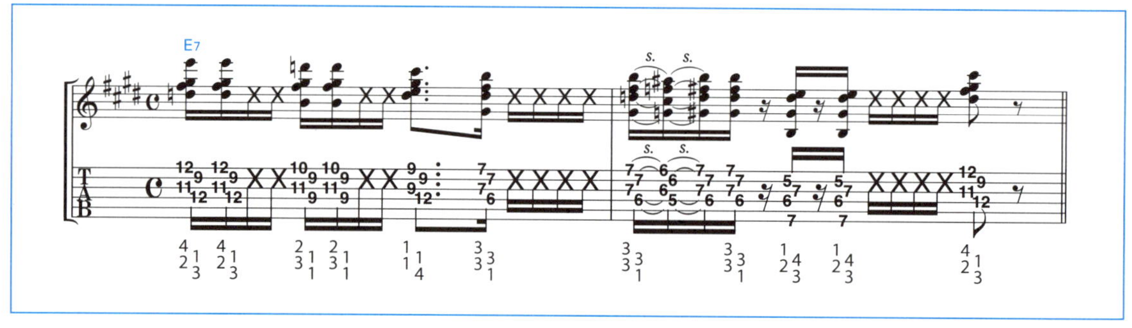

이것을 더욱 발전시킨 솔로적인 코드 패턴입니다.

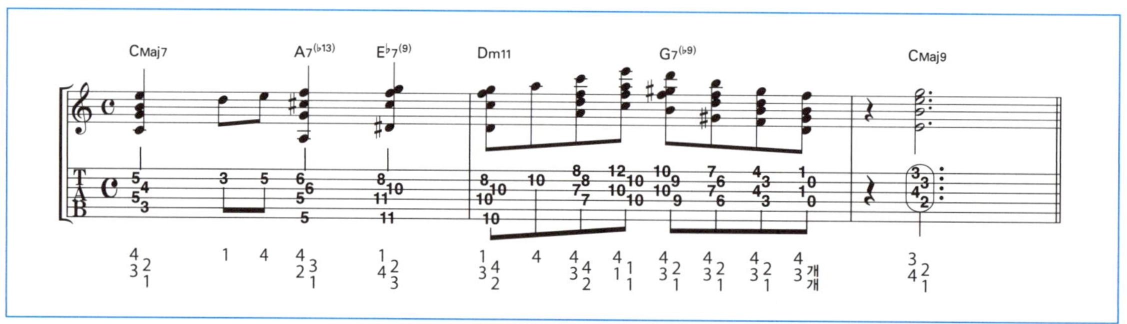

이것은 탑 노트를 페달 포인트(유지한 상태)로 한 보이싱 패턴입니다.

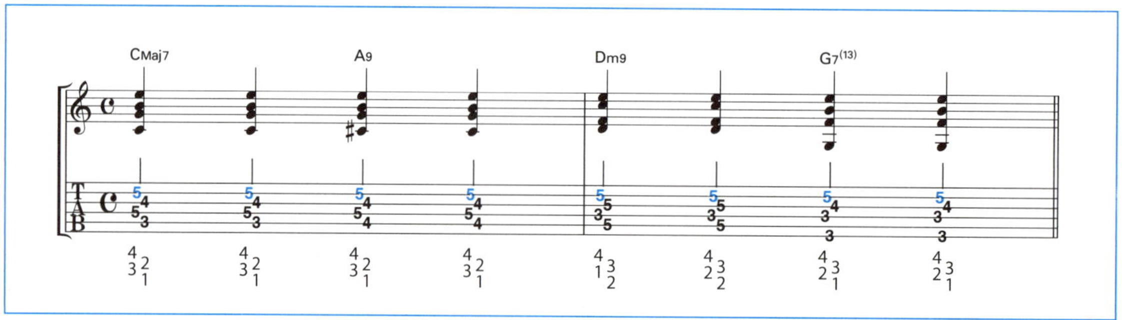

여기서 보이스 리딩에 관해 잠시 설명하도록 하겠습니다. 보이스 리딩이란 간단히 말하면 "악보 상의 옆에 있는 코드와 코드의 각 성부를 자연스럽게 연결되도록 보이싱 하는 것"입니다. 이 방법을 통해 코드 간의 횡적인 연결을 자연스럽게 만들 수 있습니다.

예를 들어 C 코드를 낮은 현부터 순서대로 C, E, G로 잡은 후 Em로 진행할 때, 아무 생각 없이 연주하면 아래 악보와 같이 E, G, B를 잡아 버리기 쉽습니다.

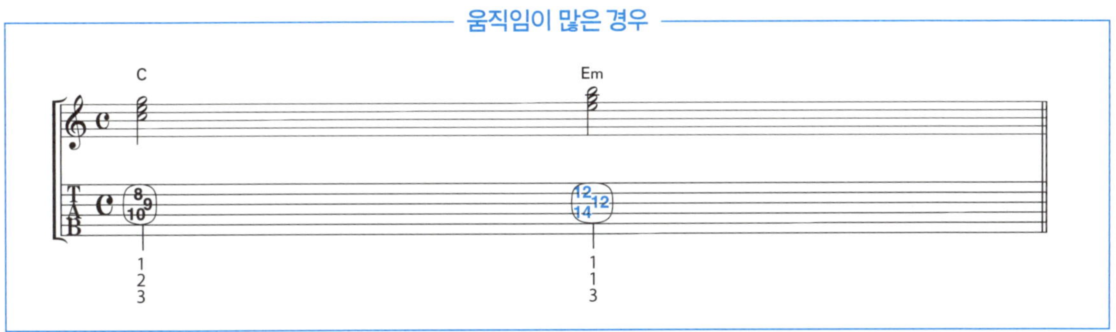

그러나 2개의 코드의 공통음(common tone)인 E, G 두 음을 같은 위치에 유지한 상태에서 낮은음부터 B, E, G로 잡으면 라인의 움직임이 작아지고 더 부드러운 진행이 되는데(아래 악보 예) 이것이 보이스 리딩입니다.

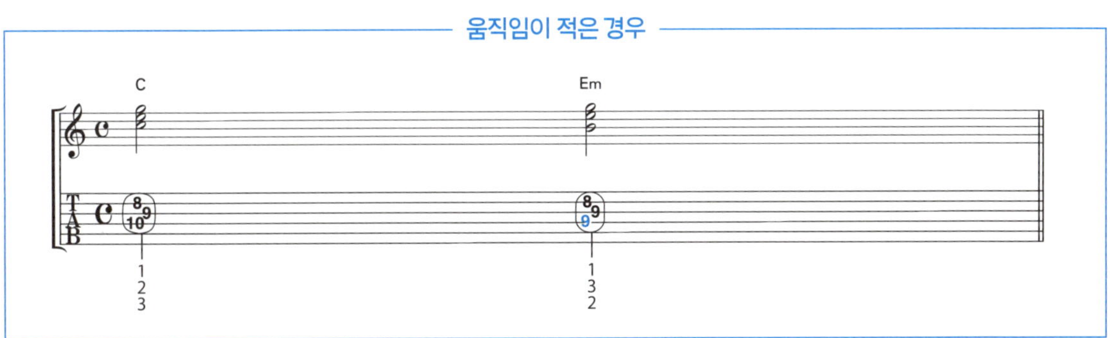

지금까지 코드에 관해 학습해 온 여러분 입장에서는 새삼스럽게 다시 복습할 필요가 없을 정도의 내용일 수도 있겠지만 바로 이것이 보이싱의 기본적인 개념입니다.

텐션 코드의 경우에는 순발력 있게 보이스 리딩을 하는 것이, 머리로는 말할 것도 없고 기타 주법상으로도 상당히 어렵습니다. 그러나 지금까지 익힌 지식을 사용해서 탑 노트를 같은 음에 둔 페달 포인트(유지)를 사용하거나 포지션 이동을 최대한 줄이려고 노력하며 연주하는 것만으로도 비슷한 효과를 얻을 수 있게 될 것입니다.

하지만 다소 거친 평행이동 보이싱도 나름대로 멋진 사운드가 되므로 상황에 따라 다양한 코드 워크를 구사하도록 합시다.

음악 이론과 블루스

지금까지 코드를 만드는 다양한 방법들을 익혀 보았습니다. 그리고 실제 곡에서의 분위기를 느끼면서 연주 시에 활용 가능한 스타일을 익힐 수 있도록, 코드 워크의 실전 패턴을 블루스 진행(12마디)을 이용해서 살펴보았습니다. 그런데 이 블루스는 현대의 락, 펑크, R&B, 재즈, 레게 등 대부분 음악 장르의 토대임에도 불구하고 음악 이론상으로는 약간 독특한 존재입니다. 사실 이런 "독특한 부분"

때문에 "이론은 어렵다.", "연주할 때 무엇을 쳐야 할지 모르겠다."와 같은 상황이 되어 버리는 기타리스트들이 적지 않습니다. 따라서 이번 기회에 블루스의 이론적인 부분에 대해 짚고 넘어가도록 하겠습니다. 블루스는 기본적으로 12마디 패턴으로 구성되어 있습니다. 가장 기본적인 코드 진행에는 메이저 계열의 코드가 사용되는데 코드 진행은 아래와 같습니다.

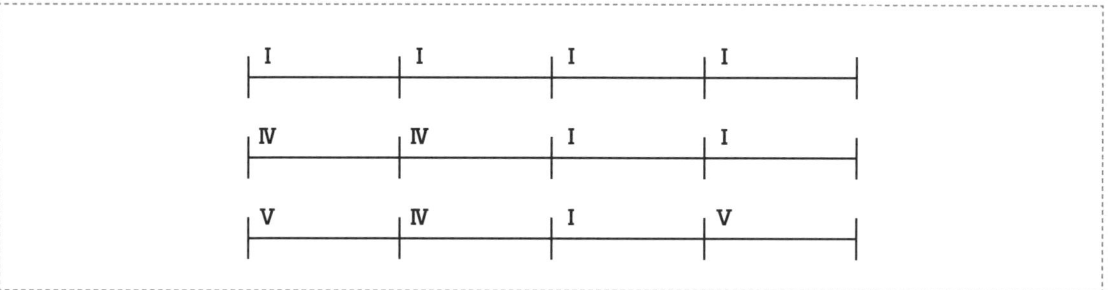

이 코드 진행상에 블루스 스케일이라고 불리는 아프리카를 기원으로 하는 특별한 사운드를 가진 음

계로 멜로디를 얹은 것이 기본적인 블루스의 특징입니다.

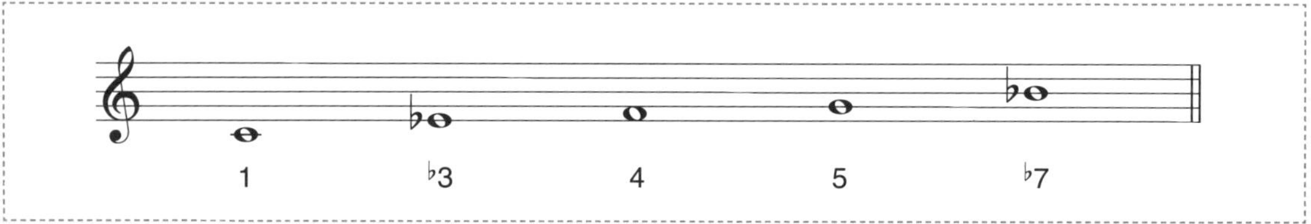

위의 음계가 블루스 스케일입니다. 눈치챈 분도 있겠지만, 마이너 펜타토닉 스케일과 똑같은 음계입니다. 하지만 기원이 다르므로 다른 것으로 해석할 수도 있습니다. 위의 음계는 이 외에도 블루스 멜로딕 스케일, 블루 노트 펜타토닉 스케일 등으로도 불리는데 음계는 결국 같으므로 구분해서 생각할 필요는 없습니다. 여기서부터가 중요합니다. 이

블루스 스케일은 어두운 마이너적인 느낌을 주는 ♭3rd(단3도)와 ♭7th(단7도)음을 포함하고 있습니다. 그러나 앞서 살펴본 블루스의 기본적인 코드진행은 메이저 계열(장3도)의 코드로 구성되어 있습니다. 즉 "메이저(밝은) 코드 진행에 마이너(어두운) 스케일을 얹는 것"인데 바로 이것이 "블루스가 독특한 존재"인 이유입니다.

이 "3rd"와 "7th"가 앞서 설명한 "특별한" 느낌을 주는 음으로 블루 노트라고 합니다. 여기에 ♭5th음을 추가하는 경우도 있는데, 이 "♭5th"도 블루스적인 느낌이 강한 "특별한" 음입니다. 이 ♭5th를 포함해서 블루 노트 스케일이라고 하거나 "음을 추가했다"는 의미에서 에디드 피치 블루스 멜로딕 스케일 등으로 부르기도 합니다.

I의 코드(토닉)는 메이저 세븐스(IMaj7)인 것이 일반적인데 블루스 스케일의 7도가 ♭7th이기 때문에 블루스 진행에서는 I7(세븐스)으로 바뀝니다. 원래 음악 이론에서 세븐스 코드는 불안정한 코드로 취급하는데 블루스에서는 가장 안정적이어야 하는 토닉에도 세븐스 코드를 사용해 버리는 대범함이 엿보입니다.

IV도 코드도 다이아토닉 코드상에서는 보통 IVMaj7인데 블루스 스케일의 "♭3rd음이 IV코드(의 루트)"에서 ♭7th음에 해당하므로 이것 역시 IV7으로 바뀝니다. 아래의 표와 같이 블루스 진행에 있어서 3개의 코드 모두를 세븐스 코드로 바꾼 것을 도미넌트 블루스라고 합니다.

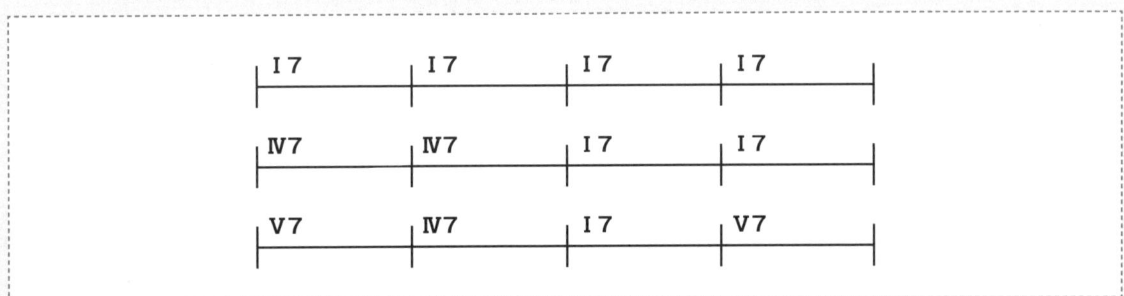

이처럼 코드와 스케일이 다른 곳으로부터 와서 결합하여 있는 상태이기 때문에 텐션을 취급하는 방법도 평소와는 조금 달라집니다.

블루스의 경우에는 "블루스 스케일에서 코드 톤과 겹치는 음을 생략한 것"을 텐션으로 분류합니다. Key를 C라고 가정해서 생각해 봅시다.

C 블루스 스케일(1도, 단3도, 4도, 5도, 단7도)= C, E♭, F, G, B♭

C7(I7)의 구성음 = C, E, G, B♭   C7의 텐션 E♭=♯9th F=11th
F7(IV7)의 구성음 = F, A, C, E♭   F7의 텐션 G= 9th B♭=11th
G7(V7)의 구성음 = G, B, D, F   G7의 텐션 B♭=♯9th C=11th E♭=♭13th

이상이 블루스 상의 텐션들입니다. 여기서 각 코드 구성음의 반음 위의 음인 어보이드 노트를 생략하면 어베일러블 텐션을 추려낼 수 있습니다.

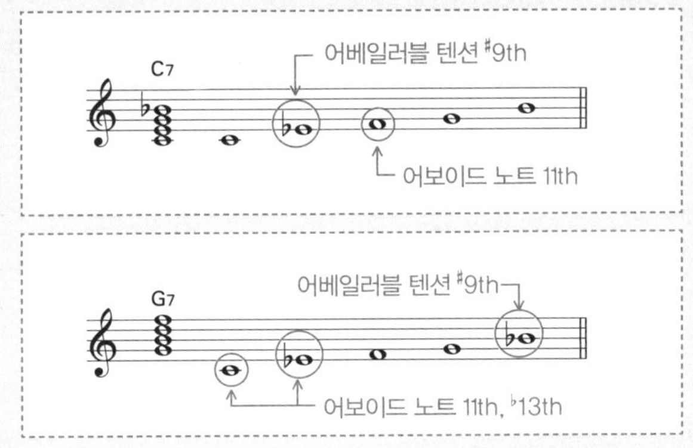

C7의 어베일러블 텐션 E♭=♯9th
F7의 어베일러블 텐션 G=9th
G7의 어베일러블 텐션 B♭=♯9th

제5장의 얼터드 텐션 파트(101p)에서 살펴본 악보 예에 E7$^{(\sharp 9)}$이 있었는데, 이것은 지미 헨드릭스의 『Purple Haze』의 리프에서 사용한 것이 대표적이어서 지미 헨드릭스 코드라고 불릴 정도로 유명한 코드입니다. 세븐스 코드에 얼터드 텐션(#9th)이 포함된 이 불안정한 코드는 토닉으로서 자주 연주됩니다. 그 이유는 #9th =♭3rd, 즉 "블루스 특유의 사운드"의 요인이 되는 블루 노트가 포함된 코드이기 때문입니다. 또 한 가지 다른 해석으로 각 세븐스 코드의 코드 스케일을 믹소 리디안 스케일로 생각하는 방법도 있습니다. 믹소리디안은 메이저 스케일의 제7음을 반음 내린 스케일입니다.

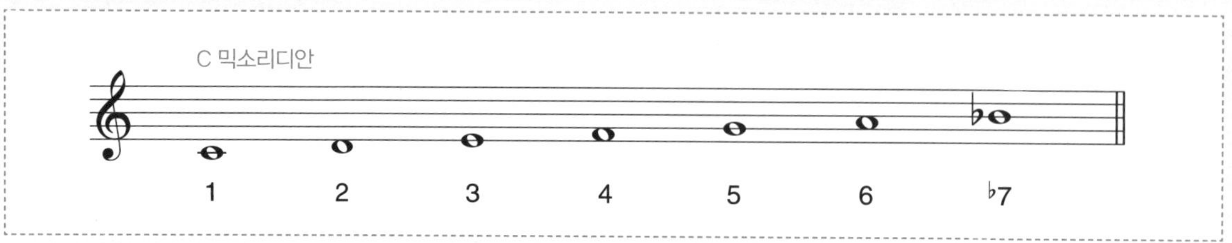

이 경우에는 각 코드의 어베일러블 텐션이 9th와 13th가 됩니다.
앞에서와 마찬가지로 Key = C에서 살펴보면

C 믹소리디안 스케일 = C, D, E, F, G, A, B♭
C7(I7) = C, E, G, B♭
• 믹소리디안 스케일에서 코드 톤과 겹치는 음을 생략한 것
C7의 텐션 D=9th F=11th A=13th
• 텐션에서 코드 구성음의 반음 위에 있는 어보이드 노트(F =11th)를 생략한다
C7의 어베일러블 텐션 D=9th A=13th
다음 두 개의 코드도 같은 방법으로 살펴보면
F 믹소리디안 스케일=F, G, A, B♭, C, D, E♭
F7(IV7)=F, A, C, E♭
F7의 텐션 G=9th B♭=11th D=13th
F7의 어베일러블 텐션 G=9th D=13th
G 믹소리디안 스케일=G, A, B, C, D, E, F
G7(V7)=G, B, D, F
G7의 텐션 A=9th C=11th E=13th
G7의 어베일러블 텐션 A=9th E=13th
과 같습니다.

이상이 블루스에서 텐션을 취급하는 방법입니다.
기본적으로는 멜로디와 솔로에 따라 백킹 코드에 추가되는 텐션을 바꾸어 보기도 하고, 반대로 백킹의 코드 텐션에 따라 그 위에 없는 멜로디와 솔로의 내용을 바꾸는 접근방법을 사용하는 것이 좋습니다.

그러나 결과적으로 사운드만 좋다면 이론적인 부분과 상관없이 블루스 스케일의 텐션과 믹소리디안 스케일의 텐션을 섞어서 사용하는 자유롭고 대범한 연주도 가능합니다.

프로급 코드 워크의 실천을 위해 익혀 두어야 할 13개 아이디어

드디어 제6장입니다.

셔플은 물론 펑크나 룸바 등을 포함한 다양한 리듬의 블루스 12마디 진행에 맞춰 마지막 완성단계에 적합한 특별한 코드 폼과 백킹을 연주해 봅시다. 총 13개의 항목으로 나누어 코드 워크를 위한 아이디어를 소개합니다.

전형적인 보텀 리프를 시작으로 꾸밈음, 얼터네이트 베이스, 3도나 6도 음정에 의한 2음 보이싱, 텐션의 활용방법, 『Stormy Monday』 진행, 코드 솔로 스타일 등 하나같이 프로급 코드 워크에 다가가기 위한 유용한 노하우들로 가득합니다.

여러 번 반복해서 연주하며 몸으로 익히는 것도 좋지만 가능하면 이론적인 부분도 제대로 이해할 수 있도록 주의해서 읽어 나가기 바랍니다. 본서의 처음부터 이야기한 대로 구성음이나 기능과 같은 코드의 구조를 제대로 이해하면서 연주하는 것이…….

처음에는 힘들겠지만 결국 이것이야말로 코드 워크의 달인이 되기 위한 지름길임을 명심해야 할 것입니다.

※ 제6장에서는 앞에 나온 적이 없는 코드 폼도 등장하는데 각각에 관한 자세한 설명은 생략합니다. 그러나 서론~제5장을 통해 습득한 지식을 모두 활용한다면 쉽게 마스터할 수 있을 것입니다.

QR Track 36

셔플 블루스①

전형적인 보텀 리프로 코드를 연주하는 패턴

Key=A

이 스케일의 완성 포인트

Key=A의 블루스 진행이고 리듬은 셔플입니다. 6th를 포함한 리프(1~2마디 등)는 보텀 리프 또는 "락 보텀 블루스"로 불리며 블루스 연주에서 자주 사용되는 패턴 중의 하나로 알려져 있습니다. 이 리프 중간중간에 코드 백킹을 추가한 것이 이번 패턴입니다. 보텀 리프 부분은 팜 뮤트(손가락 측면에 의한 뮤트)를 이용해서 리드미컬하게 연주합시다. 뮤트는 개성적인 연주를 표현할 수 있는 부분이므로 부록 QR과 유명 기타리스트의 음반을 참고하며 각자 연구해 보시기 바랍니다. 3마디의 4박 등의 3화음은 sus4(4박의 앞 보이싱

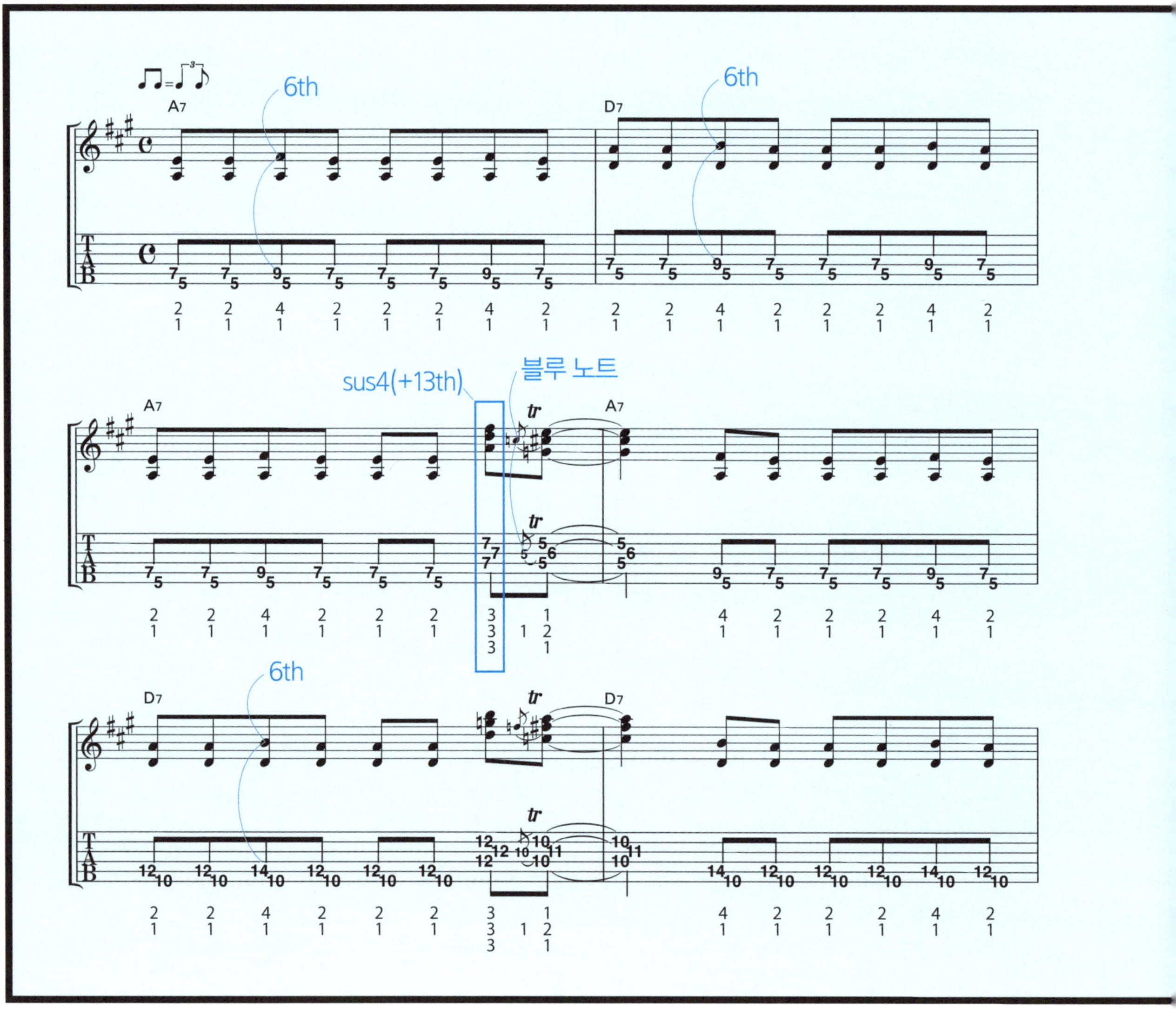

→ 블루스 진행 12마디로 익히는 코드 폼과 백킹 36

※2현 13th를 포함)를 먼저 연주한 후 블루 노트를 이용한 꾸밈음(3현 부분)을 연주하는데 이 진행 역시 블루스 백킹에서는 자주 사용되는 방법입니다. 참고로 이 코드 연주 부분에서 다시 보텀 리프로 돌아갈 때, 이 오른손의 움직임을 이용해서 현을 튕겨 줍니다. 이 주법은 뒤에서 잡아당기는 것 같은 "루즈함(레이백)"을 표현하기 위한 테크닉입니다.

이 페이지에 등장하는 코드 진행의 패턴

Ⓘ

I7	IV7	I7	I7
IV7	IV7	I7	I7
V7	VI7	I7	I7 V7

※ Ⓘ : 이 알파벳이 표기되어 있는 것은 같은 코드 진행입니다.

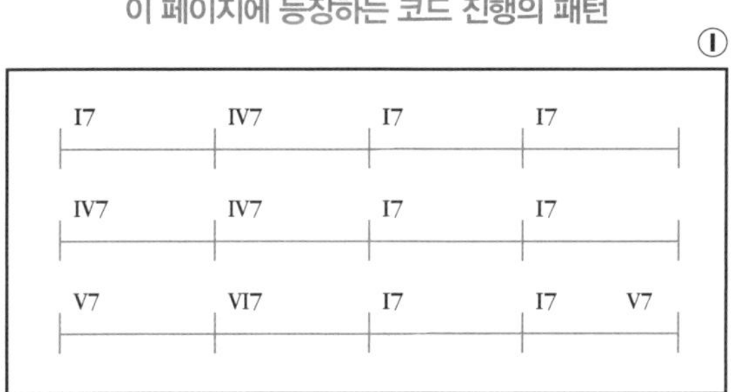

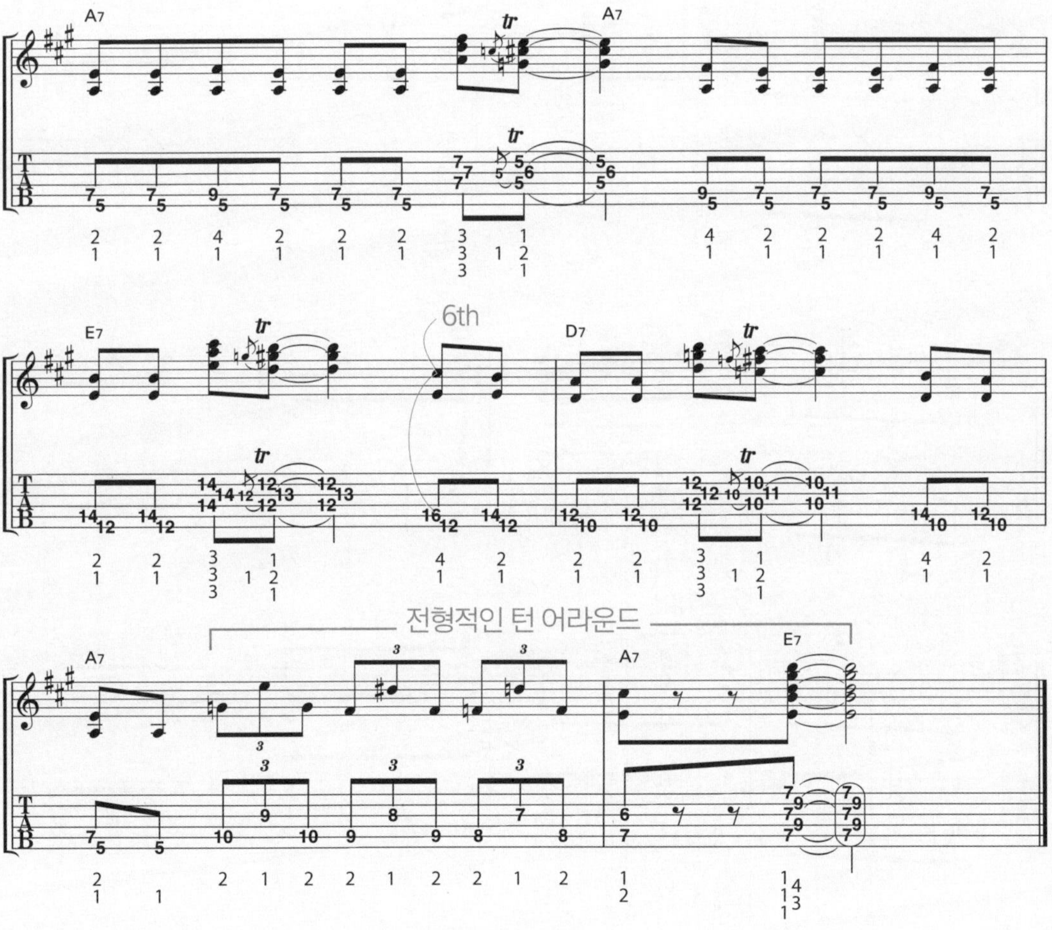

셔플 블루스②

하나의 코드에 복수의 보이싱을 사용한 리프 연주

Key=**A**

이 스케일의 완성 포인트

Key＝A의 셔플 블루스입니다. 이 패턴에서는 하나의 코드에 대해 복수의 보이싱과 텐션을 사용하는데 이것들을 빅 밴드의 관악기 세션처럼 리드미컬하게 구분해서 리프처럼 연주합니다. B.B.킹의 『Let The Good Times Roll』과 같은 명곡은 관

악기 백킹의 좋은 예입니다.

이처럼 보이싱을 바꾸어가며 연주하기 위해서는 익숙해질 필요가 있는데 잡기 힘든 보이싱이 있다면 집중적으로 연습합시다. 우선 잡기 힘든 보이싱을 낮은 포지션부터 1프렛씩 올리며 잡아 봅시다. 어느 정도 올라간 후에는 포지션을 내려가면

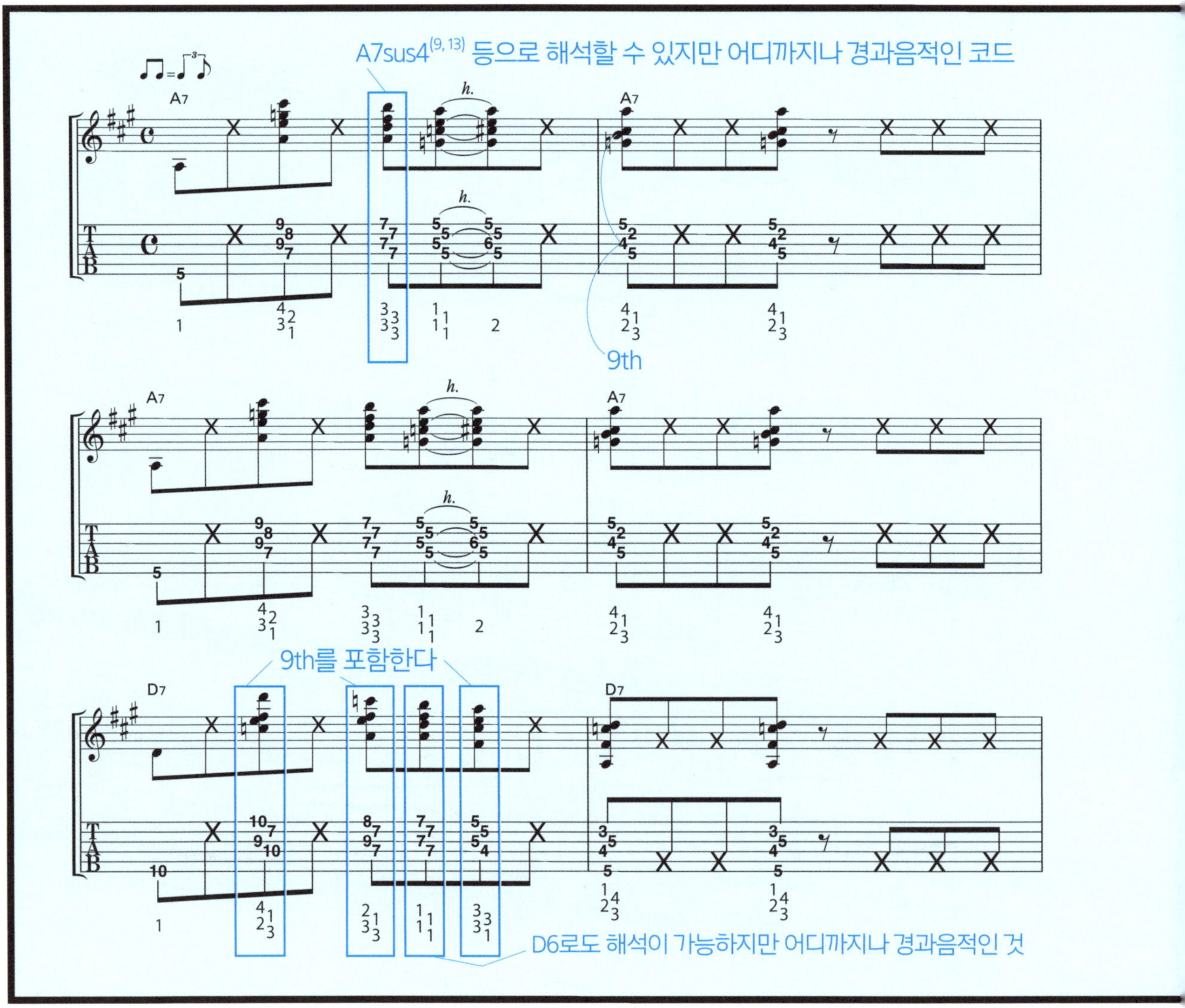

→ 블루스 진행 12마디로 익히는 코드 폼과 백킹 37

서 잡습니다. 이런 식으로 상 · 하행을 반복하면 되는데, 간단한 연습방법이지만 의외로 효과 만점 입니다!

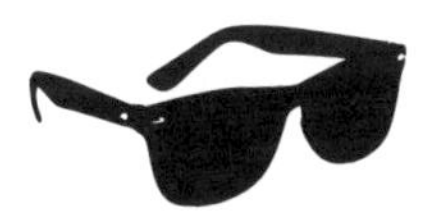

이 페이지에 등장하는 코드 진행의 패턴

Ⓚ

I7	I7	I7	I7
IV7	IV7	I7	I7
V7	VI7	I7	V7

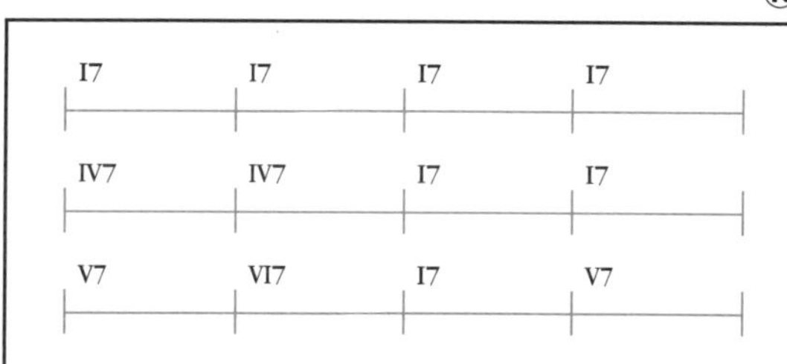

※ Ⓚ : 이 알파벳이 표기되어 있는 것은 같은 코드 진행입니다.

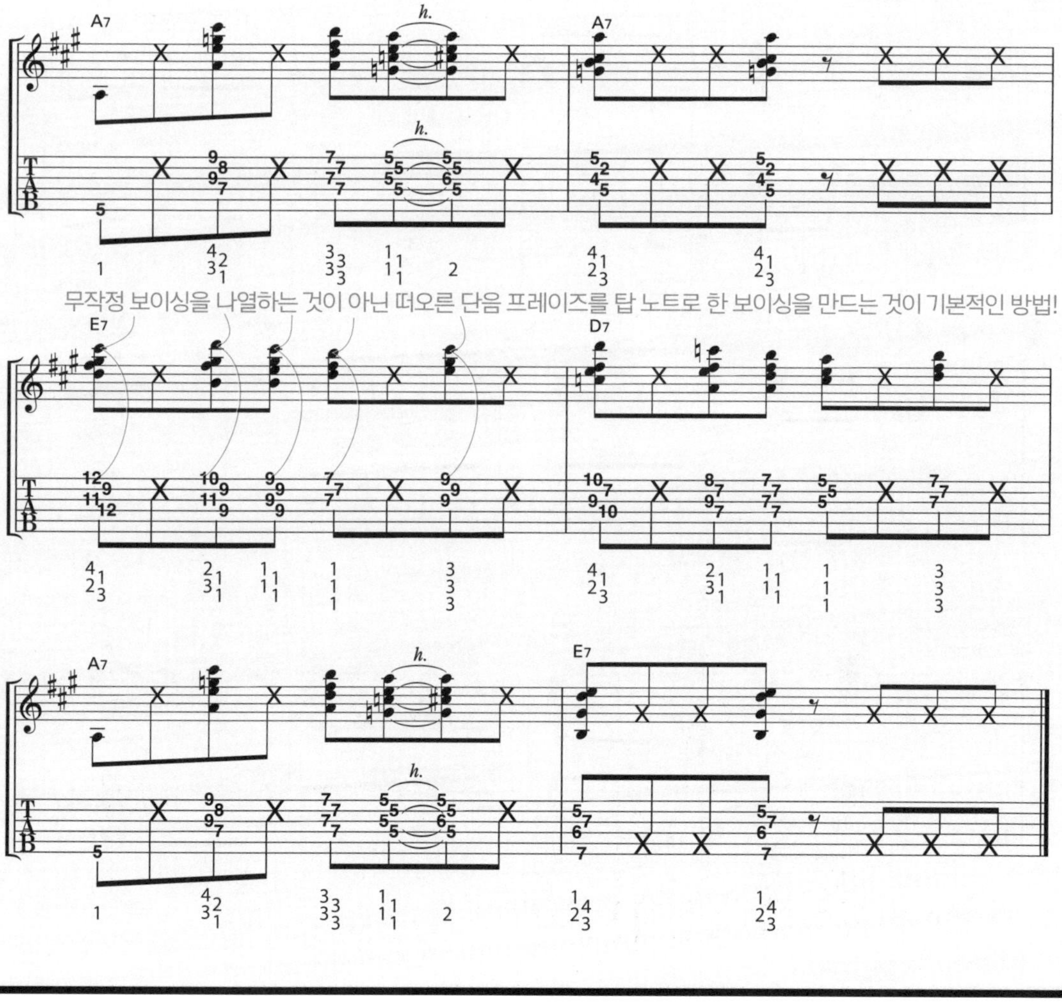

A7
h.
E7
D7
무작정 보이싱을 나열하는 것이 아닌 떠오른 단음 프레이즈를 탑 노트로 한 보이싱을 만드는 것이 기본적인 방법!
E7

마이너 블루스①

꾸밈음을 사용해서 텐션을 추가한 백킹

Key=**Am**

이 스케일의 완성 포인트

Key=Am의 마이너 블루스 진행이고 리듬은 16비트 셔플입니다. 일반적인 8비트 셔플보다 더 섬세하게 세분된 리듬으로 Hip Hop이나 R&B 등의 흑인음악에서 자주 사용됩니다. 이 패턴에서는 "꾸밈음"이 테크닉의 하나로 사용되는데 이것은 코드 폼을 기반으로 가까운 텐션이나 코드 톤을 꾸며서 연주하는 테크닉입니다. 기본적으로 코드 폼을 유지하면서 연주하는 경우가 많으므로 고음현 쪽 음에서 음을 추가, 생략하기가 쉽다는 점을 이용해서 왼손 엄지로 현을 잡는 방법을 많이 사용한 점도 특징입니다. 지미 헨드릭스의 『Little

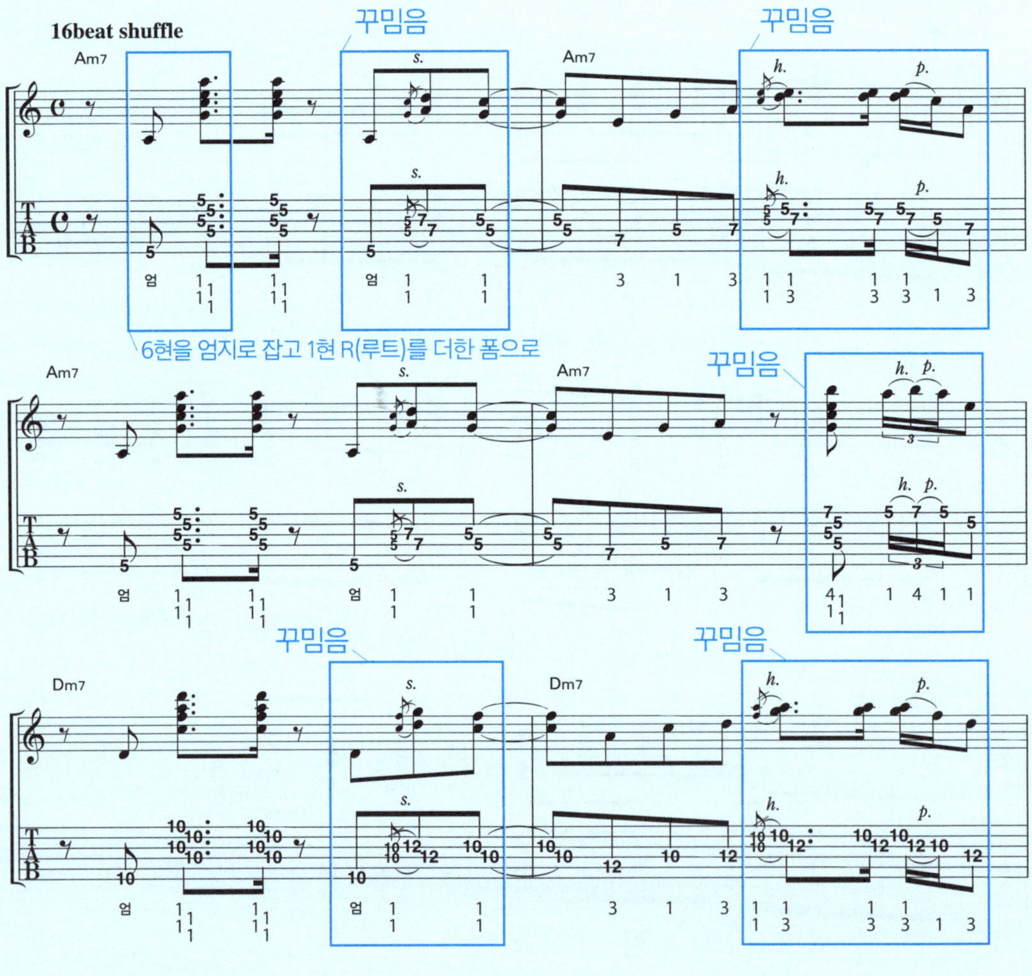

→ 블루스 진행 12마디로 익히는 코드 폼과 백킹 38

Wing』은 이 테크닉을 사용한 대표적인 곡이므로 꼭 들어 보시기 바랍니다.

이 페이지에 등장하는 코드 진행의 패턴

Im7	Im7	Im7	Im7
IVm7	IVm7	Im7	Im7
♭VI	V7	Im7	Im7 V7

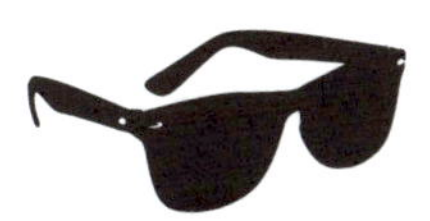

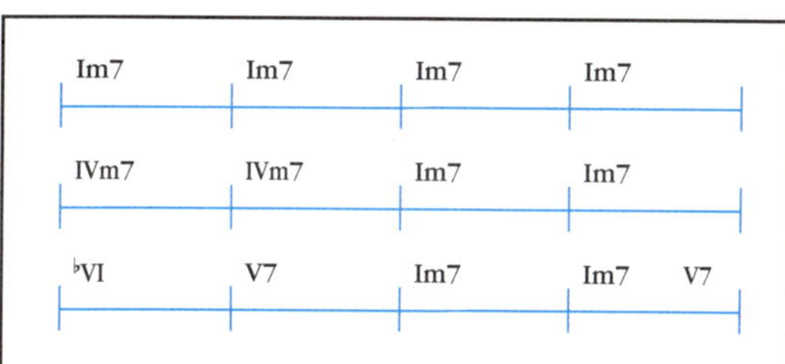

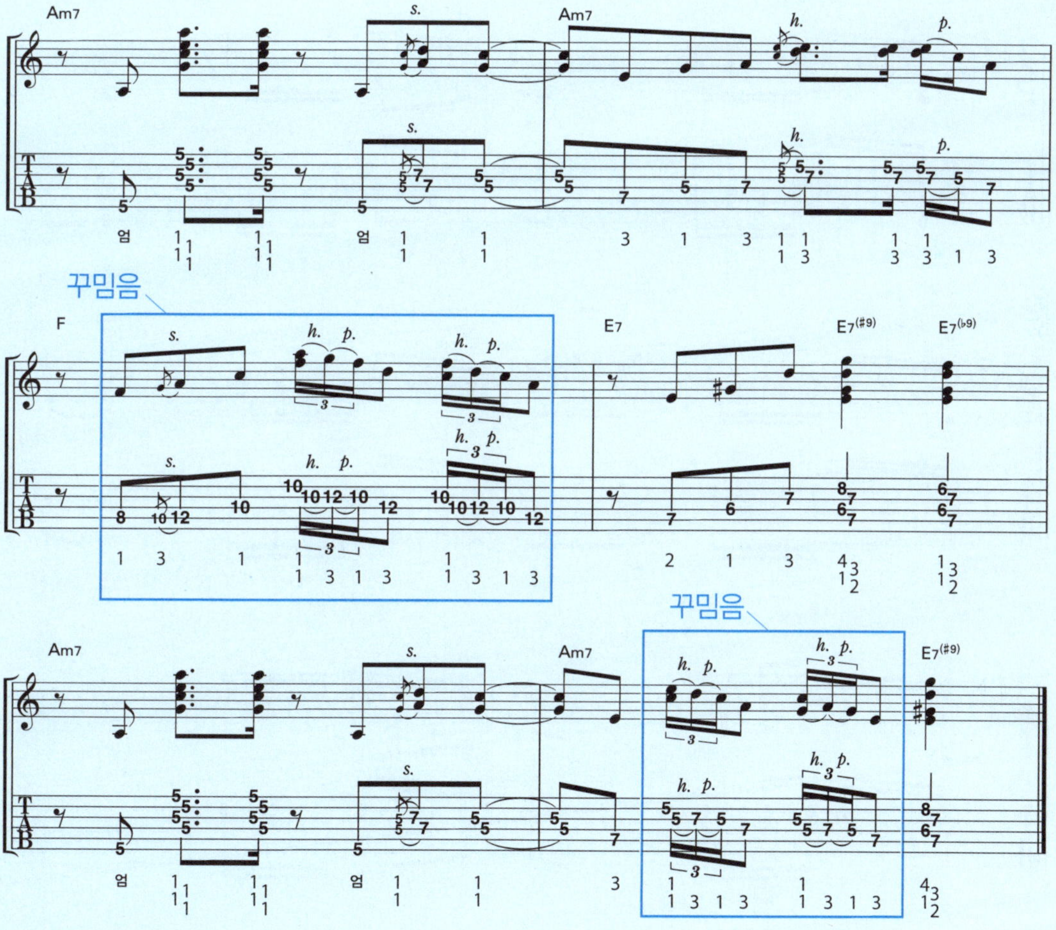

마이너 블루스②

개방현을 사용한 하이 코드 백킹

Key=**C♯m**

이 스케일의 완성 포인트

Key=C♯m의 마이너 블루스 진행이고 리듬은 스트레이트 16비트입니다. 이 패턴의 특징은 개방현을 사용한 보이싱을 많이 사용했다는 점입니다. 개방현은 풍부한 울림의 배음을 가지고 있으므로 기타다운 연주를 하고 싶을 때 매우 효과적인

데, 본서를 통해 코드의 구조를 제대로 파악할 수 있게 된다면 이와 같은 연주도 자유롭게 구사할 수 있게 될 것입니다. 이번에 사용하는 코드는(악보 예에서는 연주하지 않은 부분도 있지만) 항상 1&2현의 개방현을 사용할 수 있습니다. 하이 포지션에서의 보이싱에 개방현을 사용한 것이기 때문에 평소에는 연주하기 힘든 반음 간격의 2음을 함께 연주하는 코드나 이현동음 등의 연주도 가능

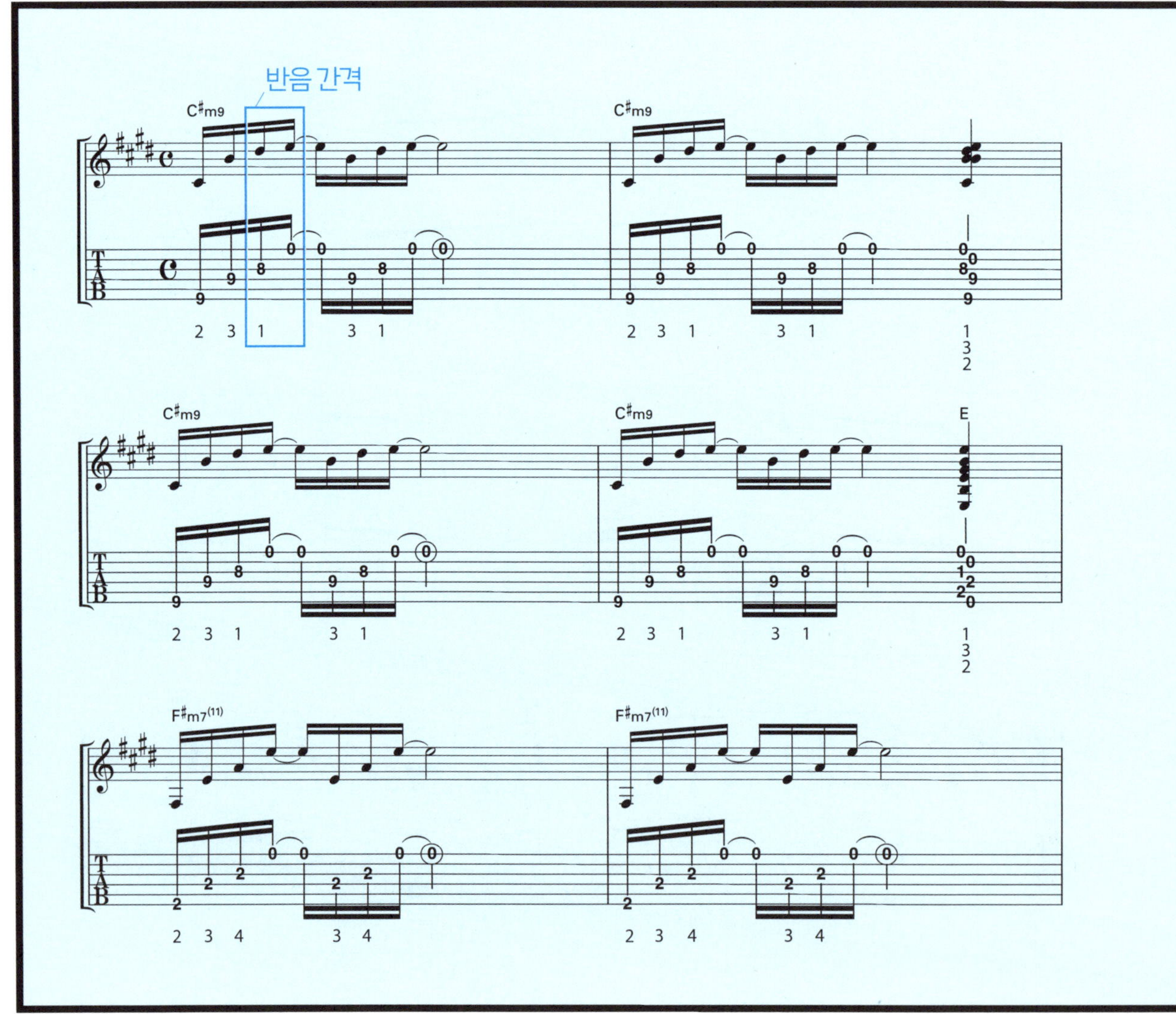

→ 블루스 진행 12마디로 익히는 코드 폼과 백킹 39

해집니다. 단, 장3도와 완전4도가 공존하는, 음악 이론적으로는 위험한 상황이 생기기 쉬우므로 사용할 때에는 사운드적으로 문제가 없는지 울림을 귀로 주의 깊게 체크할 필요가 있습니다. 아르페지오 연주 중간중간에 나오는 코드 부분에서는 음향적인 효과를 노리고 「업 피킹으로 거칠게」 피킹하거나 꾸밈음처럼 들리도록 조금 느리게 연주합니다.

이 페이지에 등장하는 코드 진행의 패턴

Im7	Im7	Im7	Im7 ♭III
IVm7	IVm7	Im7	Im7 ♭VII
♭VI	V	Im7	Im7 ♭VII

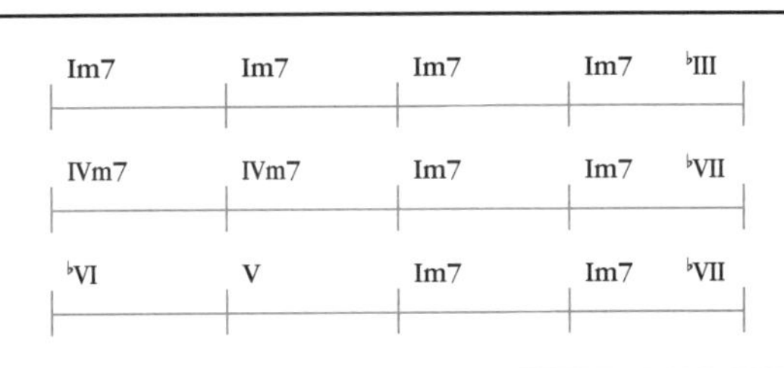

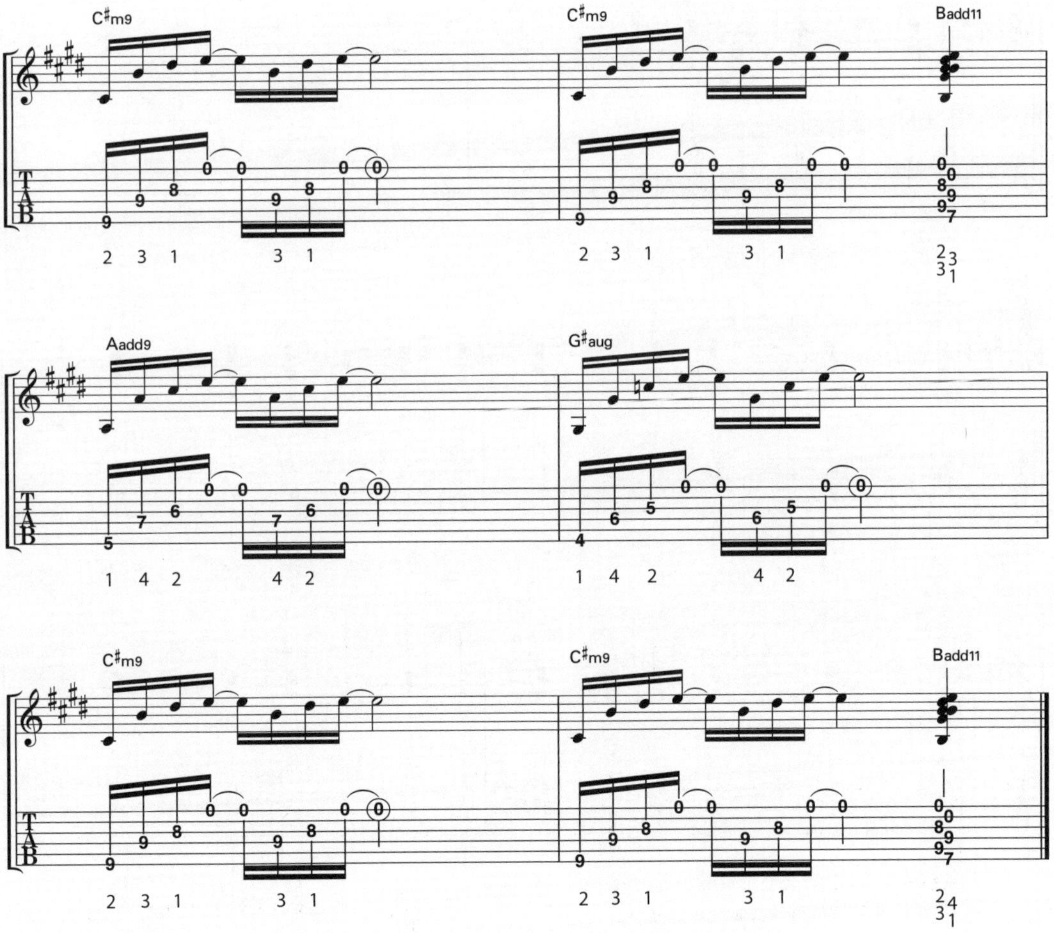

보사노바 계열의 블루스①

핑거 피킹에 의한 보사노바 계열의 얼터네이트 베이스

Key=**E**

이 스케일의 완성 포인트

Key=E의 메이저 블루스 진행을 보사노바 리듬으로 연주합니다. 제2장에 등장한 패턴23(72~73p)과 마찬가지로 오른손은 핑거 피킹으로 연주하고 베이스음(저음 현)은 엄지손가락으로, 남은 손가락으로는 위의 코드(3화음)을 피킹합니다. 이번에는 베이스음을 "루트 → 5도 → 루트 → 5도"와 같이 바꾸어가며 연주하는 "얼터네이트 베이스"라고 하는 보사노바 백킹에서 자주 사용되는 테크닉을 사용합니다(이번 악보 예에서는 코드 진행상 자연스럽게 바꿀 수 있도록 조금 변형한 진행으로 되어 있습니다). 5도의 베이스음을 잡기 쉽도록 AMaj7

→ 블루스 진행 12마디로 익히는 코드 폼과 백킹 40

이 페이지에 등장하는 코드 진행의 패턴

IMaj7	IIm7 ♭II7	IMaj7	IMaj7
IVMaj7	IVMaj7	IMaj7	IMaj7
IIm7	V7	IMaj7	V7sus4 V7

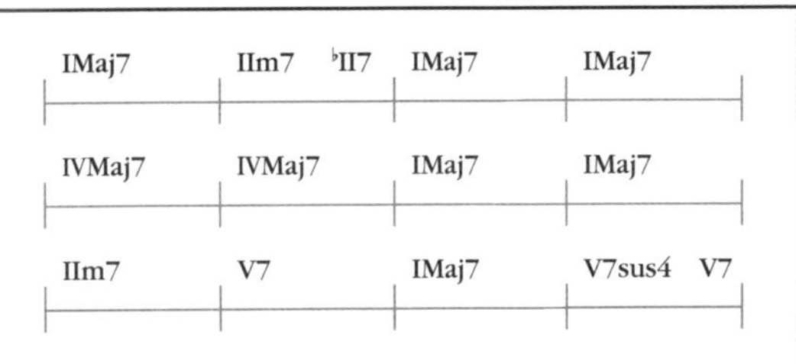

이나 B7(13)의 운지를 지금까지 소개한 폼과 다르게 바꿨으므로 주의하시기 바랍니다.

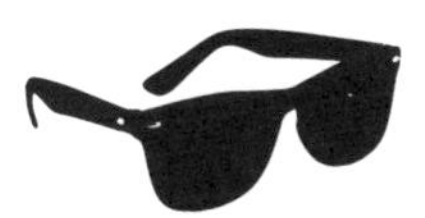

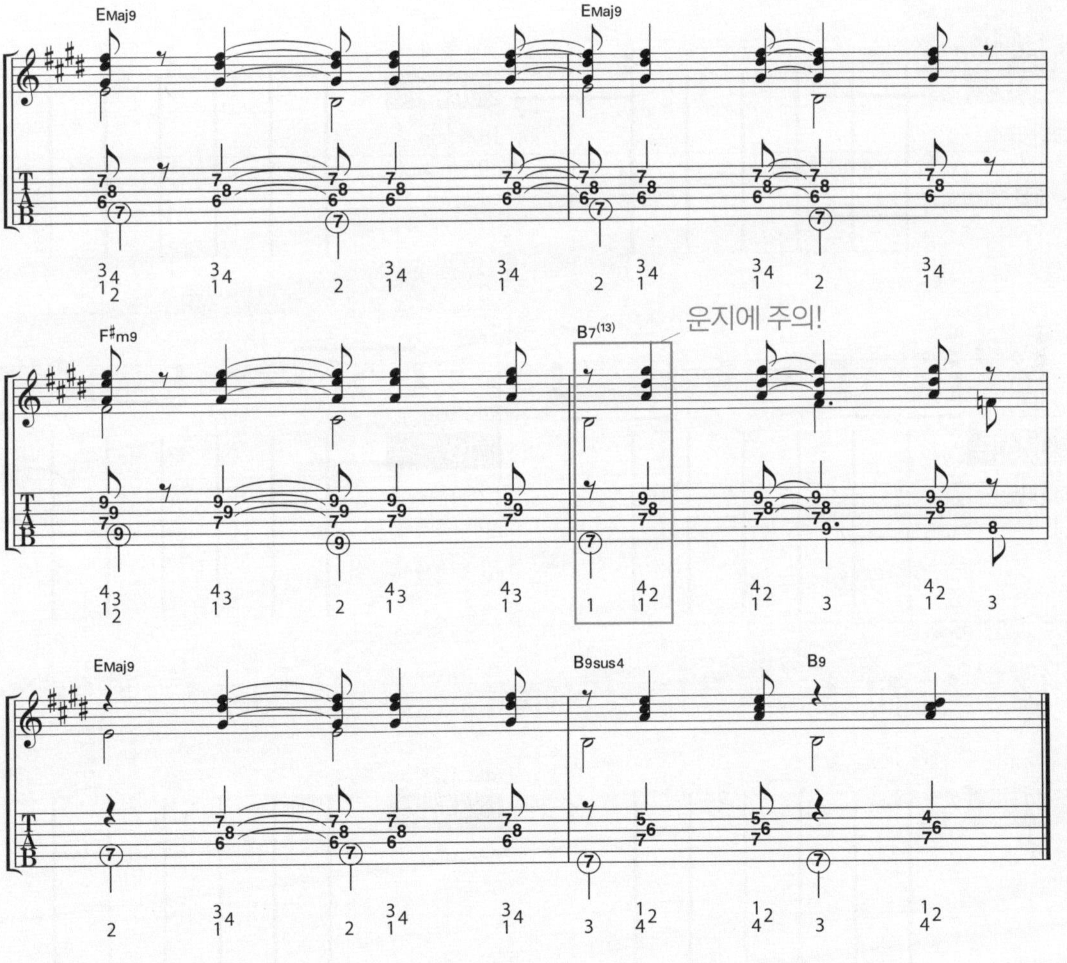

보사노바 계열의 블루스②

3도 보이싱에 의한 오브리카토적인 패턴

Key=**A**

이 스케일의 완성 포인트

Key＝A의 메이저 블루스 진행이고 앞 페이지와 마찬가지로 보사노바 리듬인데 이번에는 피크로 연주합시다. 이번 패턴의 특징은 2음만으로 구성된 3도 보이싱으로 오브리카토를 연주한다는 점입니다. 오브리카토는 메인 멜로디의 빈 곳을 채우는 것처럼 연주하는 프레이즈로 필 인이라고도 불립니다. 단음으로 연주하는 것도 가능하지만 이처럼 화음으로 연주하면 "프로급 백킹"의 완성도가 확실히 높아지는데 코드에 어울리는 음 선택과 프레이징의 난이도도 함께 올라갑니다. 그러나 이 악보 예의 프레이즈는 다양한 보이싱에서 3도 음정의 2

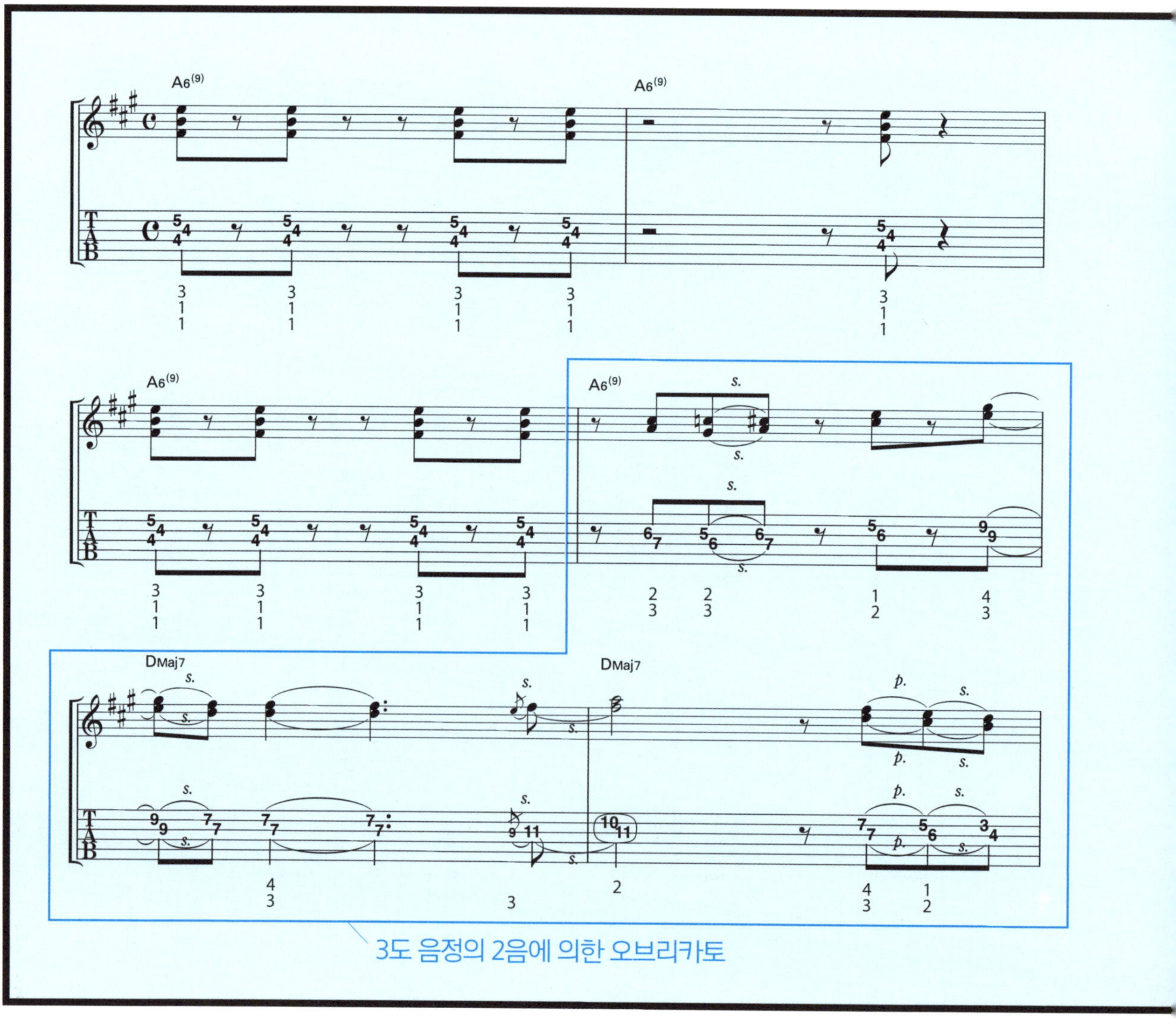

※ 우선 백킹 부분의 코드 보이싱부터 생각하는 것이 오브리카토적인 블루스 보이싱의 기본입니다.

→ 블루스 진행 12마디로 익히는 코드 폼과 백킹 41

음을 적절히 선택해서 조금 꾸며준(슬라이드와 반음 진행) 것뿐입니다. 이것만으로도 훌륭한 오브리카토가 완성되는데, 이와 같은 프레이즈를 즉흥적으로 연주할 수 있게 되면 프로의 반열에 올랐다고 할 수 있습니다!

이 페이지에 등장하는 코드 진행의 패턴

I6	I6	I6	I6
IVMaj7	IVMaj7	I6	I6
IIm7	V7sus4 V7	I6	IIm7 V7

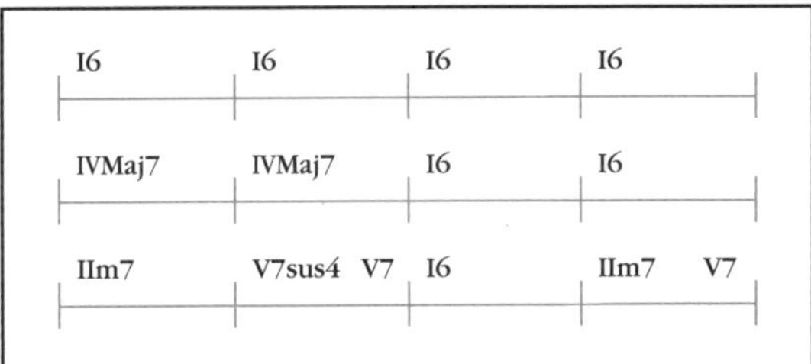

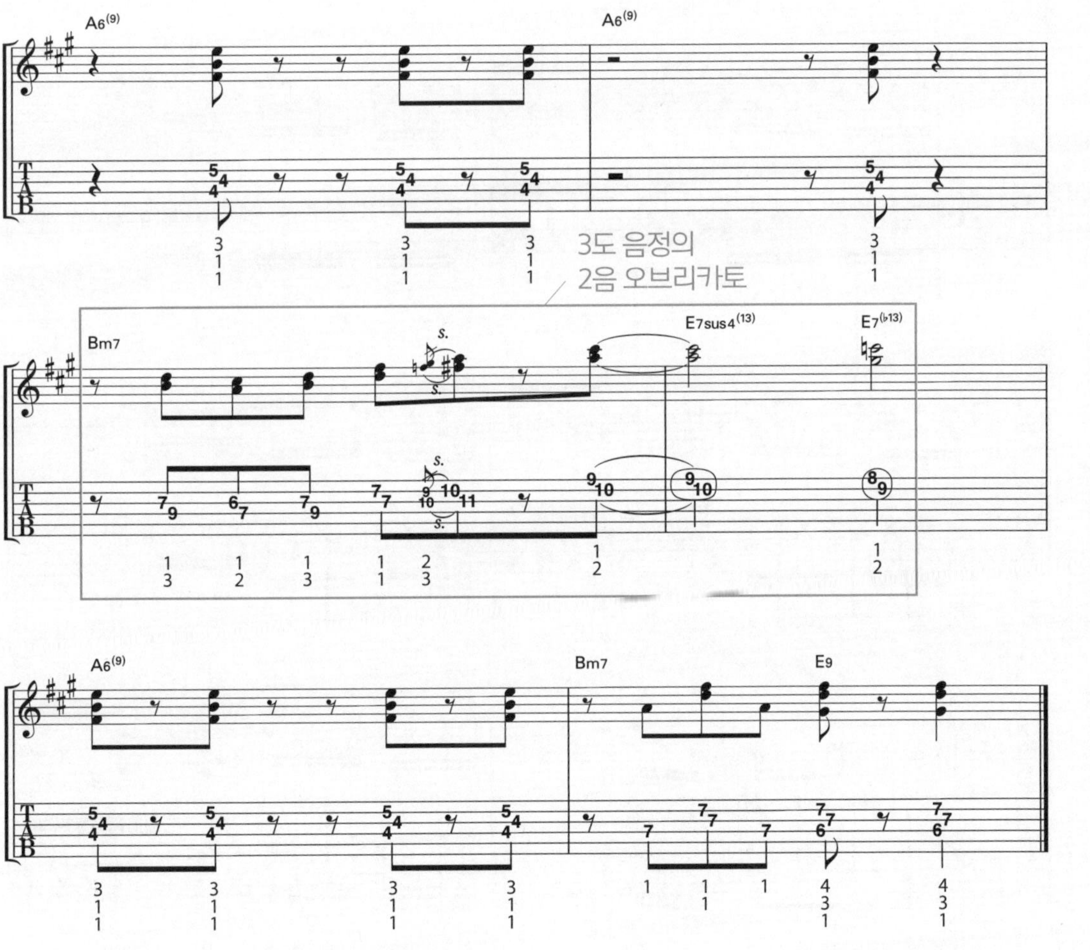

펑크 블루스①

2음 보이싱(6도 음정 간격)으로 연주하는 블루스

Key = **E**

이 스케일의 완성 포인트

Key =E의 펑크 블루스를 불필요한 현을 확실하게 뮤트한 컷팅으로 연주하시기 바랍니다.

이 패턴 역시 앞 페이지와 마찬가지로 2음 보이싱으로 프레이즈를 연주하는데 이번에는 6도 음정(※)을 사용합니다. 블루스, 펑크, 컨트리 등에서 자주 들을 수 있는 사운드입니다. 1마디 등의 경과음을 사용한 프레이즈(2박의 뒷부분 8f)와 2마디 후반부의 슬라이드를 사용한 프레이즈 등 자주 사용하는 패턴들이 포함되어 있으므로 반드시 익혀 두시기 바랍니다.

프레이즈를 익힐 때는 타브 악보를 통째로 외우지

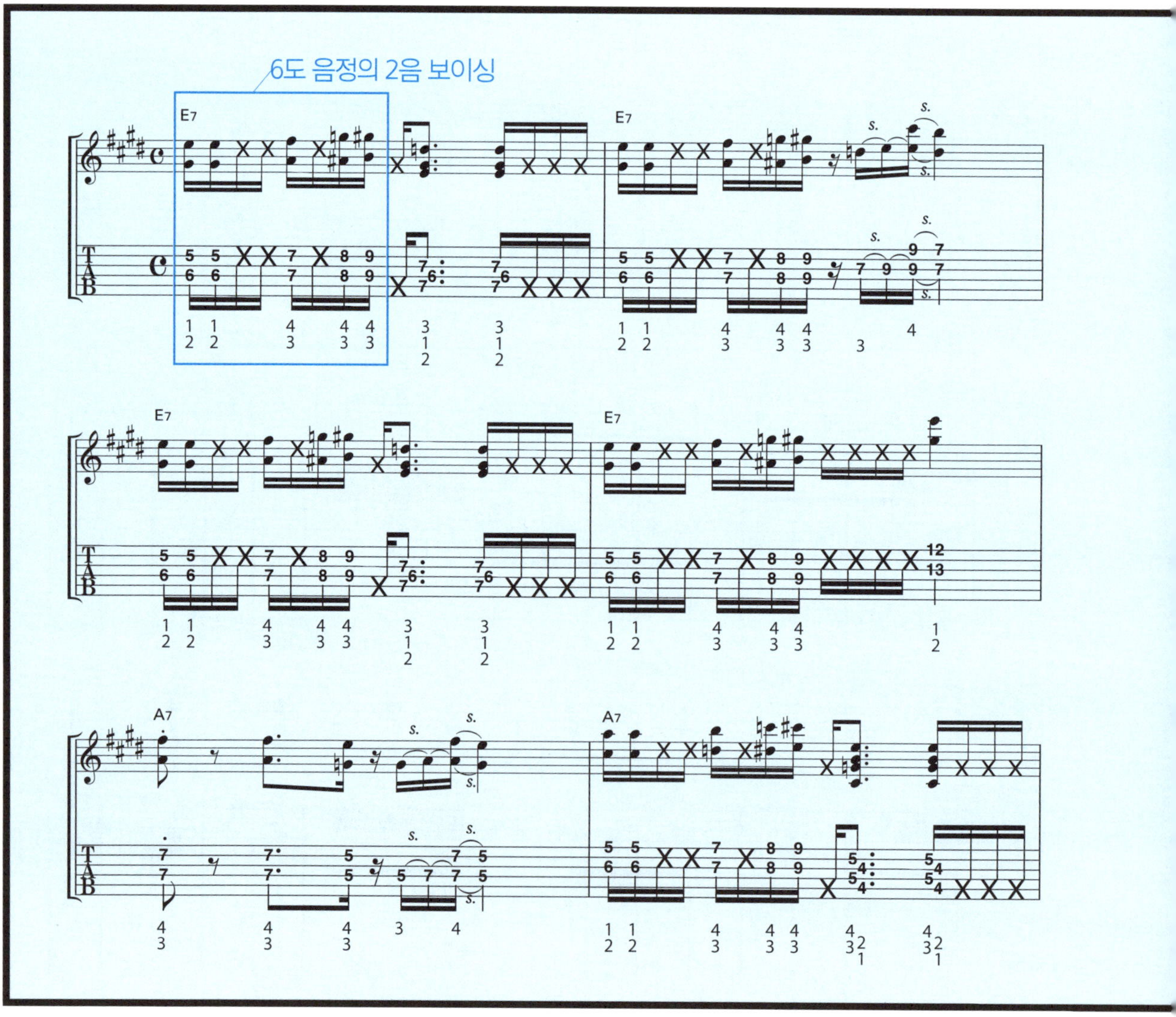

※ 6도 음정 프레이즈는 믹소리디안에 의한 것입니다. 예를 들어 E7=E믹소리디안(A7, B7도 마찬가지)과 같습니다.

→ 블루스 진행 12마디로 익히는 코드 폼과 백킹 42

말고 코드와 관련성을 분명하게 파악하며 익히도록 합시다.

이 페이지에 등장하는 코드 진행의 패턴

Ⓚ

I7	I7	I7	I7
IV7	IV7	I7	I7
V7	IV7	I7	V7

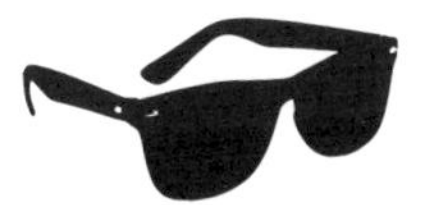

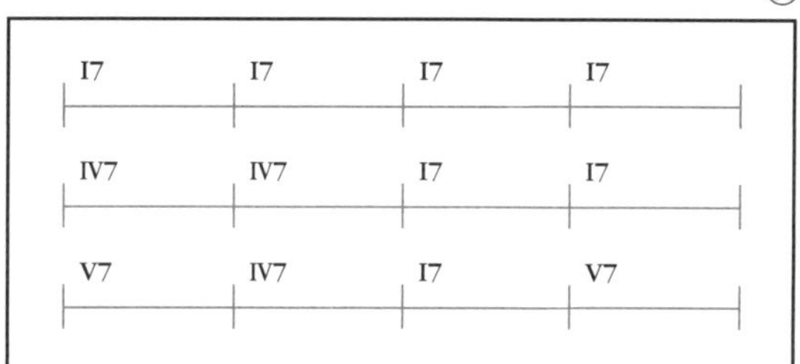

※ Ⓚ : 이 알파벳이 표기되어 있는 것은 같은 코드 진행입니다.

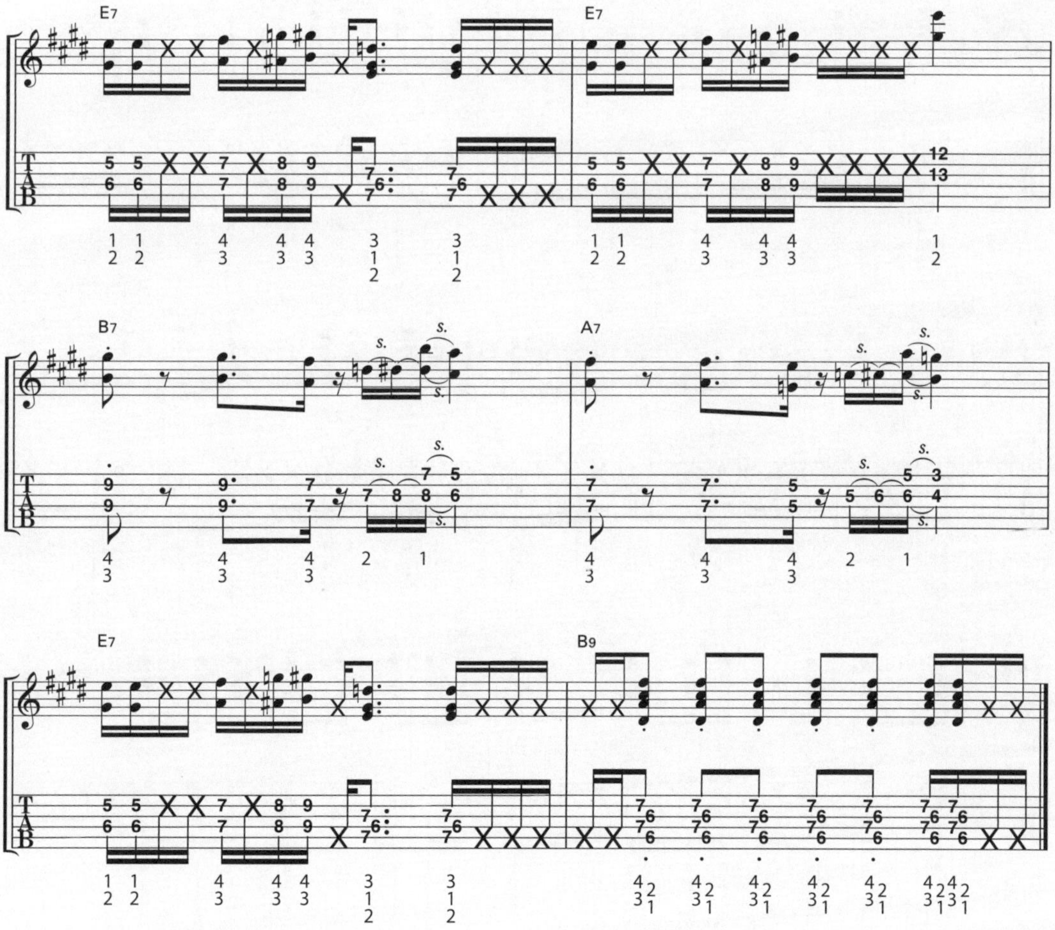

탑 노트와 내성 진행에 의한 멜로디를 연주하는 패턴

Key=**E**

이 스케일의 완성 포인트

앞 페이지와 마찬가지로 Key=E의 펑크 블루스인데 불필요한 현을 뮤트한 컷팅으로 연주합니다. 1마디의 1박에서 볼 수 있는 13th를 사용한 진행은 펑크의 제왕 제임스 브라운(J.B.)의 대표곡 『Sex Machine』에도 등장하는 대표적인 프레이즈입니다. J.B.밴드의 기타리스트인 펠프스 콜린스(Phelps "Catfish" Collins)의 컷팅 연주는 펑키한 코드 백킹의 좋은 예이므로 반드시 체크해 두시기 바랍니다. 그루브를 만드는 요소로 중간중간에 스타카토를 사용합니다. 스타카토는 "표기되어 있는 음표의 반 만큼의 길이로 연주하라"는 의미인데

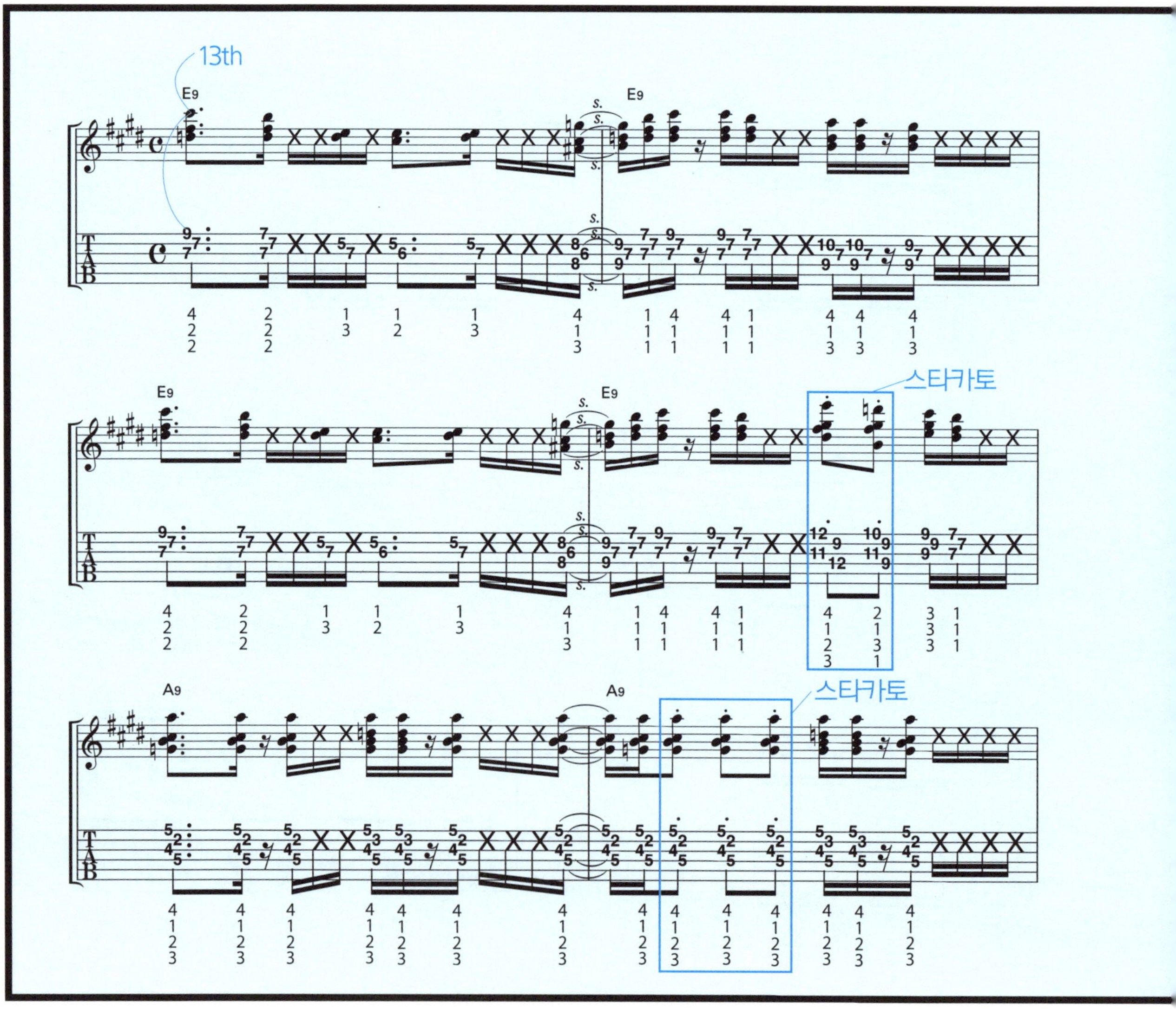

→ 블루스 진행 12마디로 익히는 코드 폼과 백킹 43

"대충 끊어서 치는" 것이 아닌, 분명하게 컨트롤하며 16비트 느낌을 표현하시기 바랍니다.

이 페이지에 등장하는 코드 진행의 패턴

I7	I7	I7	I7
IV7	IV7	I7	I7
V7	IV7	I7	I7 V7

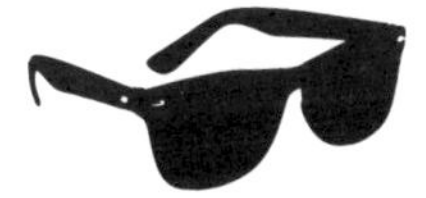

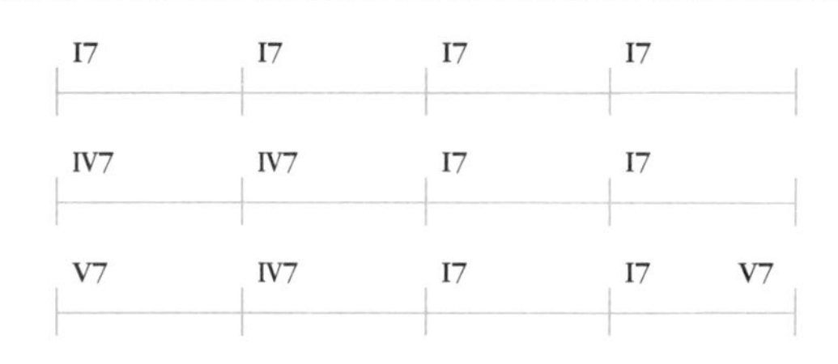

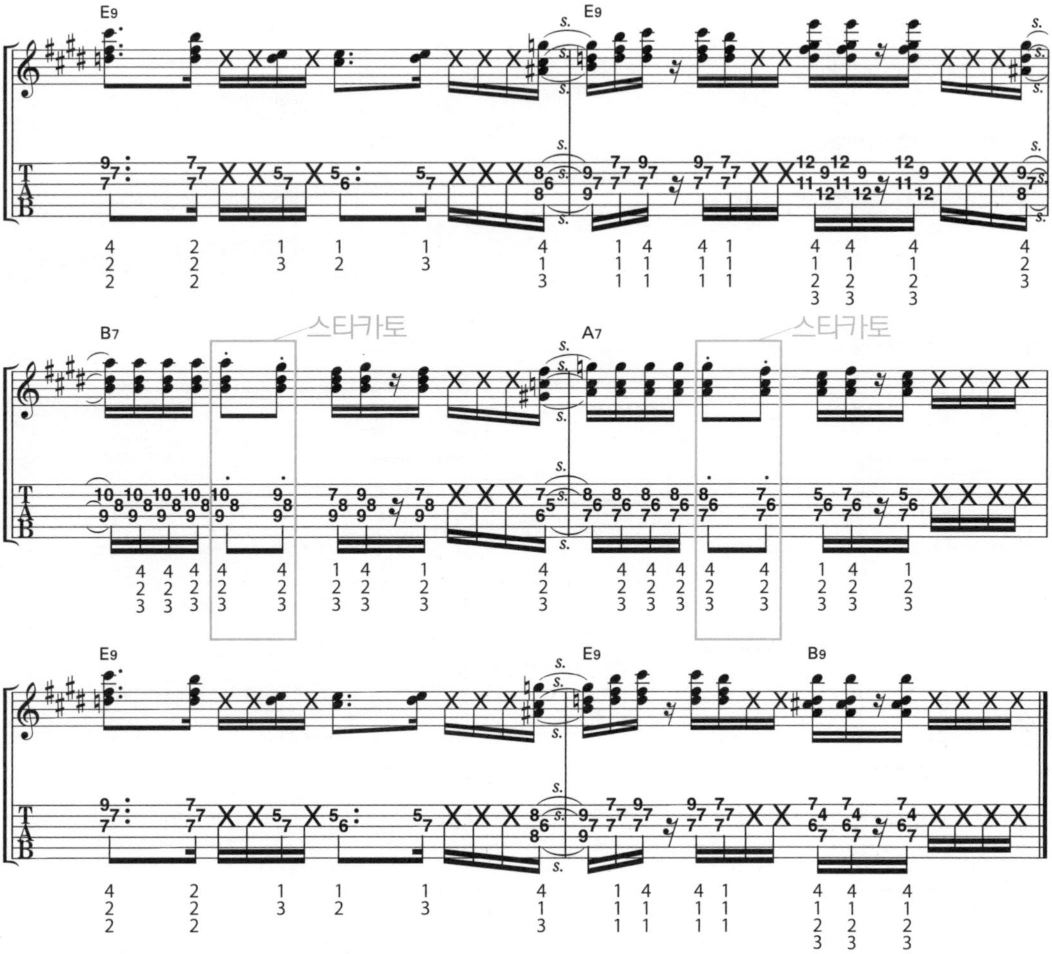

룸바 계열의 블루스

텐션을 포함한 6음~5음 보이싱으로 연주하는 패턴

Key=**A**

이 스케일의 완성 포인트

Key=A의 블루스 진행이고 라틴 음악의 룸바라고 불리는 리듬에 의한 프레이즈입니다. 이번 패턴에는 6~5음으로 구성된 보이싱에 의한 텐션 코드가 등장합니다. 기타 구조상 6~5음을 동시에 잡으면 손가락 사용에 제한이 생겨 자유로운 연주가 힘들어집니다. 따라서 본서에서 지금까지 사용하지 않았지만 비교적 잡기 쉽고 사용하기 편한 포지션을 소개하도록 하겠습니다. 사용하는 것은 6음 보이싱의 □7⁽¹³⁾ 코드 폼과 5음 보이싱의 □9 코드 폼입니다. 이 보이싱을 기반으로 다른 코드의 보이싱을 생각해 보는 것도 가능합니다. 많은 음을 동시

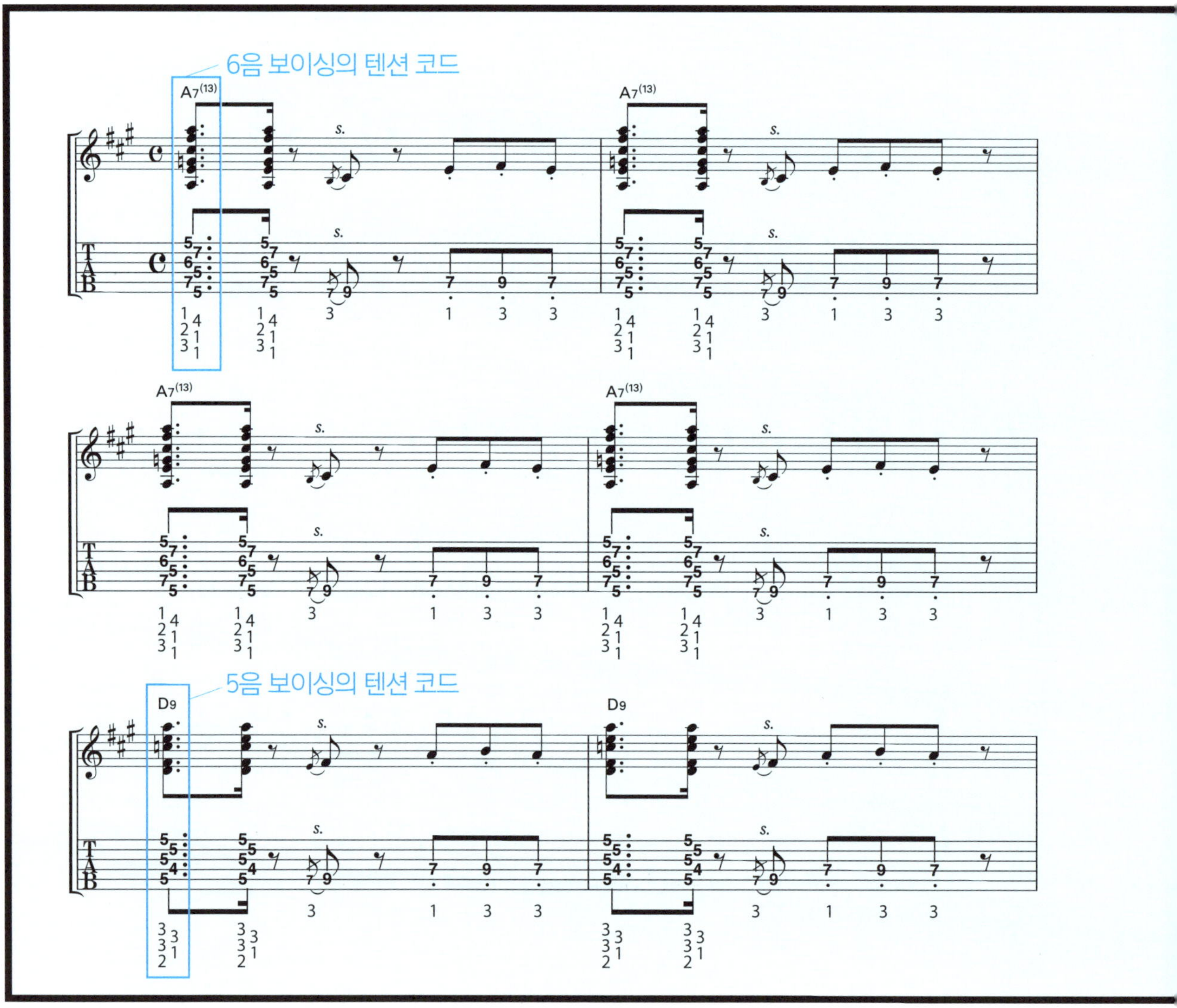

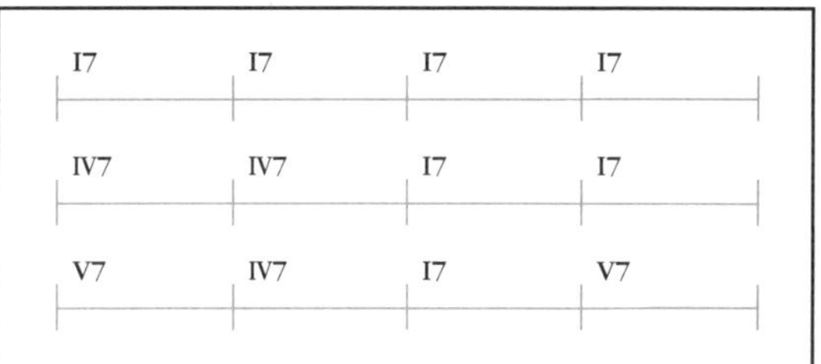

에 잡기 때문에 생길 수 있는 탁한 울림에 주의하면 파워풀한 텐션 코드를 연주할 수 있게 될 것입니다.

※ Ⓚ : 이 알파벳이 표기되어 있는 것은 같은 코드 진행입니다.

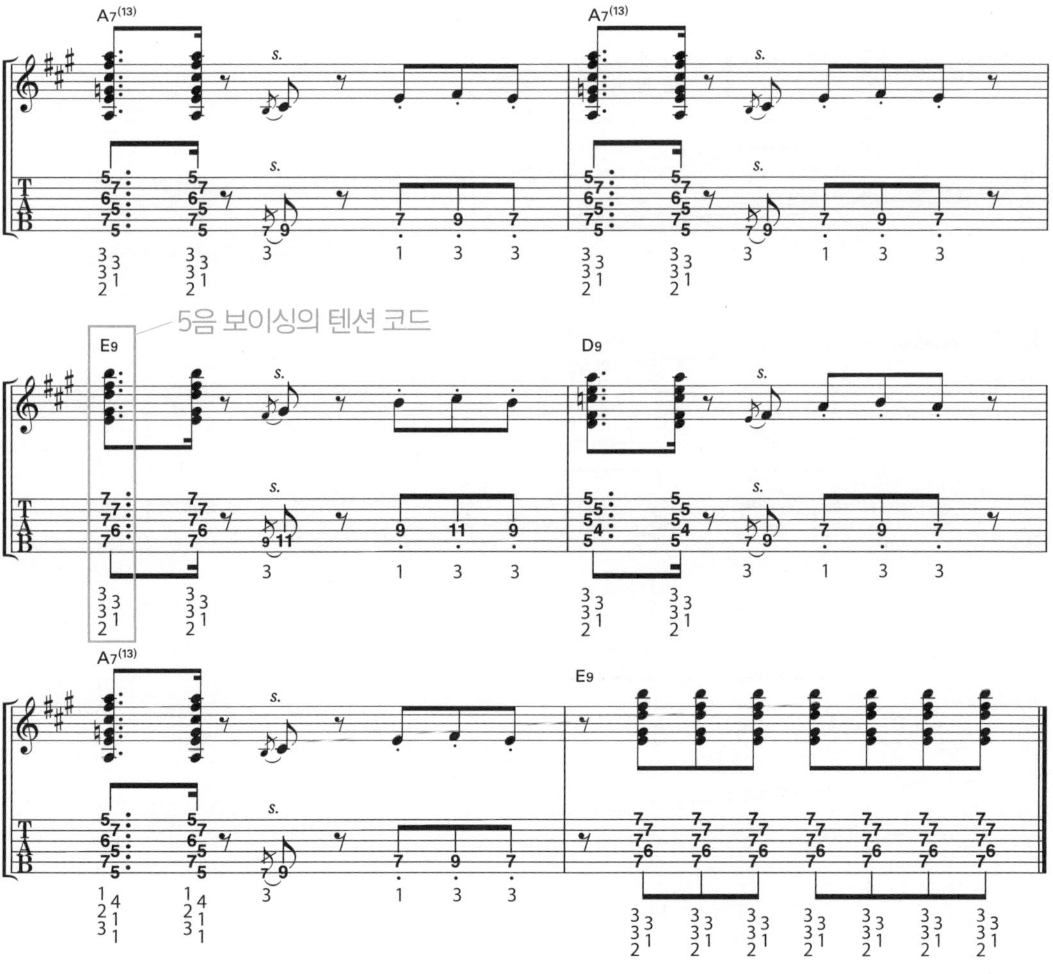

5음 보이싱의 텐션 코드

마이너 펜타토닉 솔로를 연주하기 쉬운 백킹

Key=**E**

이 스케일의 완성 포인트

Key=E의 블루스 진행으로 스티비 레이본, 지미 헨드릭스의 연주를 연상하게 하는 패턴입니다. 『음악 이론과 블루스』(126~128p)에서 설명한 것과 같이 블루스 스케일(마이너 펜타토닉 스케일)에서 어베일러블 텐션을 찾아보면 "I7은 #9th", "IV7은 9th", "V7은 #9th"가 되는데 이번 패턴에서는 이 규칙을 지켜서 백킹에 텐션을 추가했습니다. 블루스 스케일로 연주하는 솔로나 멜로디와 잘 어울리므로, 솔로 주자가 "마이너 펜타토닉"으로 연주할 때 이와 같은 패턴으로 연주하면 백킹과 솔로음이 부딪치는 것을 피할 수 있을 것입니다.

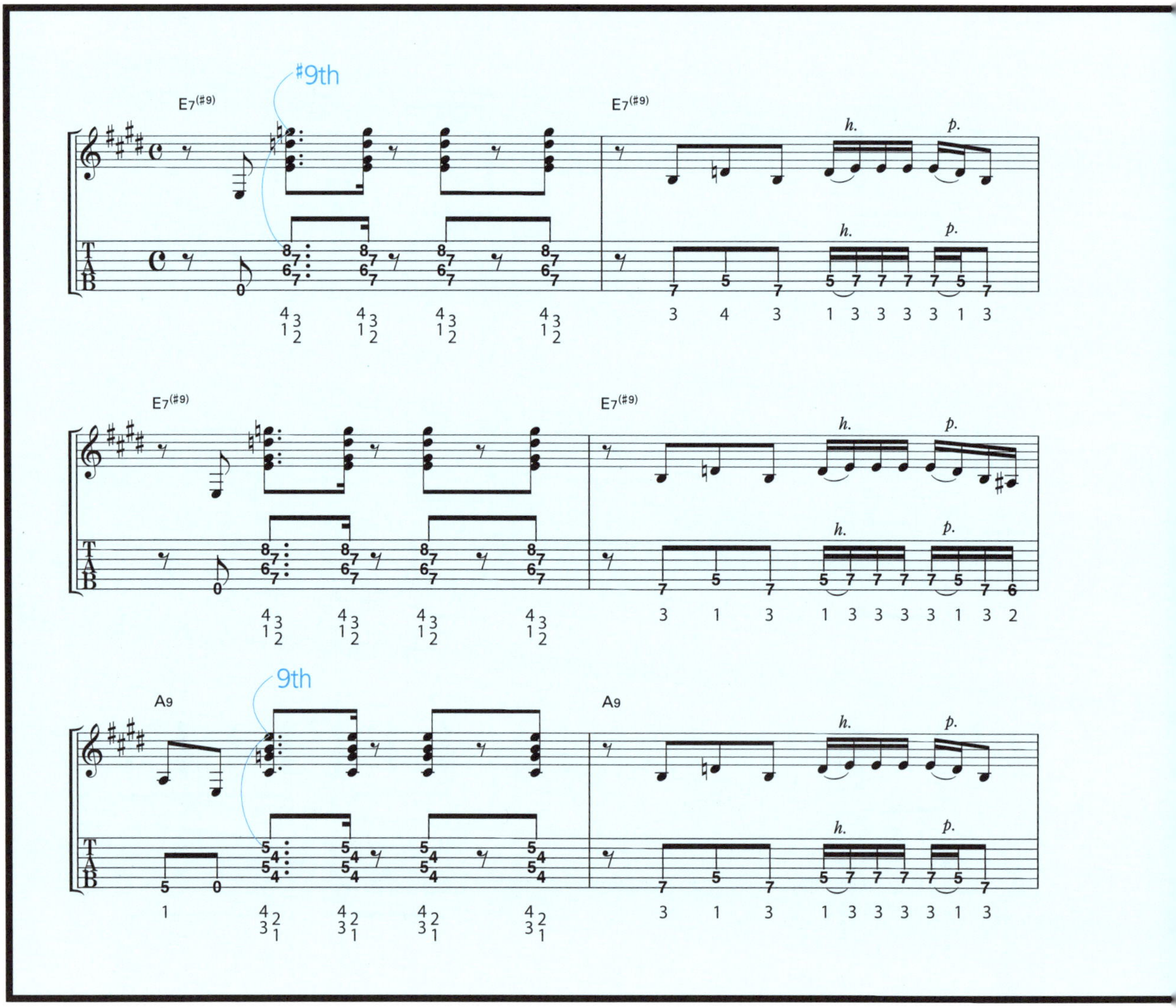

→ 블루스 진행 12마디로 익히는 코드 폼과 백킹 45

이 페이지에 등장하는 코드 진행의 패턴

Ⓚ

I7	I7	I7	I7
IV7	IV7	I7	I7
V7	IV7	I7	V7

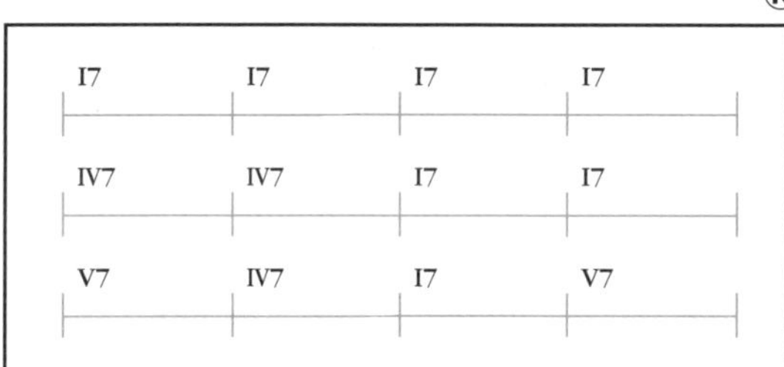

※ Ⓚ : 이 알파벳이 표기되어 있는 것은 같은 코드 진행입니다.

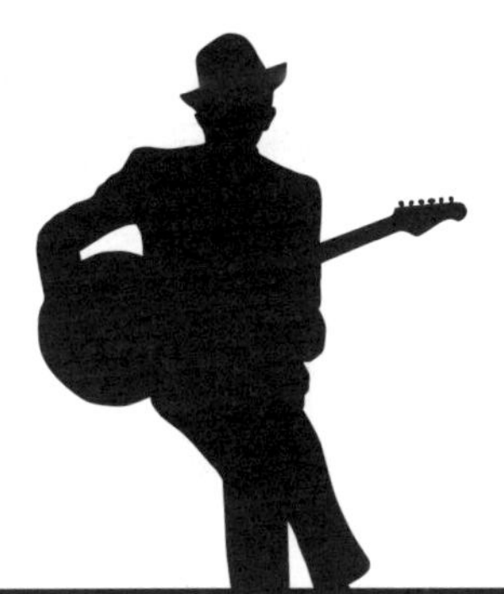

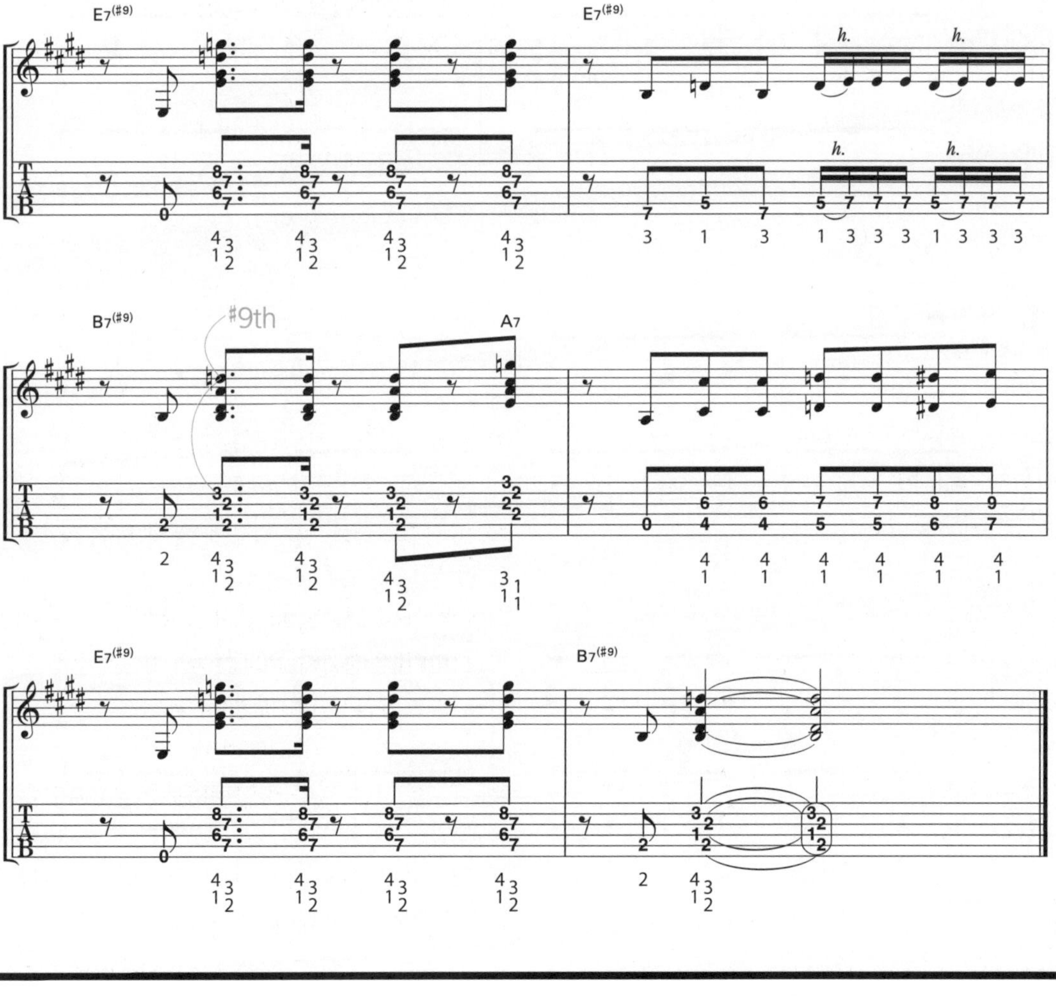

8비트 블루스

텐션을 사용한 리프적인 백킹

Key=**A**

이 스케일의 완성 포인트

Key＝A의 메이저 블루스 진행입니다. 리듬은 업 템포에 의한 8비트인데 밝은 하드락적인 느낌이 듭니다. 이와 같은 느낌의 곡을 연주할 때 "이펙터 를 사용한 파워 코드로 단순하게 연주하면 된다." 고 생각하는 기타리스트가 많은데 그러기에는 너

무 아까운 패턴입니다.

이펙터를 사용한 사운드 상에서도 "루트＋가이드 톤에 의한 3성 보이싱"을 기반으로 백킹을 구성하 면 깔끔한 코드감을 표현할 수 있을 것입니다. 3성 을 한꺼번에 치면 아무래도 음이 부딪치기 쉬우므 로 루트와 가이드 톤을 나눠서 연주하는 패턴을 사

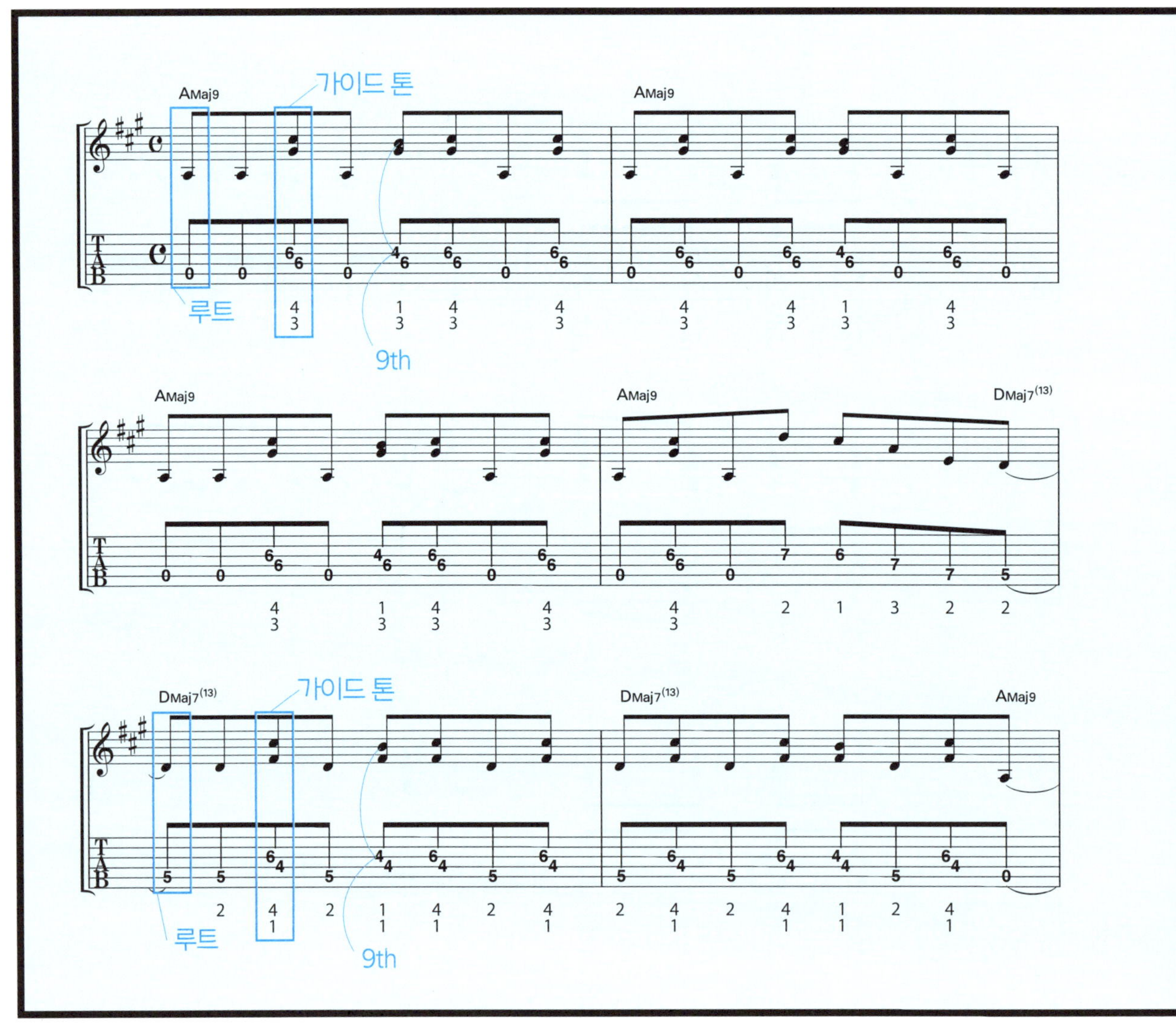

용합시다. 또 악보 예와 같이 텐션을 추가하면 파워풀한 리프&백킹이 됩니다. 이와 같은 연주를 참고할 만한 연주자로는 앤디 티몬스와 폴 길버트 등 하드락 계열의 기타리스트가 있는데, 리프 중간중간에 코드 톤과 텐션을 적절히 사용한 것이 일품입니다.

이 페이지에 등장하는 코드 진행의 패턴

IMaj7	IMaj7	IMaj7	IMaj7
IVMaj7	IVMaj7	IMaj7	IMaj7
IIm7	V	IMaj7	IMaj7

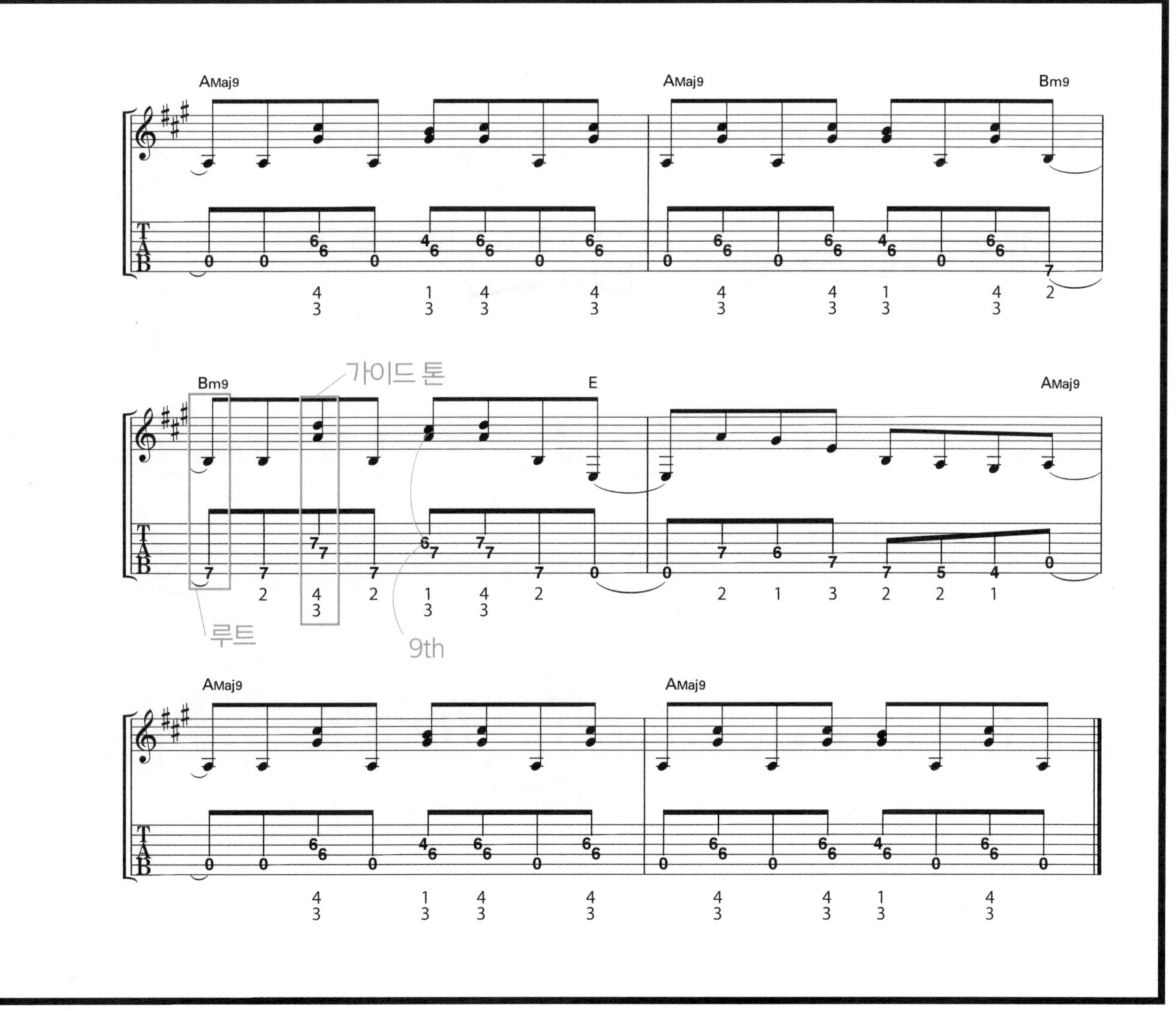

QR Track 47

슬로우 블루스

같은 폼의 슬라이드 이동을 활용한 패턴

Key=A

이 스케일의 완성 포인트

Key=A의 슬로우 블루스입니다. 코드진행은 7~8마디의 m7 코드의 평행이동이 특징적인데 이 진행을 사용한 『Stormy Monday』가 특히 유명하므로 연주 현장에서는 이와 같은 진행을 "Stormy Monday 진행"이라고 부르기도 합니다. 이번 패턴에서는 같은 폼의 평행이동을 사용한 백킹을 주로 사용하는데, 코드 폼을 평행이동(횡적인 이동)하면서 새로운 텐션 또는 코드 톤을 추가하는 방법(1마디 2박 등)과 코드가 바뀌기 직전에 어프로치 코드로 뒤에 연주할 코드의 반음 위 또는 반음 아래의 코드를 치는(1, 4마디 등) 두 가지 방법을 사용합니

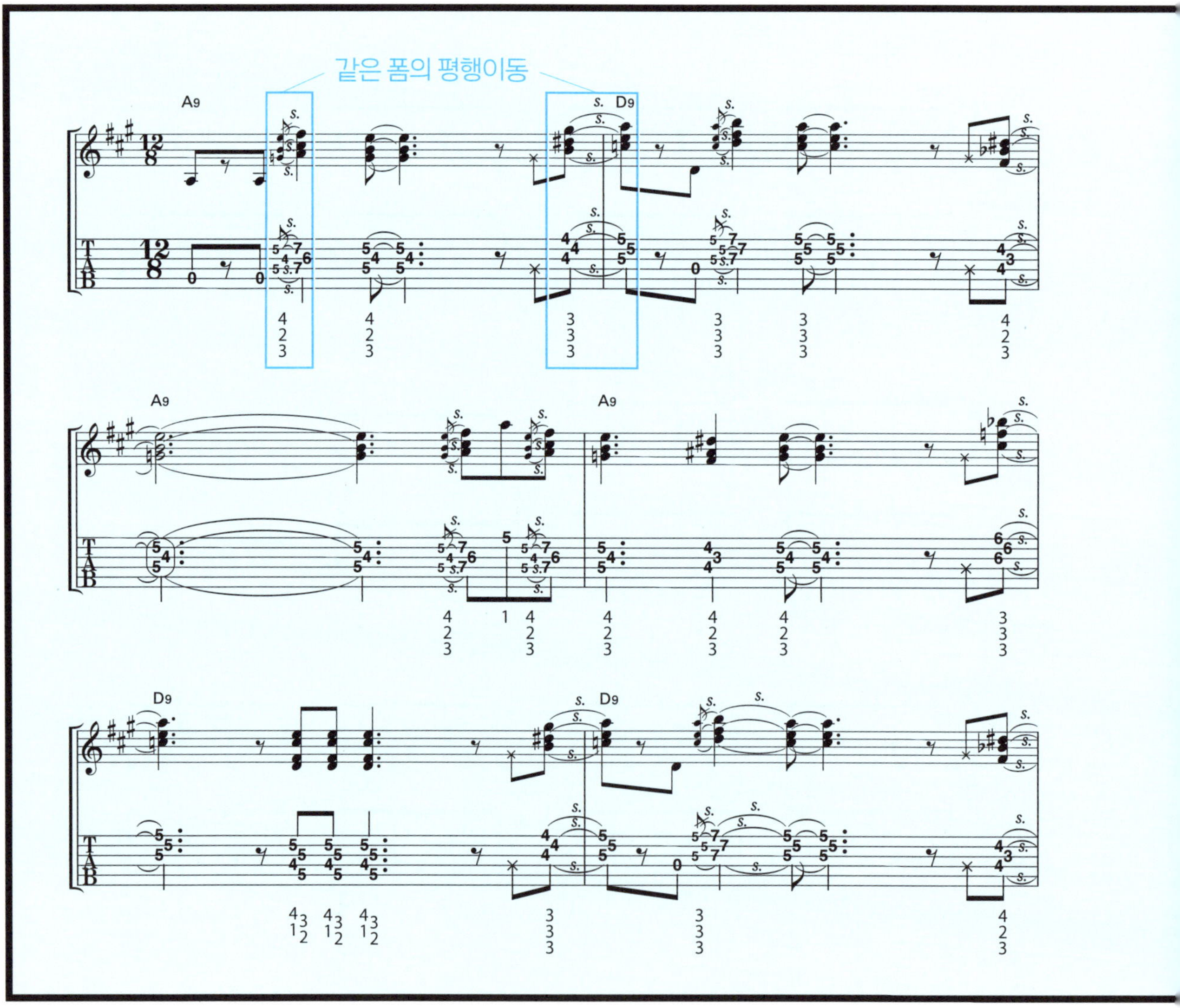

→ 블루스 진행 12마디로 익히는 코드 폼과 백킹 47

다. 반음 간격의 보이싱을 이용하는 것뿐이지만 코드가 바뀌는 부분에 긴장감이 생겨 재즈적인 느낌이 더해집니다.

이 페이지에 등장하는 코드 진행의 패턴

I7	IV7	I7	I7
IV7	IV7	I7 IIm7	IIIm7 ♭IIIm7
IIm7	V7	I7 (IV7 ♯IVdim7)	I7 V7

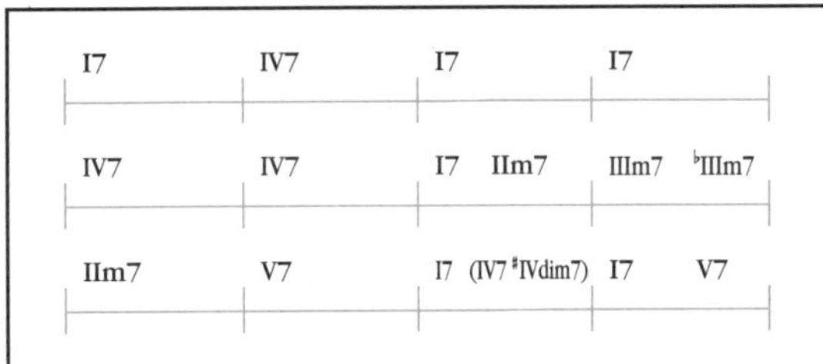

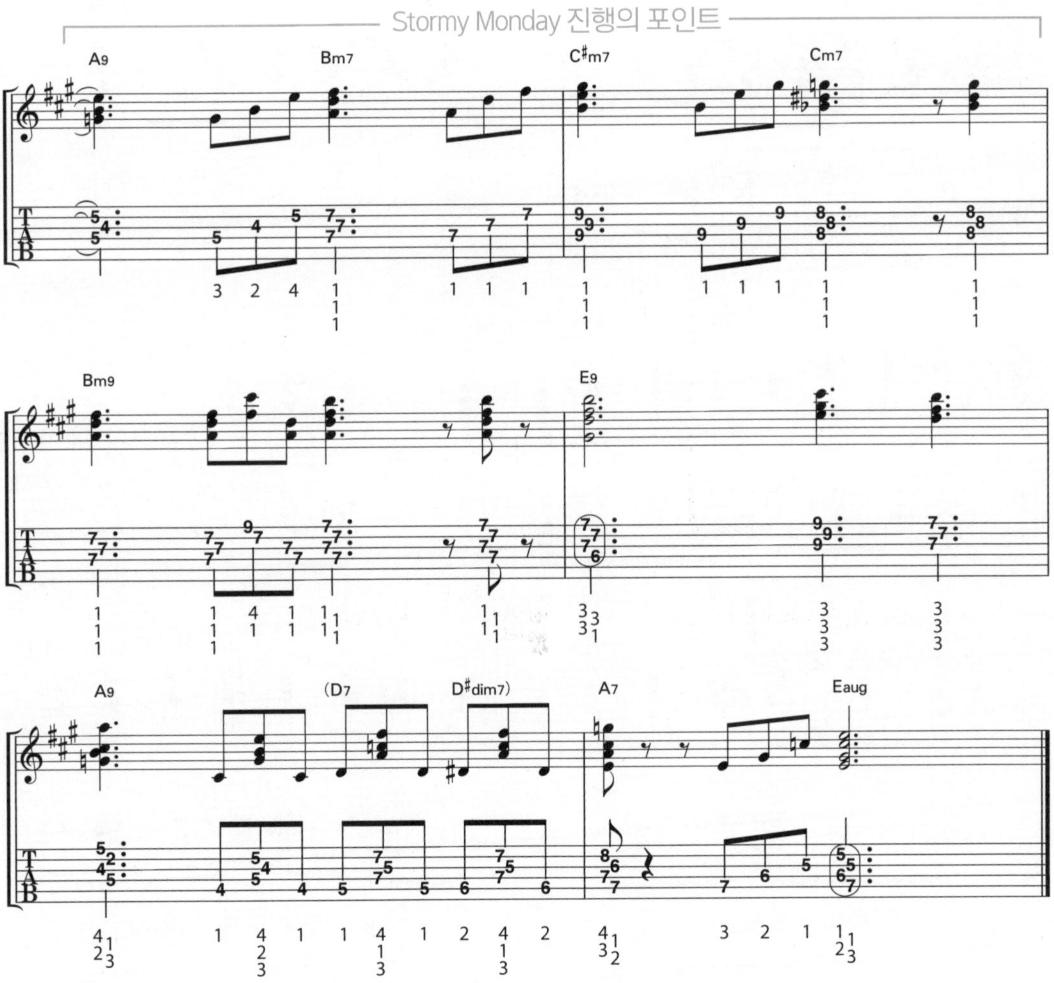

재즈 블루스

백킹의 틀을 초월한 코드 솔로에 가까운 스타일

Key=**E**

이 스케일의 완성 포인트

Key =E의 재즈 블루스 진행이고 스윙 리듬입니다. 재즈 기타 솔로에서 자주 볼 수 있는 "코드를 이용한 솔로"는 수많은 보이싱(화음)을 능수능란하게 다루며 솔로하는 상급자 레벨의 테크닉입니다. 백킹이라는 주제에서는 다소 벗어나지만 코드 워크의 발전형으로서 코드 솔로 스타일의 접근 방법을 소개합니다. 기본적으로는 지금까지 등장했던 보이싱의 사용법과 탑 노트를 진행하는 방법을 이용해서 멜로디를 표현하는데, 보다 민첩한 코드 보이싱이 요구되므로 더욱 대범하고 다이내믹한 어프로치가 추가됩니다. 예를 들어 3~4마디는

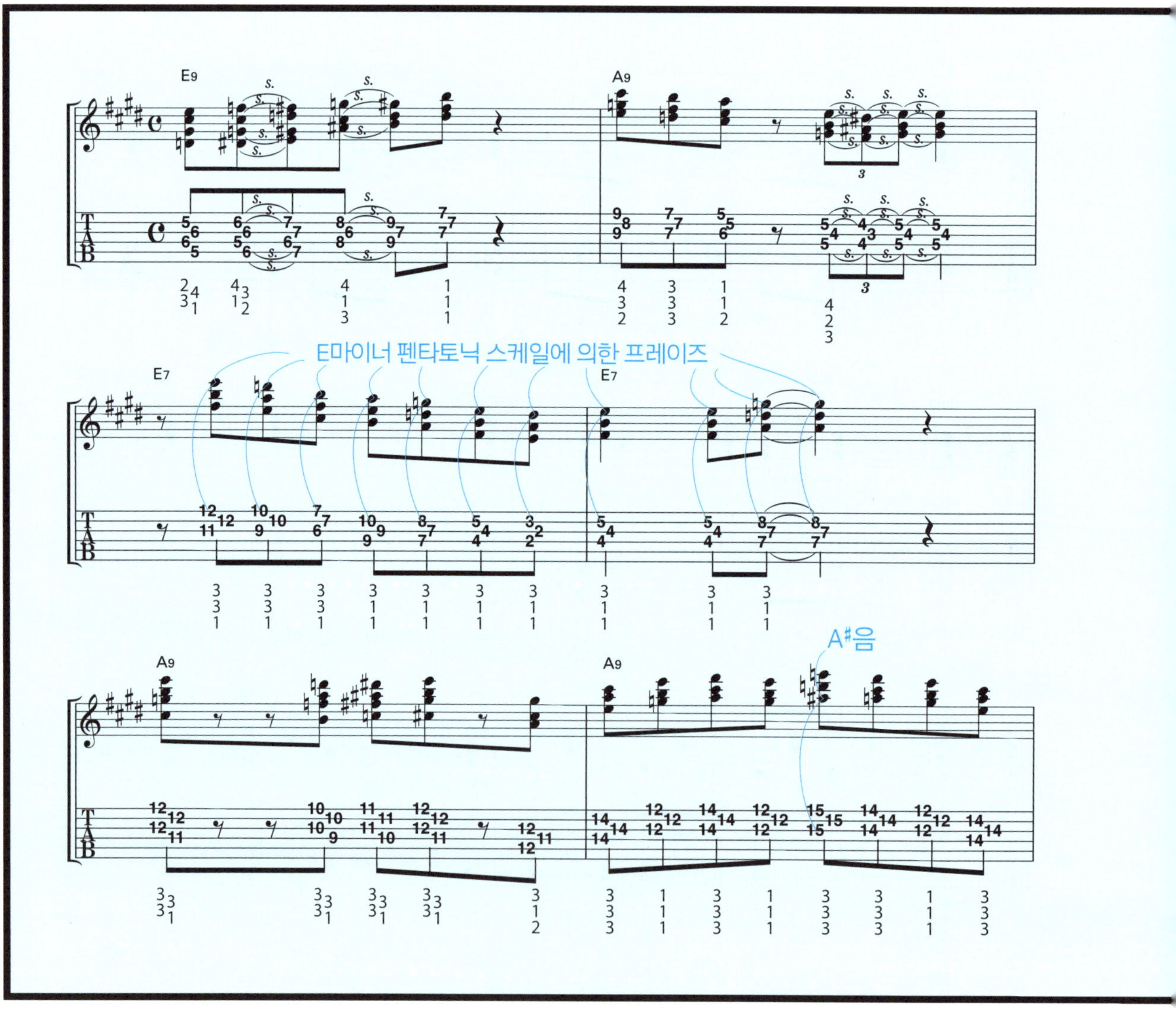

※ E마이너 펜타토닉의 음을 탑 노트로 해서 5도 아래의 음을 추가합니다(이번에는 3성).
저음현을 기준으로 생각해보면 4도로 쌓아 올린 탑 노트가 펜타토닉 음의 보이싱이 됩니다.

→ 블루스 진행 12마디로 익히는 코드 폼과 백킹 48

마이너 펜타토닉 스케일에 의한 프레이즈(1~2현) 아래에 4도 보이싱(※)을 추가한 것뿐입니다. 자주 사용되는 방법의 하나인데 이 경우에는 코드와 연관성을 무시하고 진행합니다. 6마디 역시 연주하기 쉽다는 것에 중점을 두고 코드 음에서 벗어나는 음(A♯)이 잠시 등장합니다. 음표가 잘게 세분화 될수록 개별 음의 중요성이 덜해지므로 이처럼 유연한 어프로치가 가능해집니다.

이 페이지에 등장하는 코드 진행의 패턴

I7	IV7	I7	I7
IV7	IV7	I7	VI7
IIm7	V7	I7 VI7	IIm7 V7

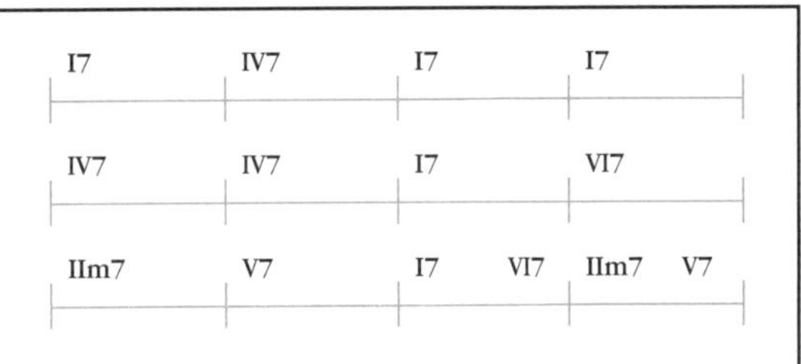

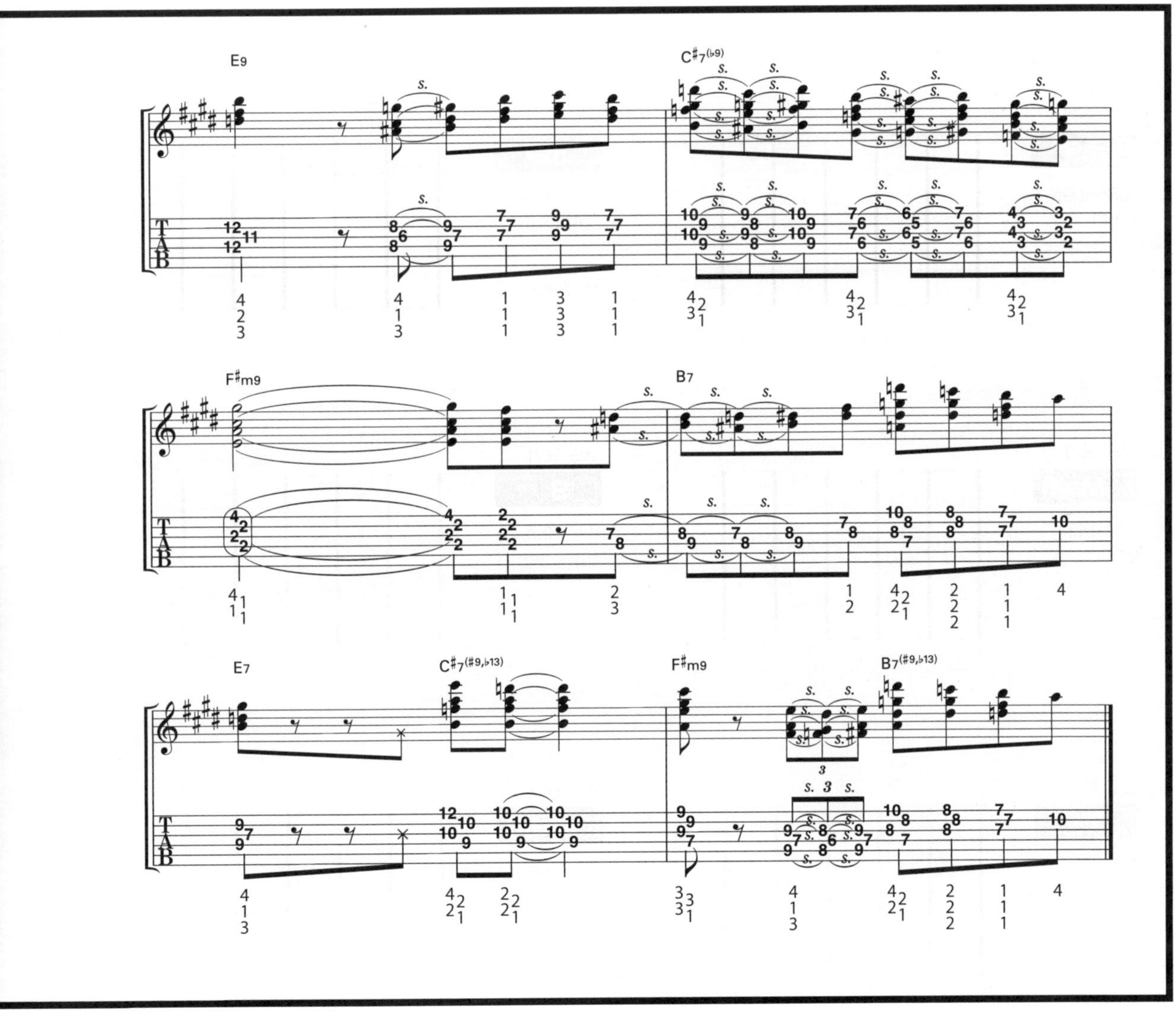

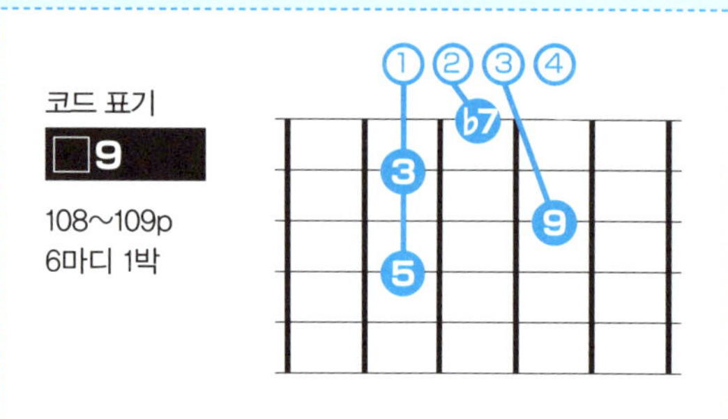

코드 표기
□9
108~109p
6마디 1박

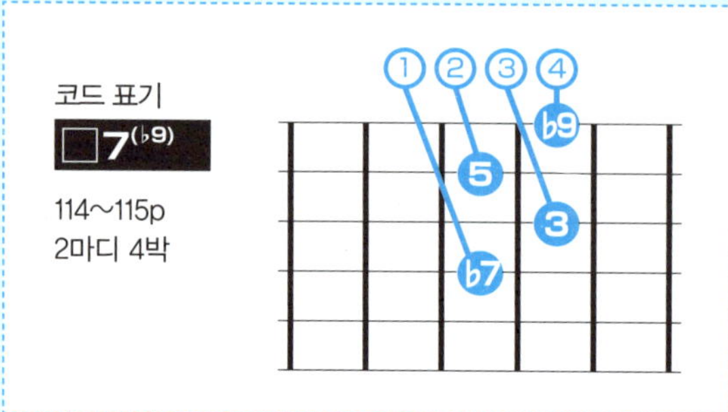

코드 표기
□7(♭9)
114~115p
2마디 4박

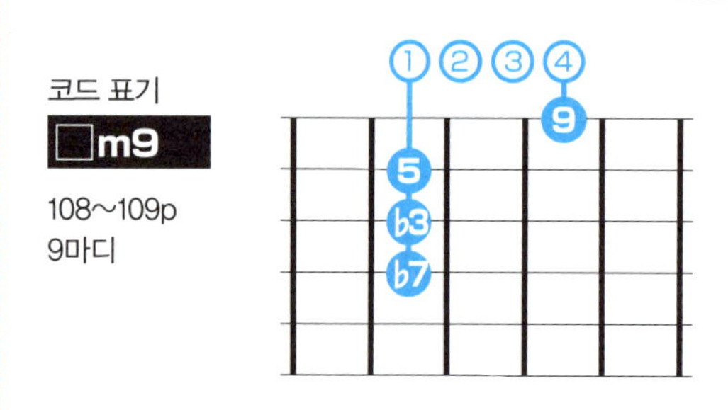

코드 표기
□m9
108~109p
9마디

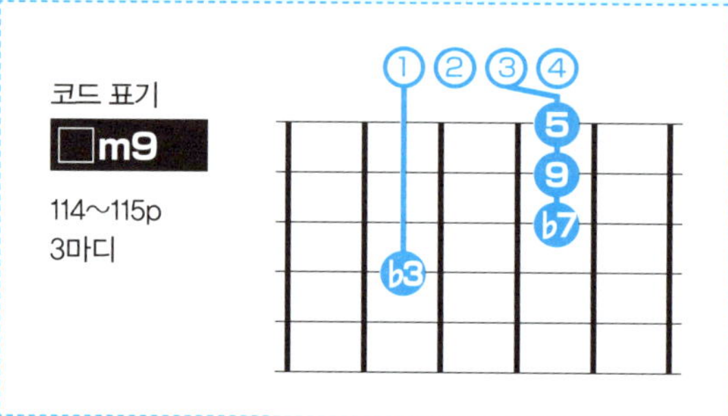

코드 표기
□m9
114~115p
3마디

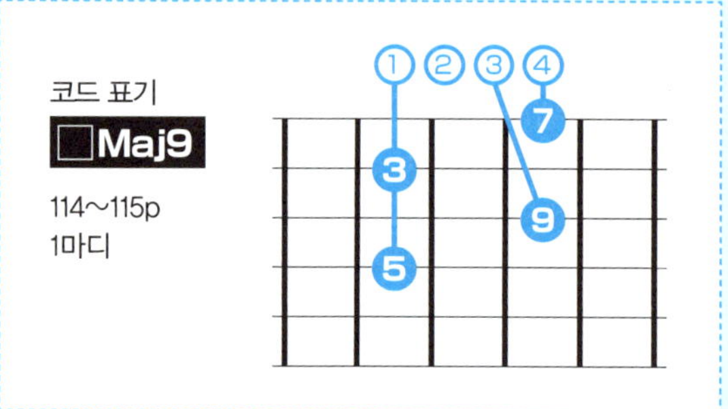

코드 표기
□Maj9
114~115p
1마디

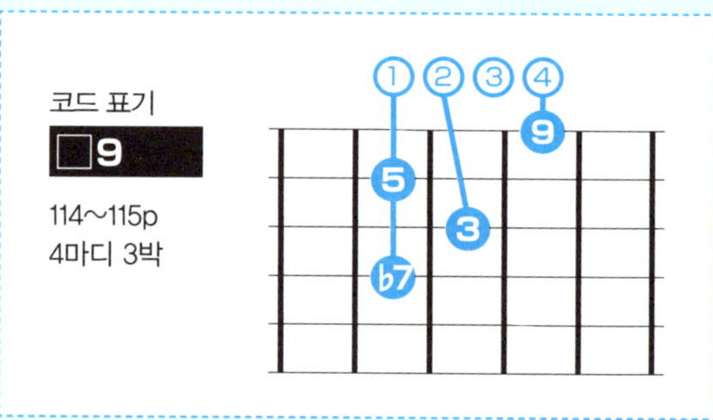

코드 표기
□9
114~115p
4마디 3박

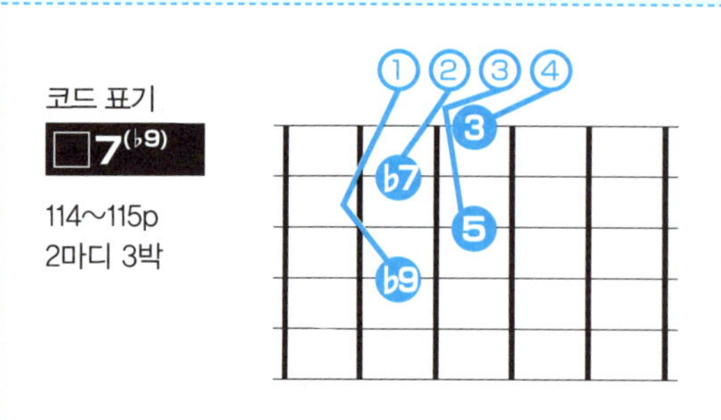

코드 표기
□7(♭9)
114~115p
2마디 3박

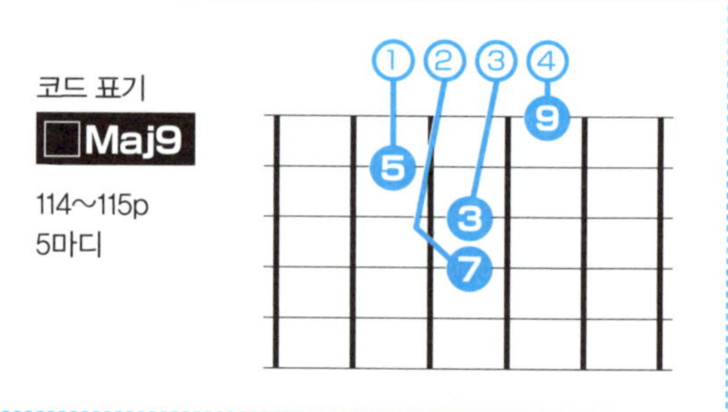

코드 표기
□Maj9
114~115p
5마디

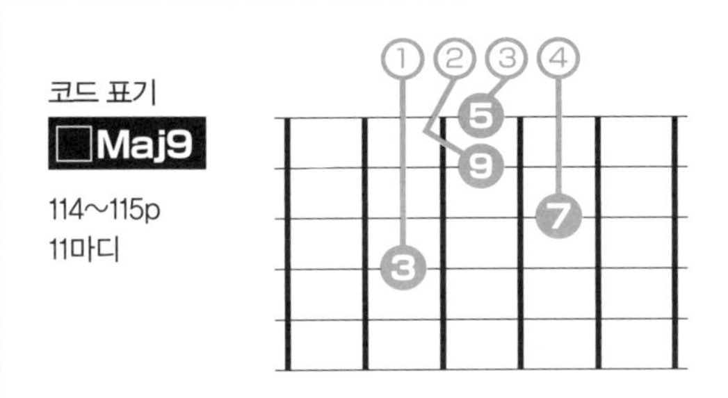

코드 표기
□Maj9
114~115p
11마디

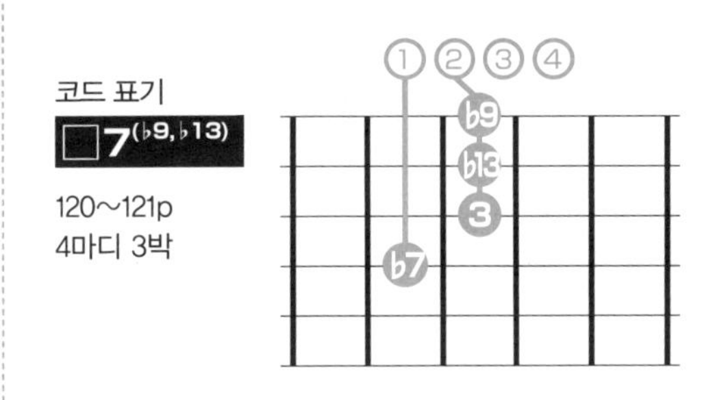

코드 표기
□7(♭9,♭13)
120~121p
4마디 3박

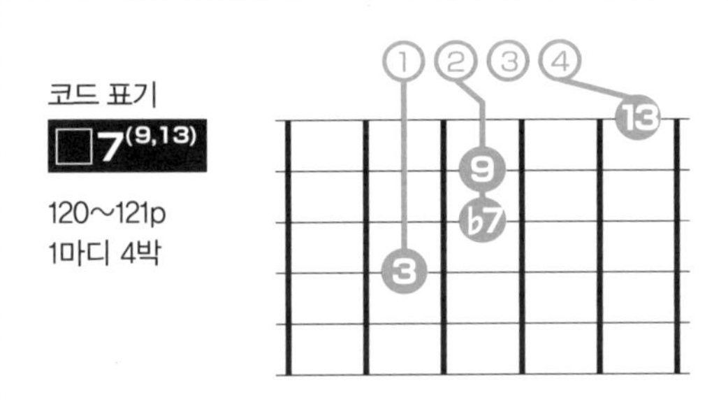

코드 표기
□7(9,13)
120~121p
1마디 4박

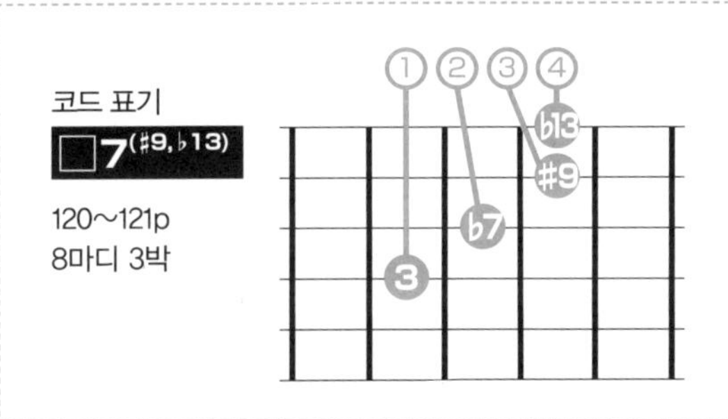

코드 표기
□7(♯9,♭13)
120~121p
8마디 3박

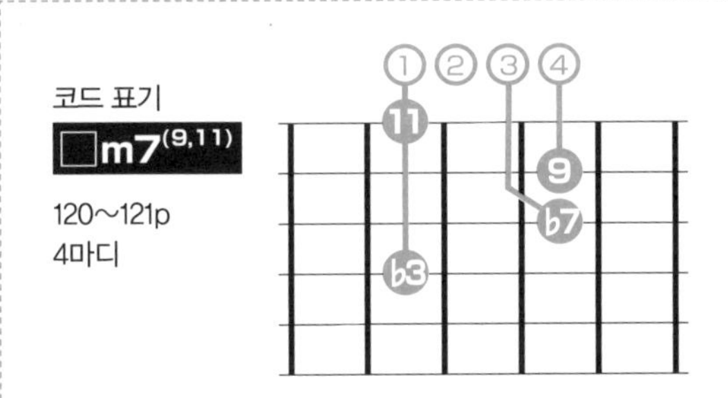

코드 표기
□m7(9,11)
120~121p
4마디

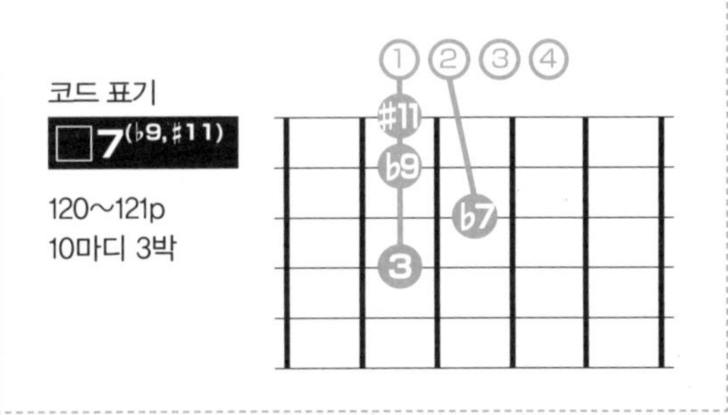

코드 표기
□7(♭9,♯11)
120~121p
10마디 3박

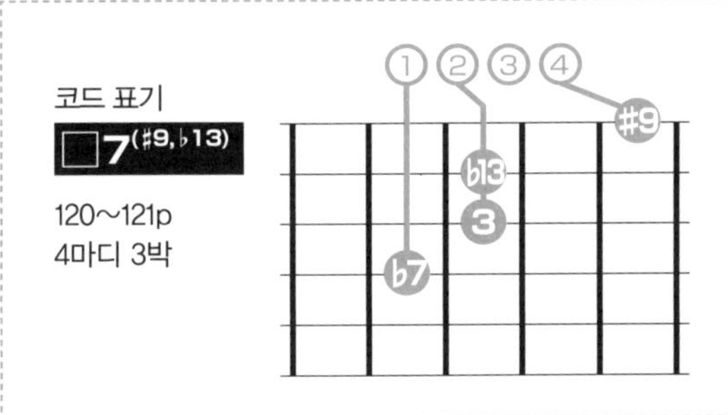

코드 표기
□7(♯9,♭13)
120~121p
4마디 3박

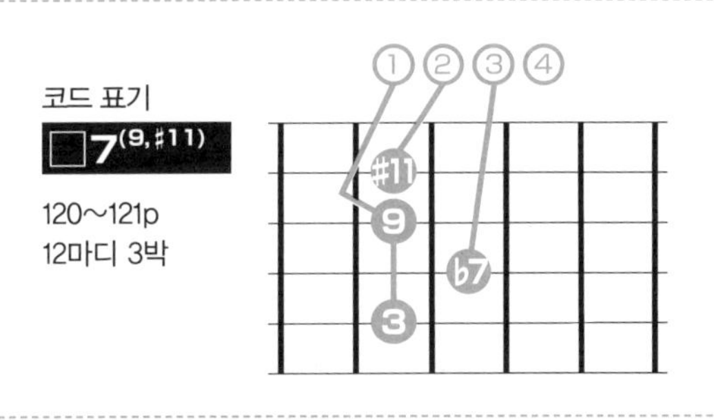

코드 표기
□7(9,♯11)
120~121p
12마디 3박

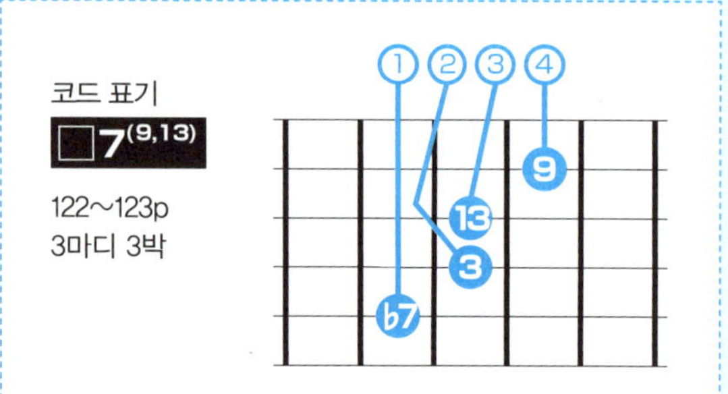

코드 표기
□7(9,13)
122~123p
3마디 3박

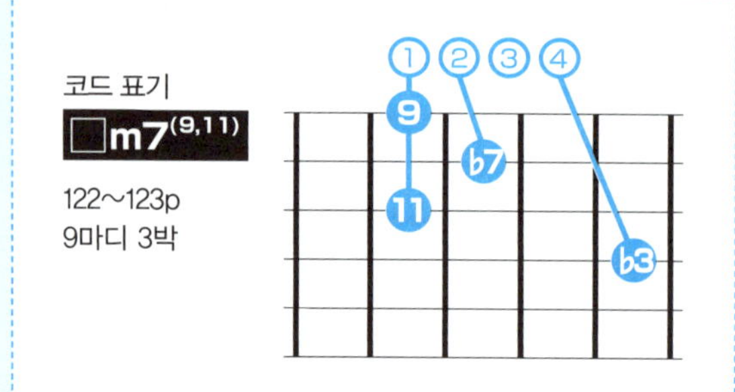

코드 표기
□m7(9,11)
122~123p
9마디 3박

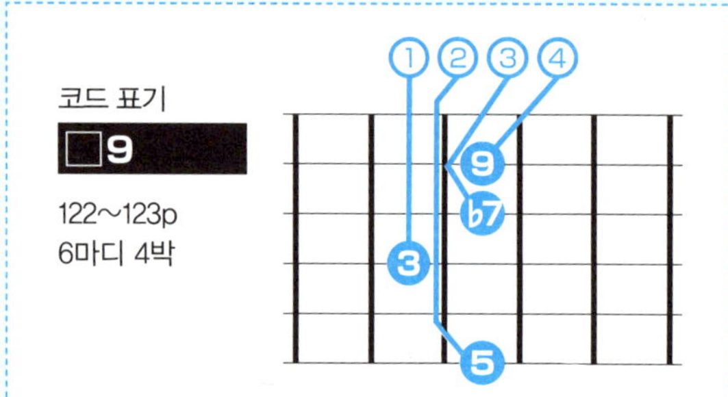

코드 표기
□9
122~123p
6마디 4박

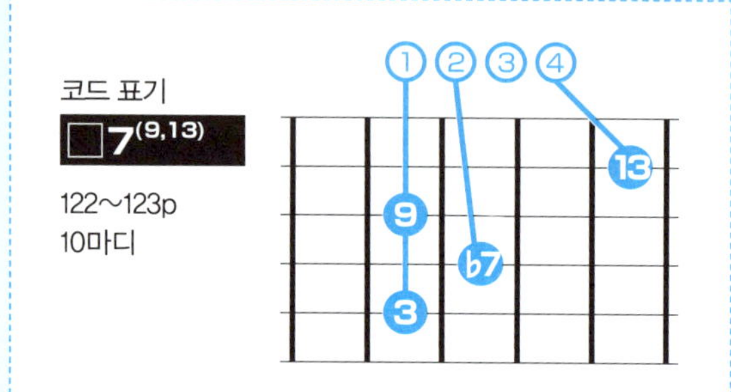

코드 표기
□7(9,13)
122~123p
10마디

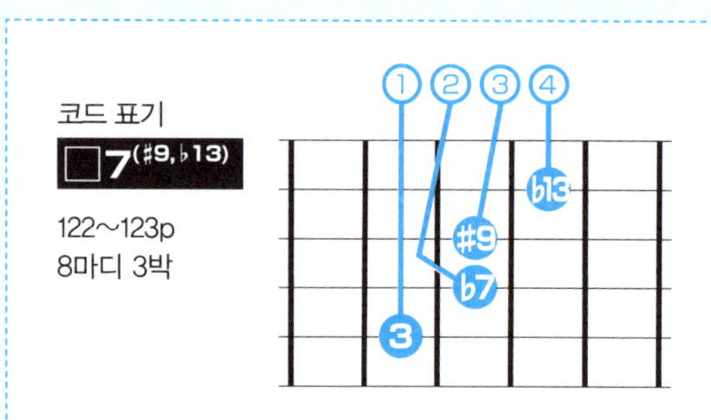

코드 표기
□7(#9,♭13)
122~123p
8마디 3박

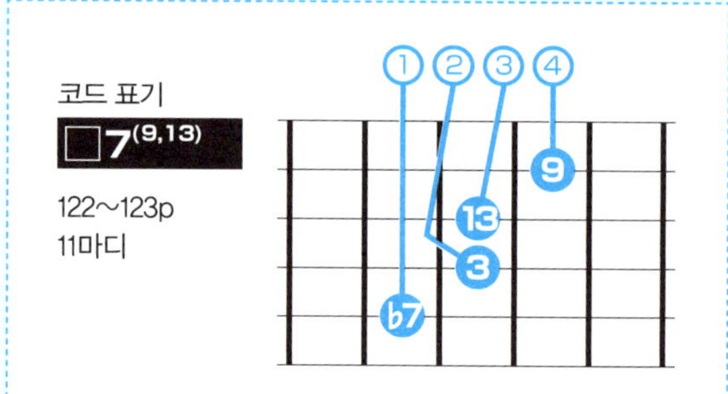

코드 표기
□7(9,13)
122~123p
11마디

마치며

"코드네임만 보고 연주가 가능하다!" 이것은 기타라는 악기를 배우기 시작했을 때 가장 놀란 부분 중한가지였습니다. 콩나물 대가리로 가득한 악보(오선지)가 절대적인 클래식 피아노밖에 배워본 적이없는 저에게 있어서 이 사실은 그야말로 신세계였는데, "이렇게 쉽게 음악을 할 수가 있구나!"하고 감동했을 때의 희열을 지금도 생생하게 기억하고 있습니다. 그 후 혼자 코드 북을 펼쳐놓고 C와 G 등의로우 코드를 하나씩 익히기 시작했습니다. 그러던 어느 방과 후, 친구와 함께 기타를 치는데 친구가 저와 다른 폼으로 코드를 잡고 있다는 사실을 깨달았습니다.

"어라? 저 폼 어떻게 잡은 거지?"

심지어 제 친구는 남은 새끼손가락으로 중간중간에 멋진 필 인까지 연주하는 것이었습니다. (지금 생각해보니 sus4!)

"헉! 지금 한 건 뭐지?"

"같은 코드라도 연주자에 따라서 각자 편곡을 추가하는 등 자유롭게 연주할 수 있다!"

또다시 충격적인 사실을 깨달은 순간이었습니다. 자유로운 연주를 구사하기 위해서는 상당한 지식과테크닉이 필요하다는 것도 알게 되었습니다.

이 책에서는 위에 파란 글씨로 되어 있는 것을 마스터할 수 있게 해 주는 노하우를 가능한 한 많이 소개했지만, 심오한 코드 워크의 세계에는 아직도 연구해야 할 부분이 산더미 같습니다.

조급하게 생각하지 말고 하나씩 차근차근 익히며, 연습중인 테크닉을 사용해서 연주할 수 있는 기회를 많이 만들어 가시기 바랍니다! 밴드 연주, 작곡 또는 클럽 연주 등에서 실제 연주에 적용해 보는 것입니다. "실제 연주 현장"이야말로 실력 향상을 위한 최고의 장소이며 코드를 마스터하기 위한 지름길이라고 할 수 있습니다. 언젠가 여러분의 코드 연주에 맞춰 제가 기타 솔로를 연주할 수 있는 날이 오기를 기대하겠습니다.

수록 QR의 마지막에는 "조금 긴" 백킹 트랙을 몇 가지 추가해 놓았는데 이 책을 통해 배운 코드 워크를 스스로 응용해 보는 등 연습&실험에 활용하시기 바랍니다.

이 책을 마지막까지 읽어 주셔서 감사합니다! 여러분의 기타 인생이 더욱 풍요로워지기를 기원합니다!

야마구치 카즈야

야마구치 카즈야 Kazuya Yamaguchi

1982년생/오사카 출신. 어린 시절부터 피아노를 배우기 시작 해서 15세 때부터 기타를 시작함. 2002년경부터 라이브 연주와 기타리스트로서 레코딩에 참가하는 등 프로 활동 시작. 2006년 블루지한 스타일을 살려서 모든 곡의 작/편곡과 프로그래밍을 혼자 담당한 블루스 기타 연주 앨범인 『Mozo Tribe』를 발표. 기타 강사로서의 활동도 활발하게 하고 있는데 프로, 아마추어 관계없이 수백 명의 기타리스트를 지도한 경험이 있음. 기타 & 베이스 교재와 기타 잡지의 연재 강좌 집필, 악기 메이커의 어드바이저로서 신제품의 개발에 참여함과 더불어 데모 연주와 클리닉 등으로 국내외에서 활동 중. 최근에는 미야와키 토시로, 고바야시 신이치, 노무라 다이스케, 코모구치 유야 등 일본 굴지의 기타리스트들과 함께 Gentle Guitar V를 결성, 1st 앨범 『Gentle Guitar V』를 발표함. 이 외에 현재 활동 중인 젊은 뮤지션을 중심으로 구성된 스무스 재즈 밴드 『.7(도트 세븐)』을 결성하여 활발한 활동 중

"By Power Chord!"

블루스로 익히는 프로급 코드 워크

발 행 일	2017년 2월 25일
발 행 인	김두영
저 　 자	야마구치 카즈야
번 　 역	임세라
발 행 소	삼호ETM (http://www.samhomusic.com)

우편번호 10881

경기도 파주시 문발로 175

마케팅기획부　전화 1577-3588　팩스 (031) 955-3599

콘텐츠기획개발부　전화 (031) 955-3589　팩스 (031) 955-3598

등 　 록　2009년 2월 12일 제321-2009-00027호

ISBN　978-89-6721-582-8